北京理工大學 法学文库

北京理工大学法学院建院10周年
暨法学教育25周年
10th Anniversary of the Law School of BIT and 25th
Anniversary of Legal Education
2008-2018

# 民法疑难问题研究

孟 强 著

法律出版社 | LAW PRESS

## 作者简介

**孟强**,男,1981 年生,湖北保康人,北京理工大学法学院副教授,法学博士,硕士生导师,中国民法学研究会理事、副秘书长,中国法学会民法典编纂项目领导小组秘书处副秘书长,中国法学会民法典编纂合同法编课题组成员,兼任教育部高校人文社会科学重点研究基地中国人民大学民商事法律科学研究中心研究人员、中国政法大学司法改革研究中心研究员。中南财经政法大学法学学士、经济学学士,海南大学民商法学硕士,中国人民大学民商法学博士。研究方向为民商法学,出版专著《信托登记制度研究》《医疗损害责任》等,参编《民法学》《商法学》《民法案例教程》等教材,发表法学论文三十余篇,主持国家社科基金、司法部等部门课题多项,为本科生和研究生开设民法学、民法总论、物权法专题研究、债权法专题研究、侵权责任法、公司法、法学前沿等课程。

# 目　录

## 第三章　人格权与侵权责任法疑难问题研究

# 前　言

这本书是我进行民商法学学习和研究的一个小结，里面收入的19篇论文是从我近些年来的研究成果中摘取的民法领域的论文。这本集子里，既有民法领域中基础性的、持久讨论的话题，重在基础理论的探索和制度的构建；也有对现行制度或法律草案的研究与解释，重在制度的理解与适用。

就我个人而言，我研究兴趣并没有局限于传统民法，我对于商法也有浓厚的兴趣，目前的一些研究成果，在民法方面主要集中在民总、物权、人格与侵权几个领域，在商法方面主要集中在公司、海商、信托这几个领域。但基于体系性的考虑，本书主要选取了民法领域的一些文章。

这种研究兴趣的分布，与我的学习经历有关。我硕士时跟随的是海南大学法学院的徐民老师，他是八十年代北大法学院的硕士生，毕业后随着“十万人才下海南”的浪潮而去了海南大学，成为法学院的元老之一，他到了特区之后，在邓曾甲老师的建议和带领下，研究兴趣就从环境法专业转为了商法专业，投入到特区如火如荼的改革中，并参加了海南特区公司条例的起草工作。徐老师学识渊博，亲切温和，豪爽幽默，深得学生爱戴，但我入学时就听说他身体不太好，生过一场大病，不知是不是与长期大量烟酒的经历有关。我离开海大之后，徐老师于2013年9月不幸因病英年早逝，年仅50岁，我赶到广州参加了徐老师的遗体告别仪式。至今想起徐老师的音容笑貌,依旧不禁凄然泪目。我本来就对商法很感兴趣,到了徐老师门下之后,读了一些商法的书,还帮徐老师给本科生讲授过海商法的课程,所以毕业论文徐老师就建议我写海事破产制度,后来我还参加徐老师主编的商法教材的撰写,写了公司和海商两部分。所以我对商法有了一些基本了解,对于商法的特殊性也有一些基本认识。我并不认为民法与商法应当成为割裂的内容,民法的基本理念和原则完全可以适用于商法,但商法又确实具有很强的特殊性,而这种特殊性一直贯彻到商法内部,导致商法内部也难以抽象出共同的规则来适用于海商和陆商。我认为商法是以实用为导向的,具有时代性和碎片化的特征,适合就事论事,而不适合宏大叙事,所以商法典更多的是学者的理想而非实践的需要,实践更需要的,是一部能够很好地体现和照顾商法特殊性的民法典。但鉴于目前的立法技术,可能这一目标很难实现,所以商法界也有可能被迫“揭竿而起”,真的推动一部商法典的诞生也不是不可能的事情。

在博士期间,我有幸投入王利明老师门下学习。入学伊始,正赶上《物权法》的颁布与实施,王利明老师忙于对物权法进行深入阐释和研究,于是我有幸追随老师对物权法进行了比较系统的学习和思考。读书期间,几乎每天与老师朝夕相处,享受了传统的学徒式的求学经历,经常是白天与老师讨论问题,晚上就熬夜琢磨写作,于是我在物权法领域也逐渐写了一些东西,并在高圣平老师的鼓励和推荐下发表了一些文章。后来就是《侵权责任法》的起草和实施,过程中又追随王老师琢磨侵权责任法的许多问题,召开了多场研讨会,在老师的带动下,我又逐渐在侵权法领域写了一点东西。经老师首肯,我将毕业论文的选题确定为信托登记制度,自认为这是一个民法与商法交叉的问题,而且我对这一发源于英美法却影响到大陆法的制度很感兴趣,于是又从头开始学习信托法,完成了毕业论文并写了一点文章。

读书时以为在高校教书是一件很轻松的事,无非是写点文章,与学生坐而论道。但等自己进入高校教书之后,发现并不是这么轻松,因为之前看到的只是教师生活中的一面而已。工作后,不仅教书备课的任务十分繁重,因为总想精益求精,把课讲得既有深度又轻松有趣,而且还要花费大量的时间在工作和生活的琐事上,消耗精力却并无太大意义。同时高校老师大多拖家带口,还要养家糊口、敬老抚幼,虽理想是琴棋书画诗酒花,然现实是柴米油盐酱醋茶。但生活原本如此,所以我们必须更加努力。

当然,跟王老师相比,一切都只是借口,是自己懒散的托词,因为对老师而言,勤奋只是一种习惯,一种本能而已。每次在办公室见到王老师,他的专注和勤奋总是让人无比惭愧。老师每天一大早就到办公室,在阅读、思考和写作中度过一天,行政工作于他而言永远只是兼职、是第二位的,在迅速处理完行政事务之后,老师总能瞬间回到学术思路上,继续进行写作,直到傍晚下班。这种近乎以办公室为家的生活状态,周六周日依旧延续,也没有寒假暑假的例外。这种状态被老师保持了三十余年,已经深深融入了老师的血液中,成为了一种无法更改的习惯。所以每次见到老师都是一种鞭策,令人羞愧又催人奋进。

我所任职的北京理工大学,自 1994 年就开设了法律系、招收本科生,在全国理工类院校中属于很早的一批。据说第一批和第二批招收的本科生,由于系里师资力量不足,请了很多人大法学院的老师来授课,如韩大元老师、林嘉老师等,都曾为法律系前两届学生授过课。可惜学校起了个大早,却赶了个晚集,直到 2008 年才撤系建院,将法律系从人文学院中独立出来,成立了法学院。法学院成立之后囿于学校的支持力度及师资、办学空间等诸多方面的限制,发展一直比较缓慢。我自 2010 年博士毕业进入法学院任教职,在这所军工氛围甚浓的学校里,迟迟找不到学科归属感。所幸近些年法学院的发展开始伴随学校的步伐而逐渐加速,今年也正好赶上法学院建院十周年的院庆,所以我的这本文集也有幸搭乘院庆的班车而出版,既是对学院的庆祝,也是对自己学术研究的一个阶段性总结。

我院民商法专业的研究生郑晓霞同学帮助我完成了文字的编辑校对工作,感谢她高效而优质的工作,帮我节省了不少时间。法律出版社的周丽君编辑是院庆丛书的责任编辑,为本书的出版付出了大量辛勤的工作,感谢丽君编辑的工作使这本文集得以面世。

十年的成立史,对于一个法学院而言,实在算不上很长,即便放在国内,也仍属年轻一代。年轻就年轻吧,虽不悠久,但有无限可能!我衷心祝愿北理法学院这个年轻的法学院以无畏的勇气去开创无限美好的未来!

# 第一章　民法总则疑难问题研究

# 经由编纂民法典实现民商合一*

**摘　要**：随着再度重现的民法典立法热潮，民法与商法的关系问题也再度成为一个焦点问题。商事规则缺失、商事空间过狭，民事立法对商事特殊性照顾不周，形成我国商事立法严重滞后于商事实践需求的现实，这也是商事通则的缘起。然而商事通则面临着两大困境：商法本身难以抽象出共同规则，过于抽象的商事规则又与民法规则相同。编纂民法典应当吸收商事通则建议稿中对民法立法形成重大突破的内容。经由编纂民法典实现民商合一，为商事发展预留充足的空间，完善相应的商事规则，是解决问题的现实途径。

**关键词**：民商合一；民商分立；编纂民法典；民法总则专家建议稿；商事通则立法建议稿

目　次



---

* 本文原载于《社会科学战线》2015 年第 12 期。

## 一、引言

在民商法学界内部，民法和商法的关系一直是重要的、历久弥新的话题，历经多次讨论仍无定论。“近代以来，民法和商法关系之微妙，难以言说。虽然在理论和立法上有两种主张，即民商合一和民商分立，但两者均缺乏实质意义上的说服力。”[①]归结到立法的具体操作层面，分为两种观点，持民商分离论者，主张先制定一部“商事通则”（或曰“商人法大纲”之类），然后再逐步过渡到制定独立的商法典；持民商合一论者，主张不再单独进行商法大纲或商法典的立法工作。

随着党的十八届四中全会决议写明“编纂民法典”而引发的民法典立法热潮，民法与商法的关系问题，或者说商法要不要单独法典化的问题，再度引发学者的关注与热议。中国民法学研究会在中国法学会民法典编纂领导小组的指示下，公布了民法典总则编的学者建议稿[②]（以下简称《民法总则专家建议稿》），里面无疑采取了民商合一的立法思路，中国商法学研究会在随后的研讨会[③]中，也针锋相对地拿出了一份商事通则的立法建议稿（以下简称《商事通则立法建议稿》），并在此掀起了一股制定商事通则的浪潮。

看来在民商法学内部，民法和商法的关系究竟在未来的立法上如何反映，是一个无法回避的争议问题，那么任何对于这一问题的理性探讨，都将有助于引发思考、达成共识。因此，笔者不揣浅陋，拟就民法和商法在立法形式上的问题略陈管见，以就教于方家。

## 二、商事通则的缘起

我国属于大陆法系国家，大陆法系又名成文法系，其标志就是重要的法律领域均有一部成文法典。制定商事通则，不可否认，有法律学者

---

① 马俊驹、梅夏英：《我国未来民法典中设置财产权总则编的理由和基本构想》，载《中国法学》2004 年第 4 期。

② 由中国民法学研究会组织起草的《中华人民共和国民法典民法总则专家建议稿征求意见稿》于 2015 年 4 月 20 日向社会公开征求意见，在各界反馈回来意见的基础上进行修改，并于 2015 年 6 月 16 日正式提交给全国人大法工委民法室进行立法参考。该建议稿分为 10 章，共 213 条。本文所引《民法总则专家建议稿》的条文，即为修改后的建议稿条文。

③ 2015 年 6 月 13 日，中国商法学研究会在北京杏林山庄召开了“民法典编纂与商事立法研讨会”，向与会学者提供了商法学会组织起草的《〈中华人民共和国商事通则〉立法建议稿》。该建议稿分为 10 章，共 91 条。

偏好体系化及抽象思考的因素。商法要想实现法典化,最关键的一步便是制定总则或曰通则。但除开这些学者的主观因素,最主要的,还是基于我国商事立法严重滞后于商事实践需求的现实,这具体体现在如下几方面。

(一)商事规则缺失

虽然我国在改革开放后逐步颁布了《公司法》《证券法》《企业破产法》《合伙企业法》《票据法》《信托法》《海商法》《保险法》等商事法律,但囿于立法水平、立法技术及立法者意识等因素的限制,立法机关对于这些立法也不得不像民事立法一样采取“宜粗不宜细”的做法。

由此导致的后果便是在这些商事立法中,宣言性的条文过多,政府管制性的公法条文过多,无行为模式或法律效果的不完整条款过多,当然,这也是我国当前立法普遍存在的现象。商事实践对于规则的要求极为细致具体,要求立法给出明确的行为指引并表明法律效果。过粗的条文自然无法形成有效的法律制度,因此也无法形成细致完善的商事规则。如此便直接导致面向商事实践的立法供给不足现象。

除了既有的立法过粗以外,还存在着大量被立法机关忽视遗漏的立法空白。例如,信托业发展至今,其资金含量已经成为仅次于银行业的第二大行业,但至今并无一部《信托业法》,既有的《信托法》也不足以满足信托行业的实践需求。致使信托业只能在银监会发布的一些零散规章中寻找行业发展的规则。

现有商事法律修订更新过慢,也是商事规则缺失的一个原因。互联网时代的一大特征是社会各方面呈现出飞速发展的动态,而服务于商事实践的商事立法,却不能紧跟时代的步伐而及时进行修改更新。例如《公司法》自1993年颁布后,直到2005年才正式进行第一次全面修订,此前及此后的一些小范围修正在理念与制度上的作用极为有限。再如《证券法》,自1998年颁布后至今二十年,尚未进行一次全面修订。

(二)商事空间过狭

在商事规则缺失的情形下,学者们寄希望于商事基本原则,即借助于商事基本原则来指引商事审判,从而为商事实践争取到一定的合法发展空间。然而,这一愿望仍然落空,商事空间仍然过狭。

商事基本原则在范围上仍属于民法基本原则的范畴,但与民法最为关注的基本价值不同的是,商事法往往突出了另一些基本价值。例如,在民法领域,诚实信用与公序良俗是公认的基本原则,也蕴含着民法所最为着力彰显的基本价值:公平、安全与秩序。而商事法固然也重视这些价值,但更为重视的则是通过交易自由原则、交易迅捷原则、交易安全原则来彰显的自由、效率与安全价值。尤其是交易的自由与便捷,更是商事法律的灵魂。如果这些商事基本原则得到弘扬,自然可以极大地拓宽商事空间。

然而,由于商法领域并无总则性的法律规定,因此难以在合适的法律里面规定这些基本原则,使商事基本原则处于无处安放的状态。不像民法领域,至少还有一部尽管陈旧落后、但终归聊胜于无的《民法通则》。因为《民法通则》第 3 条至第 7 条规定了自愿、平等、公平、等价有偿、诚实信用、权利不得滥用等诸多原则,经过数代民法学者多年的解释与宣传,这部承载了民法学者"光荣与梦想"的《民法通则》在培育权利意识、保护私权方面发挥了巨大的作用,为市民社会的成长提供了必要的空间。

此外,在具体的商事部门法中,也缺乏必要的基本原则。因为我国商事部门立法往往是由该领域的主管部门牵头起草,然后由立法机关审议通过。这种行政机关发挥较大作用的立法,往往暗含了部门立法的影子,重管制而轻自由,重组织而轻行为是诸如公司法、证券法等商事部门法的普遍特征。在这样的背景下,通过商事部门法来规定或提炼抽象出商事基本原则自然更为困难。

(三)民事立法对商事特殊性顾不周

1986 年的《民法通则》所确立的立法体例就是民商合一,此后的《合同法》等民事基本法也并未区分民事与商事,而是一并加以规定。因此,我国实际上采取的是民商合一的立法体例,许多商事制度都是在民事立法中进行的规定。但商法学界至今主张商事立法单独进行法典化的一个客观原因,就是我国民事立法对商事特殊性照顾不周,无法满足商事实践的需要。

例如,《民法通则》开宗明义,其是"调整平等主体的公民之间、法人之间、公民和法人之间的财产关系和人身关系"的法律。商事关系难逃其外。《民法通则》对不少商事制度也作出了规定,但难以适应改革开放中商事实践的迅速发展。例如，该法对法人制度作出了规定，但其对法人的分类无疑是落后的。同样，该法对合伙的规定也过于简陋。

再如后来制定的《合同法》，虽然在分则中规定了一些典型的商事合同，例如融资租赁合同、仓储合同、行纪合同等，可谓是民商合一的立法范例。但《合同法》对于商事特殊性的照顾仍然严重不足，甚至遭到民法学界自身的批评。例如，关于委托合同的规定，便完全立足于自然人之间基于日常生活形态的委托，赋予委托人随时解除委托合同的权利，这对于商事委托的特殊性完全未加考虑，导致商事实践中因委托人任意解除委托合同而导致受托人的损失难以获得充分的赔偿。此外，《合同法》虽然在代理制度上对《民法通则》有所突破，规定了间接代理制度，但仍然失之过简，对商事代理中的特殊性回应不足。

又如《物权法》，虽然规定了最高额抵押、应收账款质押等典型的商事担保物权制度，同样属于民商合一的立法例，但该法囿于大陆法系物权体系与类型的限制，对于商事交易的便捷与自由等特殊性照顾仍然不周，在物权类型极为有限的情况下坚持物权法定，扼杀了诸多商事交易中的新类型物权；而且对于让与担保、流抵流质等商事实践中常见的担保形式一概予以否认。这些都构成商法学界的切肤之痛而无法医治。

因此，现行民事法律对商事规则的需求回应不够，不仅造成了规则缺失，而且同样在基本原则上及规则上对商事发展的预留空间不足，对商事实践管制过多而赋予自由不足。民事立法僵化保守的状况，在一定程度上促使商法学者不得不转而寻求商法自身的独立地位和独立法典化道路。

然而，平心而论，其实这些问题并非商法所单独面临的问题，民法本身同样面临这些问题，甚至受害更甚！学者对此痛陈如下：

“民法立法中，很多法律规范仅具政治宣言内容，却欠缺法律上权利义务等方面的构成要件，也欠缺法律效果方面的规定，因此在实践上很难得到适用。这种情况在《民法通则》和《物权法》关于财产权利的一些条文中表现最为明显。……除了这些宣言式条文之外，民法立法还有很多不具有操作性的条文。这些条文就是指那些不具备‘权利—义务—责任'这些法律规范的条文。这些条文在整个民法中很常见。"①

## 三、商事通则的困境

相比于法国民法典无总则的法典化模式,德国民法典的总则—分则模式无疑在抽象性和体系性上更胜一筹,也更易受到学者青睐。因此,主张民商分立的学者并不满足于商事单行法的制定,而是追求制定商事通则,形成商法典的总则编,然后在此基础上统合重要的商事部门法,最终形成体系化的商法典。

然而,商法自身的特殊性又注定商事通则会遭遇困境,原因如下:

### (一)商法本身难以抽象出共同规则

商法可以分为陆商与海商,前者主要包括公司、证券、票据、保险、破产等法律,后者主要为海商法与海事法。现代商法发轫于中世纪波罗的海地区的商事实践,甚至于海商的发展早于陆商。例如,船舶的买卖与租赁、海上货物的运输无疑促成了合同法的发展,而海上保险则是保险的最初形式,基于筹资建船从事货运则促成了公司的产生。② 商法在内容上还可以分为组织法与行为法,有的商事部门法兼具组织法与行为法的特征,例如公司法、证券法,而有的则仅为行为法,例如票据法。

随着商事交易专业化与分工细化的发展,商事法律内部彼此间的差异越来越大而共性越来越少。例如一般的商法学者对于海商法知识往往知之甚少,而研究公司法为主的学者对于保险法和票据法也许知之不多。商事法律内部差异性过大导致的一个后果,就是在整个商法领域能够进行理论抽象、形成通则性规定的内容极少。即很难有足够的、总则性的规定能够普遍适用于公司、合伙、破产、证券、票据、海商等各个商事部门法领域。这一点也是民法与商法的区别,民法主要建立在自然人作为主体的基础上,因此民法典的总则能够通过对法律行为进行规定而统率人格权、物权、债与合同、婚姻家庭等各个领域。商事主体存在商法人、商合伙与商个人,具体的商行为更是丰富多样,除了一些基本原则的理念性规定以外,实在难以抽象出数量足够支撑起一

---

① 孙宪忠:《我国民法立法的体系化与科学化问题》,载《清华法学》2012 年第 6 期。

② 参见 William Tetley, "Mixed jurisdictions: common law vs. civil law (codified and uncodified)", *Louisiana Law Review* 60, 2000, p. 677。

部总则的规则来。这种局面是民商分立论者的难言之隐，一如民法学者所言：

“就民商分立而言，倡导者也很难抽象出商法独立于民法的基本理论体系……一则是由于商法本身是由相互不大关联的、独立的法律所构成，本来就不易从规则上找出共同的总则；二则是由于商人和商行为的本质界定，似乎又是建立在民法中人格假定和法律行为假定之上。至于其他如商业登记和商业账簿的规定，似乎又是操作规程，不构成总则的本质内容。”①

（二）过于抽象的商事规则又与民法规则相同

如前所述，基于商事法律内部的多样性与差异性，制定出一部总则本身就是极为困难的任务。即便通过学者的高度抽象而制定出来总则，则有可能走向另一面，即所抽象出来的规则因过于抽象而更类似于民法的规则，从而失去独立存在的价值。

我国自《民法通则》开始确立的民法调整对象即为发生在平等的主体之间的财产关系和人身关系，这一调整范围是极为广泛的，基本涵盖了私法主体之间一切横向发生的法律关系。商法是围绕调整经营行为而发生在平等的主体之间的财产关系和某些人身关系。因此，从调整范围来看，民法的调整范围无疑完全能够涵盖商法的调整范围。在此背景下，如果商法学者为了制定出能够统率商法各部门法的一般规则而不得不将商法通则的内容进行高度抽象和理论化，则这些规则固然能够适用于从公司法到票据法、海商法的各个商事部门法，但可想而知的，这些规则一定会接近甚至雷同于民法典总则编的内容，从而完全可以被民法典总则编的规定所取代。

例如，《商事通则立法建议稿》第 3 条规定：“商人自由地从事营业受法律保护，非法律、行政法规规定不得限制。”而《民法总则专家建议稿》第 4 条则规定：“民事主体自主从事民事活动，依法承担相应法律后果。”可见后者对于民事主体行为自由的规定，明显能够涵盖前者的规定。

又如，《商事通则立法建议稿》第 4 条规定：“商事交易的安全与便

---

① 马俊驹、梅夏英：《我国未来民法典中设置财产权总则编的理由和基本构想》，载《中国法学》2004 年第 4 期。

捷受法律保护。"《民法总则专家建议稿》第205条规定:"非依法律的明确规定、非出于维护公共利益的需要,不得限制民事主体的民事权利。"商事交易的安全与便捷需通过法律对商事主体行为的效力认定来具体实现。在此姑且不论前者在立法技术上仅为简单的宣示性条文,仅在内容上也可以看出,后者明显对于民事主体权利的保护更为具体和明确,能够将前者的立法意旨完全涵盖进去。

再如,《商事通则立法建议稿》第5条规定:"商人从事商事活动应当遵守商业道德,不得损害社会公共利益,不得侵害其他商人和消费者的合法权益。"这一规定是对商事活动应当符合公序良俗和公共利益以及权利不得滥用的规定。对于公序良俗,《民法总则专家建议稿》第7条规定:"民事主体实施法律行为以及从事其他民事活动,不得违背公序良俗。"而关于公共利益的问题,亦是民法学界极为关注的问题,因为基于公共利益可以限制甚至剥夺民事权利,所以必须仔细斟酌,既允许公权以公共利益为由介入私权,又必须严格把关,防止公权假公共利益之名而侵犯私权。因此,《民法总则专家建议稿》用了多个条文来详细规定公共利益的制度,其第145条规定:"违反法律、行政法规效力性强制性规定的法律行为,无效。其他损害公共利益的法律行为,无效。"其第202条规定:"行使民事权利,不得损害他人合法权益,不得损害公共利益。以加害他人或者非法限制竞争为目的行使民事权利,应当依法承担相应的民事责任。"由此可见,在关于公序良俗、公共利益及权利不得滥用的原则方面,《民法总则专家建议稿》不仅都作出了规定,而且更为细化、更具有可操作性。这些条款无疑同样可以适用于商事活动,而且效果更佳。

又如关于法律渊源的规定,《商事通则立法建议稿》第6条规定:"关于商人和商行为,适用本法的规定,但其他商事单行法律有规定的优先适用其他商事单行法律。本法和其他商事法律没有规定的,适用民法;民法没有规定的,适用交易习惯。商业组织制定的自治法在调整商业组织关系中优先于法律、行政法规适用。前两款的交易习惯与自治法,不得违反法律强制性规定,不得违背公序良俗。"这一规定确立的商法适用顺序为:商事单行法→商事通则→民法→交易习惯。《民法总则专家建议稿》分两个条文规定了法律渊源及适用原则,其第9条规定："处理民事纠纷，应当依照法律以及法律解释、行政法规、地方性法规、自治条例和单行条例、司法解释。法律以及法律解释、行政法规、地方性法规、自治条例和单行条例、司法解释没有规定的，依照习惯。习惯不得违背公序良俗。"其第12条规定："其他相关法律另有特别规定的，依照其规定。"这两个条文所确立的民事法律适用顺序为：特别法→法律及法律解释→行政法规→地方性法规→自治条例和单行条例→司法解释→习惯。由此可见，前者所确立的法律适用顺序与后者一致，而且后者的规定更为细化可行。

最后以主体类型为例，《商事通则立法建议稿》第2章所规定的商主体为公司、合伙企业、个人独资企业、合作社和其他经济组织、个体工商户以及会计师事务所等社会服务组织。而《民法总则专家建议稿》所规定的民事主体则包括自然人、个体工商户和农村承包经营户、机关法人、社团法人、财团法人以及独资企业、合伙企业、依法成立的业主大会、业主委员会等其他非法人组织。由此可见，商事通则所规定的商主体类型都能被民法总则涵盖进去。

"商法在实质性内容上和民法没有深刻的不同。能作为商法这个独立法律部门的基本特征的，实在不多。正因如此，相当正式的说法是：它是商人的特别法。区别于民法实质性的独立性并不存在，尽管上述商事规范的特征有着相当特殊之处。"①因此，面对商事立法供给不足的困境，靠制定商事通则来走向法典化的做法于事无补。商法本身的地位和特殊性决定商事通则立法必然处于两难境地：规则不够抽象的话，就无法适用于差异性极大的商事部门法之中；规则足够抽象的话，又完全为民法总则所吸收和涵盖。也就是说，通过对比目前的《商事通则立法建议稿》和《民法总则专家建议稿》就可以看出，前者所抽象出来的规则，基本都能为民法典总则所吸收和涵盖，或者过于抽象而注定难以在商事实践中得到适用。

**四、编纂民法典应当吸收商事通则建议稿的内容**

《商事通则立法建议稿》是商法学会集体劳动的产物，汇集了商法学界的集体智慧，也反映了商法学界最为关切、最为期盼的商事法律制

---

① [德]C. W. 卡纳里斯：《德国商法》，杨继译，法律出版社2006年版，第11页。

度和理念,因此值得学界和立法机关在编纂民法典的过程中予以重视并进行参照、吸收。“当代民法和商法的矛盾主要在于民法的财产制度基点过于狭窄,不能涵盖商事财产形态,事实上导致了民法和商法在规则上很难融合。”①因此,对财产制度进行更为开放和宽泛的规定,是实现民商合一的基本前提。

就《商事通则立法建议稿》具体内容而言,笔者认为,在该《商事通则立法建议稿》中有关商行为债权人法定利息请求权的规定、流质流抵制度的合法化以及留置权的善意取得等制度的规定,是对我国既有民法立法的重大突破,尤其应当予以重视。

1. 商行为债权人法定利息的请求权。《商事通则立法建议稿》第 21 条规定:“因商行为而产生的债务,债权人有权请求债务人支付不低于银行同类贷款利率的利息。”这一规定带有鲜明的商法营利性色彩,与《合同法》中的诸多规定均有所不同,是商法特征的反映。该规定将商行为所产生的债务,即商事之债视为是有偿的,赋予债权人请求不低于银行同类贷款利率的利息,承认了商事领域存在融资成本的前提,将“本金 + 利息”作为商事之债债权人的法定债权范围,而无须债权人另行主张。对于商事主体而言,融资难且成本高是客观存在的事实,因此一定数额的本金背后,往往伴随着一定的融资成本,即获取该笔贷款而支付的利息。

而在既有的民事立法中,基于自然人之间民事债权债务关系的基本假设,对于债权范围往往只是指本金,并未将利息视为债权的天然范围。例如,《合同法》第 73 条第 2 款规定:“代位权的行使范围以债权人的债权为限。”该法第 74 条第 2 款规定:“撤销权的行使范围以债权人的债权为限。”实践中,债权人在行使代位权或撤销权时,只能以其债权为限,而不能加上本金同类贷款利率的利息,而根据《商事通则立法建议稿》的规定,债权人便可在行使代位权或撤销权时径直加上本金之利息作为主张债权的范围。又如,《合同法》第 211 条规定:“自然人之间的借款合同对支付利息没有约定或者约定不明确的,视为不支付利息。”如果商个人之间进行借贷,其实质是将借款用于商行为,那么按照《合同法》的该条规定,在难以举证的情况下,债务人就可以不支付利

---

① 马俊驹、梅夏英:《我国未来民法典中设置财产权总则编的理由和基本构想》,载《中国法学》2004 年第 4 期。

息。而这显然不如《商事通则立法建议稿》第21条根据商行为而非主体身份来区分来的科学。因此,在民法典编纂过程中,编纂债法总则或者修改合同法时,便可以适当的条款吸收该项规定,使其更符合商事活动的现实特征。

2. 流质流抵制度的合法化。《商事通则立法建议稿》第26条规定:“在抵押、质押担保中,当事人可以约定债务人不履行债务的,抵押物、质物归抵押权人、质权人所有。”这一规定将民法学界存在较大争议的流质流抵制度予以了合法化,是对既有担保物权制度的一大突破。《物权法》第186条规定:“抵押权人在债务履行期届满前,不得与抵押人约定债务人不履行到期债务时抵押财产归债权人所有。”该法第211条规定:“质权人在债务履行期届满前,不得与出质人约定债务人不履行到期债务时质押财产归债权人所有。”面对《物权法》全面、明确地禁止流质流抵的态度,《商事通则立法建议稿》采取了截然相反的立法态度——将流质流抵全面予以合法化。

在物权法立法过程中,关于流质流抵条款是否有效的问题,也引发过民法学界的广泛争议,但立法机关最终一禁了之,其主要原因在于担心这一制度在设立担保伊始就约定了债务不履行时担保物的权利归属,会剥夺债务人的议价机会和重新评估价格的机会,由此形成实质上的不公。应当说,这一担心并非全无道理。但公平和效率、债权人和债务人有时确实是天平的两端,立法有意倾向一端,则必然造成另一端的失衡。禁止流质流抵固然保障了债务人的权利、实现了所谓经济上弱者的正义,但也降低了担保的效力、增加了债权人实现债权的风险。其实在商事交易中,债权人与债务人双方对于担保物的价值均能够有较为明确的、稳定的估算与预期,即便出现波动,往往也属于正常商业风险范围之内。因此,允许理性的合同双方约定流质流抵条款,将使得担保物权制度更为简洁明了,实现债权的成本将会大大降低。从实践中屡见不鲜的让与担保合同,便可知商事交易对于此类担保制度的需求。

在债务履行期间,标的物作为担保物而存在,保障债权的实现;在债务期满不能清偿阶段,标的物的所有权直接移转给债权人,最终使债权得以实现。这样的流质流抵制度使得担保和买卖融为一体,更加符合担保物权制度的本质——担保债权的实现,且使得担保法律关系更为简洁。即便在特殊的情形下担保物的价格出现了剧烈的、不符合通常预期的变动，债务人也并非毫无救济途径——其仍然可以通过显失公平制度甚至公平原则来获得救济。

3. 留置权善意取得的承认。《商事通则立法建议稿》第 27 条第 2 款规定："债权人合法占有债务人交付的动产或有价证券时，不知债务人无权处分该动产或有价证券的权利的，债权人可以行使留置权。"这是对留置权善意取得制度的明确承认。《物权法》第 230 条第 1 款规定："债务人不履行到期债务，债权人可以留置已经合法占有的债务人的动产，并有权就该动产优先受偿。"这一规定无疑没有明确承认留置权的善意取得，从字面意思进行解释的话，该条规定其实是否认了留置权的善意取得。有民法学者试图将该条中的"债务人的动产"扩大解释为债务人占有的动产，而不论其是否有权处分，因此论证物权法承认了留置权善意取得制度。但从通常的含义理解，某人的动产一般是指某人享有所有权或有权进行处分的动产，所以这一解释难免有些牵强。《商事通则立法建议稿》的该条规定则直接承认了留置权的善意取得，避免事后出现第三人主张留置物的权利而使得留置权落空的情形。从法理上讲，既然留置权是优先于抵押权而受到保护的担保物权，那么立法应当固化这种担保物权的效力，防止因真正权利人事后主张权利而使得留置权人的债权失去担保。明确承认留置权的善意取得，无疑更符合留置权制度的本旨，也更有利于促进商事交易的发展。

以上只是从《商事通则立法建议稿》中选取几个例子进行说明，该建议稿中值得立法机关在编纂民法典时认真参考吸收的制度还有许多，这些制度均反映了商事活动的基本需求，由此呈现出与传统民事活动不同的特征。在编纂民法典过程中，尤其是后期对物权、合同等直接涉及财产权的内容进行修改修订时，必须切实反映商事实践的需求，实现对商事交易的充足立法供给，否则民商合一仍是一句空话。

## 五、结论

"商法本是西欧中世纪的商人在处理他们的法律事务中逐步发展出来的一种独特的法律制度，它仅适用于商人的商事生活。"①因此商法

① 徐强胜：《民商合一下民法典中商行为规则设置的比较研究》，载《法学杂志》2015 年第 6 期。

在起源上就是商人法，建立在商人构成特定的、有极大影响力的社会阶层的基础上。而我国农业社会的历史尤为悠久，历朝历代大多采取重农抑商的政策，致使我国始终未能发展出独立的、有影响力的商人阶层。在我国商人社会不够发达的前提下，制定商法典的基础尚不具备、条件尚不成熟。

“法典编纂之举是立法史上一个世纪之大事业。国家千载之利害、生民亿兆之休戚，均依此而定。”[①]编纂民法典则是大陆法系国家推动形成、发展和稳固市民社会的重要措施。我国改革开放三十余年来，民智渐开、民权渐长，人们有了公权与私权的界分，市民社会已经初步形成。在此基础上，编纂一部民法典，使人身权和财产权以法典的形式得到彰显和固化，必将进一步促成市民社会的繁荣发展。在我国，只有市民社会发达之后，才有可能形成商人社会和商人阶层，也才会为商法典的编纂提供社会根基。否则，在民法典尚未编纂的阶段就谈论商法典的编纂，只能是一种不切实际的奢望。

此外，在互联网高度发达的现代社会，人与人之间的交往前所未有地便利，当前这种“互联网 +”的模式改变了许多传统的行业和业态，商事交易的模式和商事主体均发生了翻天覆地的变化，自然人可以为一件日常生活的事项而在网络上发动众筹，而网店、微店的遍地开花使得自然人与商人的身份转换无间。“在所有经济发达的国家和地区，民事商法化已经达到了这样的程度，几乎不再有什么规定对商事债与民事债区别对待。”[②]尤其是在当前社会中，人的商化是普遍现象，民事活动与商事活动之间、商人与非商人之间的界限已经异常模糊，试图区分民事与商事、民法与商法，试图在民法典之外再编纂商法典，这种做法也许会越来越脱离社会的发展。

“民法法系的现代趋势是朝着法典统一，包括商法典和民法典统一的方向发展。”[③]就我国而言，商法典的独立编纂已经是越来越脱离现实的目标。故此，经由编纂民法典实现民商合一，在民法典总则编中引进

① [日]穗积陈重：《法典论》，李求轶译，商务印书馆 2014 年版，第 1 页。

② 崔建远：《编纂民法典必须摆正几对关系》，载《清华法学》2014 年第 6 期。

③ [美]艾伦·沃森：《民法法系的演变及形成》，李静冰、姚新华译，中国法制出版社 2005 年版，第 221 页。

商法的基本理念和原则，为商事发展预留充足的空间，然后在民法典后续各编包括物权、合同、侵权等各编的修订中，扩大财产权利的范围，赋予人们在合同中更多的自由，切实回应、照顾并完善相应的商事规则，才是解决问题的现实途径。

# 民法总则中习惯法源的概念厘清与适用原则*

**摘　要**:《民法总则》第10条正式规定习惯作为民事法律渊源。习惯与习惯法的区分并无实质意义,立法并未采用“习惯法”的概念。政府的限行限购、去极端化等“政策”均以地方法规、规章的形式出现,无需再赋予政策以法源的地位。习惯不等于最高人民法院的司法解释、批复和指导性案例所形成的判例法。习惯不得违反法律规定,无法通过习惯创设新物权。司法实践中,习惯宜留待个案查明而非抽象出一般规则,且不宜推广、长期反复适用。

**关键词**:习惯;法源;政策;判例法;物权法定;抽象性

目　次



---

* 本文原载于《广东社会科学》2018年第1期。

## 一、引言

《民法总则》第10条规定:“处理民事纠纷,应当依照法律;法律没有规定的,可以适用习惯,但是不得违背公序良俗。”这一条将习惯正式作为法律渊源规定在民法典之中,是对《民法通则》法源条款规定的重大改变,也是对大陆法系传统的回归,因此受到了学界的普遍好评。

法律是对既往生活经验的总结与抽象,是以过去预见和指导未来。因此,法律不能脱离生活。民法归根结底是关于人们在市民社会中生活与生产方式的规则,所以民法应当与人们的生活习惯相符合,否则就会出现纸面上的法相异于行动中的法的现象。在历史法学派看来,对于一个民族长久生活习惯的尊重,还体现了一个国家法典的民族精神。因此,任何国家在制定民法典时,在追求通过法典实现国家法制统一、振奋革新的目标时,还应当努力做到法典与生活相熨帖,这样的法典才容易迅速被人们所接受和遵循,才是好的法典。

作为我国《民法典》首部和开篇之作的《民法总则》,无论是在立法理念上还是在最终的条文设计上,都被认为在很大程度上体现了本土性和民族性,对于民族的生活方式和本土特征做出了回应。例如,立法者就将体现民族性作为了民法总则的立法理念予以秉持:“制定民法总则,必须坚定文化自信,深入挖掘和传承包括中华法律文化在内的中华优秀传统文化的时代价值,让我们的民法总则体现鲜明的民族性。”①同样,在《民法总则》颁布之后,在解读其内容时,学者也认为,该部法律体现了本土性和民族性,“本土性尤其体现在《民法总则》的民族性上,即《民法总则》保留了中国优秀传统文化的思想精华”。②

民法典对于习惯的尊重,主要体现在其具体制度对于习惯的吸收和提取上。可以说在立法过程中,习惯与法典是朝着同一方向汇流的水流。而在法典颁布之后,由于法典天然具有的规则集中与垄断的特征,民法典与习惯之间便会转变成为一种既互相排斥又互相促成的相

---

① 全国人民代表大会常务委员会副委员长李建国:《关于〈中华人民共和国民法总则(草案)〉的说明——2017年3月8日在第十二届全国人民代表大会第五次会议上》,新华社北京2017年3月8日电。

② 王利明:《〈民法总则〉的本土性与时代性》,载《交大法学》2017年第3期。

反相成关系。因此法典与习惯在作为法律渊源方面存在的一定的竞争关系,但习惯的妥当运用又能够克服民法典固有的僵化、迟滞的缺陷,因为“习惯就是民法规则的一脉源头活水、一根法律规则与社会生活之间的纽带……只有从习惯中汲取营养,以习惯作为法律渊源,民法典才能深深植根于社会生活之中,保持其旺盛的生命力和开放性”。①

《民法总则》第10条仅将法律和习惯作为处理民事纠纷的法律渊源,不仅排斥了政策作为法律渊源,对于行政法规、司法解释、法理学说等亦未作规定,这不仅引发了学界关于法律外法源的讨论,对于习惯作为法源的适用本身也有待进一步思考。本文拟就习惯适用的相关问题做一探讨,以就教于方家。

**二、“习惯”与“习惯法”概念之争的分晓**

对于习惯在作为法律渊源时,究竟应当称之为习惯还是习惯法,学说并不一致,有的学者严格区分习惯与习惯法,而有的学者并不严格区分二者,经常混用。通说认为,普通的习惯还不足以作为法源,必须是为人们长久践行、内心普遍对之负有法的确信的习惯,才能作为法源,才能为国家立法所容纳,此时,应当将之称为“习惯法”。同时,“与习惯法应严予区别的,系事实上的习惯,此仅属一种惯行,尚欠缺法的确信。易言之,即一般人尚未具有此种惯行必须遵从,倘不遵从其共同生活势将不能维持的确信。此种事实上习惯不具法源性,无补充法律的效力”。② 也就是说,这种观点认为存在两类习惯,并冠以不同的名称:一类是事实上的习惯,就叫习惯;另一类是法律上的习惯,叫做习惯法。

而一些在民法典中明确采纳习惯/习惯法概念的典型立法例的差异,则加剧了这一概念用语上的纷争。在《瑞士民法典》“著名的第一条”的第2款中,翻译过来的表述是:“法律未规定者,法院得依习惯法,无习惯法时,得依其作为立法者所提出的规则,为裁判。”③而我国台湾地区“民法”第1条则是:“民事,法律所未规定者,依习惯;无习惯者,依

① 王利明:《论习惯作为民法渊源》,载《法学杂志》2016年第11期。

② 王泽鉴:《民法总则》,北京大学出版社2009年版,第47页。

③ 《瑞士民法典》(修订截至2016年1月1日),戴永盛译,中国政法大学出版社2016年版,第1页。

法理。”[①]一者采用习惯法的概念，而一者采用习惯的概念。

如果认为习惯之所以存在并具有约束力，其深厚的基础在于社会层面一般人对之普遍遵守的法之确信，且这种确信无需法律的确认就已存在，那么习惯就应当称为习惯法，以与成文法相对应。但如果认为习惯之所以能够作为法源，乃是因为经过了法律的确认，则不区分习惯与习惯法亦无妨，因为不经过法律的确认的习惯，在法律上并无意义，甚至不会纳入法律的视野，与一般人的生活习性无异。“习惯非经司法官依照立法者默示之意思予以采用，不能发生效力。由此而论，习惯法这一名词，似乎就不能存在，因为所有的法，无不为立法者的意思，习惯本身仅为一种事实，绝不能成为法。”[②]所以法律上说的习惯，就是指经过法律确认、具有约束力的习惯。在当代社会，法律之外、能够得到一般人普遍遵守并对之负有法的确信的习惯法，应当说是极为罕见的，能够具有如此重要地位的行为规则，一定会被立法或司法解释所吸收，不会放任其处于民间习惯的状态。“习惯法本来用来与‘单纯的习惯’区别的主观要件‘一般人法的确信心’，已经呈现一个极度弱化的现象，甚至已经完全被法院的承认与宣示所取代。”[③]因此，当代这种习惯/习惯法的概念之争，其实并无实质意义。

《民法总则》第10条明确采用了“习惯”的概念，而未采用“习惯法”的概念。一方面，这是沿袭了我国民事立法的用语风格，因为在《合同法》《物权法》等民事法律中，已经多次使用过类似交易习惯、风俗习惯、当地习惯的用语，却从未出现过习惯法的用语。另一方面，可能是立法机关也认为习惯与习惯法的区分并无实质意义。在立法者看来，“习惯是指在一定地域、行业范围内长期为一般人确信并普遍遵守的民间习惯或者商业惯例”。[④] 因此，立法机关根本未区分习惯与习惯法，径自使用了通说中对于习惯法的定义来界定习惯的含义。所以今后在讨

---

① 陈聪富主编：《月旦小六法》，元照出版有限公司2015年版，第叁-1页。

② 王伯琦：《习惯在法律上地位的演变》，载王伯琦：《近代法律思潮与中国固有文化》，清华大学出版社2005年版，第307页。

③ 吴从周：《试论判例作为民法第1条之习惯法：为判例制度而辩护》，载《台大法学论丛》2010年第6期（总第32卷第2期）。

④ 石宏主编：《〈中华人民共和国民法总则〉条文说明、立法理由及相关规定》，北京大学出版社2017年版，第24页。

论民法法源时，再陷入习惯与习惯法概念之争已经毫无意义，作为我国民法法源的乃是习惯。

**三、习惯取代政策作为法源的争议**

1986年《民法通则》第6条规定："民事活动必须遵守法律，法律没有规定的，应当遵守国家政策。"彼将民法法源分为法律与政策两类，而2017年《民法总则》第10条将民法法源分为法律与习惯两类，由此习惯正式取代政策作为法律之外的法源。在民法学界看来，这是理所当然的进步，其道理毋庸置疑。但随着近些年政府力量深度介入市场，政策的力量再次强大起来，于是在学界又引发了关于政策重要性及其地位的讨论，这甚至影响《民法总则》拟确立的法源范围的立法选择，因为"在《民法总则》制定过程中，有学者向中央建议《民法总则》要把国家政策放进去，中央办公厅、全国人大法工委让最高人民法院专门研究这个问题……现在的经济适用房、限号限行、环境污染治理等问题，都是通过国家或地方、部门政策来表现的"。①

在《民法通则》颁布的时期，我国社会秩序刚从文化大革命中恢复不久，民事立法也几乎处于空白状态，在此背景下，国家对社会生活的调整还不得不依赖于大量的政策。当时的立法机关认为：

"我国的经济体制还在改革过程中，有些不大成熟的东西，暂时法律还没有规定。随着经济体制改革的发展和深入，还会不断产生新的民事法律关系。这些新的关系，不可能立即反映在法律中。与此同时，政策同法律相比，更灵活，更具体，可以及时反映社会经济关系的变化，并对很多具体问题有较详细的规定。因此，为了使一切民事活动有所遵循，在法律还没有规定的情况下，应当遵守国家政策，不能等待一切法律完备了才去执行，也不能认为民事活动只遵守法律，可以不遵守政策，这样做是错误的。"②

但政策固有的缺陷，如随意性、短期性、临时性、部门化、零碎化、容易体现行政机关负责人的个人意志等，导致其与现代法治理念相违，因此一直广受学界批评。例如，曾参与《民法通则》起草的佟柔教授很早就指出："政策与法律相比，比较抽象，是指导性、纲领性的，适用时较为

① 郭峰：《从司法视角看〈民法总则〉的若干特色》，载《中国应用法学》2017年第4期。

② 《民法通则讲话》编写组：《民法通则讲话》，经济科学出版社1986年版，第35～36页。

灵活,不能适应法治的要求,因此在改革和发展中,我国要逐步使经济活动从主要依靠政策办事,转为主要依靠法律办事。”①促使政策迅速淡出民法法源领域的,还有赖于最高人民法院1986年发布的《关于人民法院制作法律文书如何引用法律规范性文件的批复》,其规定法院在制作法律文书时,可以引用法律、行政法规、地方性法规、自治条例和单行条例,而“国务院各部委发布的命令、指示和规章,各县、市人民代表大会通过和发布的决定、决议,地方各级人民政府发布的决定、命令和规章,凡与宪法、法律、行政法规不相抵触的,可在办案时参照执行,但不要引用”。在此后数十年间最高人民法院发布的类似关于裁判文书引用规范性法律文件的规定中,均未规定裁判文书可以引用政策。司法机关的一贯态度使得民法法源较快实现了去政策化。加之后来颁布的一系列基本民事法律中,均再未明文规定政策的法源地位,由此,“国家政策不能作为物权创设依据、侵权责任发生根据、合同责任发生依据、合同效力评价依据、婚姻效力评价依据、继承发生根据,国家政策在民法领域几无适用的余地”。②

但近些年各地政府在进行宏观调控或基于反恐安全考虑时,频频使用了突发性的、临时性的甚至与法律相抵牾的政策,对人们的生活造成了普遍性的影响,于是有经济法学者呼吁必须正视这一现象,重新给予政策以应由的地位:

“如果取消政策适用,对因限贷限购、清真扩大化等引起的民事纠纷,就不能适用相关城市的限贷限购政策和有关自治地方的‘去极端化条例’;处理有关合同、公司纠纷缺乏直接法条依据的,也不能适用相关民事司法解释。这既不可能,也是法治的一种倒退。事实上,政策的规范性、普遍性及其法的性质远超习惯,在信息和交通高度发达、全国统一大市场已经形成、法制空前统一的条件下,也找不到什么合适的习惯可作为法的渊源了……在此条件下,法治模式也随之发生变化,不能再指望英明的立法者事无巨细立出条文,人民普遍遵守,政府和法院严格

---

① 佟柔主编:《中国民法学·民法总则》(修订版),人民法院出版社2008年版,第14页。

② 李敏:《〈瑞士民法典〉“著名的”第一条——基于法思想、方法论和司法实务的研究》,载《比较法研究》2015年第4期。

执法而达成法治了,必须由政策对'法律'进行梳理及作为其适用指南。"①

这一呼吁有一定的道理,但仔细审视上述限行限购、去极端化的相关规定,却多是以地方政府作为主体来发布,极少以国家中央政府作为主体来发布,而且这些规定看似是政策,其实早已被主事机关披上法律的外衣而出现,所以无须呼吁重新赋予政策以法源的地位。

首先,以北京实行多年的汽车尾号限行政策为例,其根据《大气污染防治法》《道路交通安全法》《北京市大气污染防治条例》等法律法规对公安机关交通管理部门可以对机动车采取限制通行的授权规定,而发布政府公告来加以实施,因此此类政策完全具有法律授权的正当性,也无须再赋予其法源地位。

其次,以汽车摇号政策为例,北京市通过市政府发布政府规章《北京市小客车数量调控暂行规定》来进行,广州市亦以市政府发布《广州市中小客车总量调控管理试行办法》的政府规章来进行,均是将政策通过地方政府规章的形式来实现,而非简单地逐级下发文件、传达政策指示,这说明政府的法治意识确实在增强。当然,摇号政策之所以广受诟病,除了其在治理城市拥堵方面见效不佳却对居民购车权利造成严重影响以外,主要还在于此类政府规章违反了《道路交通安全法》的规定②,存在地方政府规章违反国家法律的现象,需要对其进行合宪性审查。

再次,以限贷政策为例,为遏制北京房价过快上涨而于2017年3月

---

① 史际春:《〈民法总则〉中的两个经济法问题》,载中国人民大学法学院官方网:http://www.law.ruc.edu.cn/article/?53250.html,最后访问日期:2017年11月8日。

② 《道路交通安全法》第9条第1、2款规定:"申请机动车登记,应当提交以下证明、凭证:(一)机动车所有人的身份证明;(二)机动车来历证明;(三)机动车整车出厂合格证明或者进口机动车进口凭证;(四)车辆购置税的完税证明或者免税凭证;(五)法律、行政法规规定应当在机动车登记时提交的其他证明、凭证。公安机关交通管理部门应当自受理申请之日起五个工作日内完成机动车登记审查工作,对符合前款规定条件的,应当发放机动车登记证书、号牌和行驶证;对不符合前款规定条件的,应当向申请人说明不予登记的理由。"可见申请机动车登记只要提供该条规定的五类证明即可,如果要在申请机动车号牌时要求提交这五项之外的其他材料如申请人已获得摇号指标,则需要法律和行政法规进行规定,地方政府规章无权进行规定。

17日发布的《关于完善商品住房销售和差别化信贷政策的通知》[①]，其发布的主体是北京市住房和城乡建设委员会、中国人民银行营业管理部、中国银行业监督管理委员会北京监管局、北京住房公积金管理中心，其限制银行对住房贷款的发放比例属于银行监督的事宜，中国人民银行和银监局有权对辖区内的银行进行限制，但该通知将企业购买的商品住房再次上市交易的时间间隔限制为3年以上，则属于对所有权的不当限制，超越了发文机关的权限。

最后，以去极端化政策为例，《新疆维吾尔自治区去极端化条例》是由新疆维吾尔自治区人民代表大会常务委员会通过的地方性法规，其具有《宪法》和《立法法》的依据，且其内容与现行各项法律的规定并无冲突，[②]在解决民事纠纷时正常适用相关法律即可。

由以上分析可知，近年来对市场调控和人们生活起到较大影响的"政策"，其实均是通过地方法规和地方政府规章的形式展现的，其本身就属于《宪法》和《立法法》所规定的法律渊源种类，无须再刻意赋予政策以法源的地位。相比较而言，更为重要的是对这些地方法规和地方政府规章中可能与上位法冲突的地方进行合宪性审查，以落实党的十九大报告提出的"加强宪法实施和监督，推进合宪性审查工作，维护宪法权威"的任务。

---

① 该通知规定居民家庭名下在本市已有一套住房的，购买第二套住房的首付款比例不低于80%，因此被称为史上最严限贷令。

② 该条例第9条规定："受极端主义影响，下列言论和行为属于极端化，予以禁止：(一)宣扬、散布极端化思想的；(二)干涉他人宗教信仰自由，强迫他人参加宗教活动，强迫他人向宗教活动场所、宗教教职人员提供财物或者劳务的；(三)干涉他人婚丧嫁娶、遗产继承等活动的；(四)干涉他人与其他民族或者有其他信仰的人员交往交流交融、共同生活，驱赶其他民族或者有其他信仰的人员离开居住地的；(五)干预文化娱乐活动，排斥、拒绝广播、电视等公共产品和服务的；(六)泛化清真概念，将清真概念扩大到清真食品领域之外的其他领域，借不清真之名排斥、干预他人世俗生活的；(七)自己或强迫他人穿戴蒙面罩袍、佩戴极端化标志的；(八)以非正常蓄须、起名渲染宗教狂热的；(九)不履行法律手续以宗教方式结婚或者离婚的；(十)不允许子女接受国民教育，妨碍国家教育制度实施的；(十一)恐吓、诱导他人抵制享受国家政策，故意损毁居民身份证、户口簿等国家法定证件以及污损人民币的；(十二)故意损毁、破坏公私财物的；(十三)出版、印刷、发行、销售、制作、下载、存储、复制、查阅、摘抄、持有含极端化内容的文章、出版物、音视频的；(十四)蓄意干涉或破坏计划生育政策实施的；(十五)其他极端化言论和行为。"

## 四、习惯不是判例法

我国虽然不是判例法国家,但由于长期以来立法机关遵循粗线条、分阶段、分步骤的立法指导思想,导致民事法律普遍存在不够精细、缺乏体系性的缺陷,使得司法机关在审理案件时经常面临找法的困难。因此,最高人民法院通过发布司法解释、对各级法院的请示进行批复、发布指导性案例等方式,制定出一大批民事裁判规则。民法是裁判法,在现实主义法学派看来,当事人手中的判决书才是真正的法律,因此,能够影响裁判结果的规则也就同时具有了指导人们未来行为的效力。这就使得最高人民法院的实体性裁判规则在实质上无异于民事法律,其虽无立法之名,但行立法之实。

最高人民法院的裁判规则,有许多都被民事立法所吸收采纳,从而转化为法律条文,但还有一些未被吸收的仍然以司法解释等形式存续下去。可以预见,今后较长一段时间内最高人民法院还将继续发布一系列的司法解释、批复和指导性案例。但《民法总则》并未赋予司法解释等裁判规则以法源的地位。面对这一名实不符的现象,有的学者认为应当对《民法总则》第10条进行扩大解释:"虽然本条明文规定的民法法源仅有法律和习惯两项,但根据我国裁判实践,应当解释为,尚有第三项法源'最高人民法院司法解释',及第四项法源'指导性案例'。"①还有学者认为可以将指导性案例、批复、司法解释等裁判规则解释为《民法总则》第10条所规定的"习惯":"我国可以通过最高人民法院指导案例制度使这些具体个案中确定的'习惯法规则'发展为习惯法……指导案例所确立的习惯法规则经长期积累,为一般社会民众所知、所(确)信,遂成习惯法,此时应及时出台司法解释甚至立法。"②

不可否认,通过具体个案查明习惯,并将之作为指导性案例予以公布,是发现习惯法源的有力途径。甚至可以说,"'习惯法'要保留它的历史意义与重要性,非在'法官法'或'判例法'中寻觅其地位,无法竟其

---

① 梁慧星:《〈民法总则〉重要条文的理解与适用》,载《四川大学学报》(哲学社会科学版)2017年第4期。

② 彭诚信、陈吉栋:《论〈民法总则〉第10条中的习惯》,载《华东政法大学学报》2017年第5期。

功。‘习惯法’某程度而言只是一种‘法官法’或‘判例法’。”[①]但是,将《民法总则》第10条中的习惯法源等同于判例法,仍是不可取的。

首先在于,我国的司法解释及批复与英美法系的判例有较大差异,判例是在先的同类案例具有约束在后同类案例的制度,其仍是通过一个个具体案例来实现约束力的,而我国的司法解释则都是抽象性的规则,完全看不到具体个案的影子,其抽象性程度几乎不亚于法律,所规定的事项也都对法律制度的补充甚至突破。例如,对民商事立法和学术研究及相关实务具有极大影响的最高人民法院《关于适用〈中华人民共和国公司法〉若干问题的规定(一)》的4个司法解释、最高人民法院《关于适用〈中华人民共和国合同法〉若干问题的解释》2个司法解释、最高人民法院《关于审理买卖合同纠纷案件适用法律问题的解释》、最高人民法院《关于适用〈中华人民共和国担保法〉若干问题的解释》、最高人民法院《关于适用〈中华人民共和国婚姻法〉若干问题的解释》3个司法解释等民商事司法解释,均是非常抽象的规定。最高人民法院针对下级法院的批复所针对的往往也是带有普遍意义的问题,同样具有抽象性。

将最高人民法院做出的、具有抽象性的规制解释为习惯法源,将会在实质上赋予最高人民法院以立法的权力。虽然司法解释已经发挥着重大的影响力,但《立法法》仍然对其进行了较为严格的限制(“应当主要针对具体的法律条文,并符合立法的目的、原则和原意”[②])。而一旦将最高人民法院的司法解释、批复等解释为习惯法源,则司法机关的裁判规则就直接能够成为法律渊源,会出现法院“既是裁判员,又是运动员”的现象,混淆了司法机关的审判权限与立法机关的立法权限,有违现代法治理念。

而将最高人民法院发布的指导性案例或其他典型案例解释为习惯法源,则会与案例指导制度的本旨相冲突。因为案例指导制度的目的是要解决“同案不同判”的问题,其适用范围限制在案情事实基本相同的案件群之上,而一旦将指导性案例解释为习惯法源,则就具有了普遍

① 吴从周:《试论判例作为民法第1条之习惯法:为判例制度而辩护》,载《台大法学论丛》2010年第6期(总第32卷第2期)。

② 《立法法》第104条。

适用的效力,就会出现将个案结论拔高为抽象规则的现象。而脱离了指导性案例的基础事实去抽象适用其结论,人们无法判断新的案件是否该适用该结论,或者如何适用该结论,这会使指导性案例在作为法源适用过程中成为无源之水、无本之木,其自身的生命力亦将因之而枯竭。

因此,将最高人民法院的各项实体性裁判规则解释为习惯而进入法源,将会面临诸多无法逾越的挑战与困难。未来随着民法典编纂工作的完成,一旦体系化的民法典颁布,则通过民法典的内在体系解释其外在体系的含义将会更加容易,法律的明确性、准确性将会得到较大提高,届时最高人民法院在法律解释上的任务将会逐渐淡化,最终独具中国特色的、效力强大的司法解释亦将退出历史舞台。

**五、习惯无法创设新物权**

由于《物权法》实行严格的物权法定主义,要求物权的种类和内容都只能由法律规定。同时物权法又仅规定了所有权、建设用地使用权、农村土地承包经营权、宅基地使用权、地役权、抵押权、质权和留置权这八种物权类型。在其他民商事法律上,也只增加了合同法上的建筑工程款优先受偿权、海商法上的船舶优先权、企业破产法上的破产费用清偿优先权、共益债务清偿优先权等有限的一些物权(或曰优先于普通债权的权利)类型。这些数量不多的物权种类和限定的物权内容根本无法满足我国当前快速发展的市场经济的需求。诸如典权、居住权、让与担保、对特定建筑物管理收益权等现实中出现较大需求的权利类型,则无法成为物权而具有优先于债权的效力。由此在学界引发了长久的关于物权法定还是物权自由的争议。

由于物权具有排他性和直接支配性,对于第三人的影响较大,所以完全实现物权自由、任由当事人创设,会给第三人带来沉重的交易成本,因此是不现实的。物权类型完全自由创设、数量过多不可行,而数量过少、限制交易选择也不可行,所以"答案是物权类型最优的标定定额,而物权法定主义虽然不能产生最佳的形式组合,但可以使整个法律体系更接近最优方案"。[①] 所以问题并非出在物权法定主义身上,而在于我国物权体系中所承认的物权类型过少,可行的解决方案也不是放

---

① Thomas W. Merrill and Henry E. Smith,"Optimal Standardization in the Law of Property: The Numerus Clausus Principle",*The Yale Law Journal* (Vol. 110: 1),p.69.

弃物权法定主义,而是增加法定物权的类型数量,使之能够满足当前和未来较长时间的生活和交易需求。

我国台湾地区之前也采取了严格的物权法定主义,同样为社会经济生活带来"束缚"之感,故在2009年修法时,将物权法定主义的第757条修改为"物权除依法律或习惯外,不得创设"。[①] 同时,还增加第826-1条关于"共有物之管理或协议分割契约之效力"的规定,赋予登记后的共有物分管契约以对抗第三人的强大效力,"通过分管契约的开放登记,以及不分割约定除斥期间的拉长,使其发生和限制物权一样稳定的对世效力……人们实际上已经可以通过这个窍门,创设出几乎任何他们在物权编上找不到的'限制物权'"。[②] 所以物权法定主义带来的负面效应在我国台湾地区已经基本得到解决。

但在大陆物权法修改成为民法典物权编之前,对于物权法定主义的态度仍然是学界讨论的热点话题。由于《民法总则》第116条再次重申严格的物权法定主义,可以预测,物权法在修订成为民法典物权编的过程中,也不会贸然放弃物权法定主义,甚至有学者在近期起草的物权法编学者建议稿中,第一条仍然留给了严格的物权法定主义("物权,非依法律规定不得创设"[③]),所以只能寄希望于未来的民法典物权编能够尽可能多规定一些实践中急需的物权类型。但鉴于我国立法机关向来持有的谨慎乃至保守态度,所以对于民法典物权编大幅增加物权类型的期望很有可能会落空。

在此背景下,不少学者寄希望于《民法总则》第10条的习惯法源,期冀通过习惯来创设物权,通过这种方式来为物权法定主义松绑,因为"承认习惯法甚至习惯可以创设物权……这样还会克服物权法定主义无法适应经济交易关系的发展,无法满足现实生活对新种类物权的需要的弊端"。[④] 但由于《民法总则》第10条将习惯的适用前提限定为

---

① 陈聪富主编:《月旦小六法》,元照出版有限公司2015年版,第叁-84页。

② 苏永钦:《可登记财产利益的交易自由——从两岸民事法制的观点看物权法定原则松绑的界限》,载张仁善主编:《南京大学法律评论》(2010年秋季卷),法律出版社2010年版,第31页。

③ 中国政法大学民商经济法学院民法研究所"中国民法典研究小组"李永军等:《中华人民共和国物权编》(专家建议稿),载《比较法研究》2017年第4期。

④ 崔建远:《民法分则物权编立法研究》,载《中国法学》2017年第2期。

“法律没有规定”，所以一旦法律有了明确的规定，就再无习惯的适用余地。对此，《民法总则》第116条的规定十分明确：“物权的种类和内容，由法律规定。”这就将创设物权的权力完全交给法律，并不似我国台湾地区“民法”直接规定习惯可以创设物权，所以直接将习惯作为为创设物权的法源，存在难以逾越的解释学上的障碍。

还有学者试图另辟蹊径，将习惯解释为法律，以此实现习惯创设物权的目的：“基于《民法总则》第10条业已将习惯(法)确立为民法的法源(渊源)，故而笔者认为，《民法总则》第116条与《物权法》第5条所定的物权法定原则中所言的‘法’，宜解为涵括了习惯法。”①但这一解释路径依然存在障碍，如前文所述，立法机关明确采纳了习惯的概念，舍弃了习惯法的概念，而且也难以找到能够作为习惯法存在的规则。故这一解释方法操作起来依然困难重重。

可能更令学者沮丧的是，即便如我国台湾地区“民法”明确允许习惯创设物权，在实践中可能依然收效甚微。我国台湾地区司法实务中对于习惯创设物权的成果寥寥，学者努力搜索之后仍无所得，以至于不得不感叹：“学术文献罕见物权习惯之探讨，本文寻寻觅觅也找不到物权习惯之实例，故很有可能法院从未承认过物权习惯。”②因此，无论在解释学上还是实务操作上，习惯作为法源均难以实现突破物权法定主义、创设新物权的目标，故我们不应对其抱有过高期望，还是应当尽力说服立法机关在制定民法典物权编时尽可能多增加一些物权类型才是可行之道。

## 六、习惯宜留待个案查明而非抽象出一般规则

传统学说一般认为习惯应当具有全面性、长期性、普遍性和抽象性，即为广大地域的社会民众普遍认知并长期遵循、接受其约束的行为方式。申言之，“‘民事习惯’系指同一地区之人与人间长久以来，基于文化、传统、宗教、礼俗等所为之财产及身份上外部行为，符合当时社会发展之需求，形成价值观，为当时人民认同并实行，而形成某种外部拘

---

① 陈华彬：《我国民法典物权编立法研究》，载《政法论坛》2017年第5期。

② 张永健：《物权法中之习惯——资讯成本理论之观点》，载《月旦法学杂志》2011年第1期。

束力,影响当时人民之外部行为”。[①] 在法制未臻发达时期,确实存在着不少为人们普遍认同并遵守的习惯,但在制定法日益发达周密的今日,要求习惯仍具有全面性、长期性、普遍性和抽象性,便会脱离我国的法治实际。

首先,关于习惯的全面性和普遍性便一直存在争议,究竟覆盖多大地域、多少地区的习惯才能构成法律渊源的习惯,众说纷纭。尤其在我国改革开放立法进展迅速的时期,法律已经基本涵盖人们生活中的方方面面,全国性的、为人们普遍遵守的行为规范要么被吸收为法律制度,要么留在道德领域,并随时可以通过公序良俗原则进入民法领域,全面而普遍的习惯可能难觅其踪影。正如学者质疑的,“习惯究为同一地区中多少人民的行为？即便同一地区,或因南北地域之不同,习惯可能有其差异性、浮动性及多样性”。[②] 所以,可能出现的习惯,更多的只是地方性的、行业性的或者某些人群中存在的有一定约束力的法外行为规范。最高人民法院分管民事审判工作的审判委员会专职委员杜万华大法官亦指出:“习惯有地域性、行业性。地域可能是一个乡、甚至一个县,或者一个地区。正确适用这一条款,对于化解基层矛盾和处理基层纠纷有极大帮助。”[③]

其次,新中国成立后,对于历史传统采取了较为激进的改革措施,具有历史传统性质的、长期的习惯保留下来者极少。新中国成立后,我国在土地政策采取了较为彻底的改革措施,在村落家族家庭领域也都进行了大规模的移风易俗运动。在 20 世纪六七十年代的“文化大革命”时期,“破四旧”(破除旧思想、旧文化、旧风俗、旧习惯)、“立四新”(立新思想、新文化、新风俗、新习惯)更是发展为全国性的运动。改革开放后,我国又在短短的三四十年间迅速从一个农业为主的社会发展为现代化工业社会,制造业的兴起带来了全国范围大规模人口的流动,而城镇化的飞速发展也带来了农村居民生活方式的巨大变革。在这样的时代背景下,寻求长期性的习惯并非易事。

最后,习惯自身固有的、来源于具体生活细节的特点,注定其不宜

---

① 简育良:《身分关系的习惯与法律发展之初探》,载《月旦法学杂志》2016 年第 1 期。

② 简育良:《身分关系的习惯与法律发展之初探》,载《月旦法学杂志》2016 年第 1 期。

③ 杜万华:《〈民法总则〉基本规定的八大亮点》,载《中国应用法学》2017 年第 4 期。

被抽象为一般性规则予以推广或长期反复适用。习惯带有强烈的"地方性知识"的色彩,对于特定地区的特定人群或许是清晰的,但对于第三人而言,则可能是难以获悉的陌生的知识,所以难以抽象出一般性的规则。"在民俗习惯问题上,有些属性是明晰的,易判断;有些属性是模糊的,难判断;有些则是相冲突的。诸如彩礼、风水、女子继承等问题性质都不一样,很难从规范上提出划一的标准。"①如果法院将个案审查中发现的习惯加以抽象并进行推广,则会导致法官不了解习惯所依附的生活基础,从而发生习惯法源的不当适用。所以在解决民事纠纷方面具有现实意义的,仍是物权法、合同法等法律规定的处理相邻关系的生活习惯及解释合同条款的交易习惯等具有明显地域、行业、人群限制的习惯。

因此,法院应当避免将个案中的习惯抽象成一般规则。习惯法源应当而且只能留待个案查明适用,不宜抽象出一般规则予以推广适用。

## 七、结语

"对习惯的尊崇首先体现了法律对民族精神、民族传统和民族生活的珍视。"②《民法总则》第10条将民事法律渊源限定为法律和习惯,无疑是对《民法通则》的一大进步,也是立法对于民族自信的彰显和回应。在立法通过之后,学界研究的重心应当转向法律制度的理解与适用。对于民法法源而言,如何界定"法律"的范围,如何厘清"习惯"的概念并对其适用条件进行分析,是目前民法总则适用中的课题。

从先前立法例的适用来看,习惯作为法源的重要性在现代社会呈现日趋降低的趋势。以瑞士为例,学者发现,"在联邦私法中,习惯法具有的意义非常有限。制定法和法官法是常态,而习惯法只构成很少发生的例外"。③ 因此,习惯作为法源将在我国民事案件审理和纠纷解决中发挥何种作用,还有待今后的案例予以展示。

---

① 刘作翔:《传统的延续:习惯在现代中国法制中的地位和作用》,载《法学研究》2011年第1期。

② 谢鸿飞:《〈民法总则〉的时代特征、价值理念与制度变革》,载《贵州省党校学报》2017年第3期。

③ [瑞]贝蒂娜·许莉蔓-高朴、耶尔格·施密特:《瑞士民法:基本原则与人法》(第2版),纪海龙译,中国政法大学出版社2015年版,第71~72页。

# 民法总则中的成年监护制度*

**摘　要**:《民法总则》通过修改《民法通则》上的监护制度而构建了我国的成年监护制度,世界各国均因老龄社会的到来而启动成年监护的立法活动。成年监护制度可分为成年法定监护与成年意定监护两种类型,后者被监护人意思自治程度要高于前者。成年监护制度能够对老年人人身财产权益进行妥当管理及保护,在老龄化社会中具有重要作用。成年监护制度在主体范围、事务范围、公权力的介入与保障等方面比委托和信托更具优势。

**关键词**:成年监护;老龄社会;委托;信托

**目　　次**



---

* 本文原载于《中国人民大学学报》2017 年第 4 期,《新华文摘》2018 年第 1 期进行观点摘要转载。

## 一、引言

《民法总则》对于监护制度的修改完善，尤其是新增成年法定监护和意定监护制度、写明最有利于被监护人的原则、补充监护人资格的撤销与终止等内容，体现了这部法律的时代进步性与人文精神，也是该法的亮点之一。通过对施行了30多年的《民法通则》所确立的监护制度的大幅修改、扩充和完善，《民法总则》已经构建起了我国民法上的成年监护制度，而这一制度是之前的民事立法所一直缺乏的。

成年监护，是指年满18周岁的成年人，因智力、精神障碍或年老、疾病等原因导致不能辨认或不能完全辨认自己的行为，从而需要他人对其人身、财产及其他合法权益进行保护的制度。《民法通则》确立的监护制度，其适用对象主要是未成年人和成年的精神障碍患者（该法第17条采用的表述是“无民事行为能力或者限制民事行为能力的精神病人”），[①]对于非精神障碍而无法全部或部分辨别自己行为的成年人，则不能成为《民法通则》监护制度的被监护人。《民法总则》第28条规定了“无民事行为能力或者限制民事行为能力的成年人”的法定监护人顺序，第31条规定了监护人的指定，第32条规定了民政部门和居委会、村委会在无监护人时出任监护人的义务，第33条规定了成年意定监护，第34条和第35条规定了监护人的职责范围与履职原则，第36条至第39条规定了监护资格的撤销和监护的终止。这些条文界定了成年监护中监护人与被监护人的范围，明晰了监护人的权利与义务，并规定了成年监护中的公权力介入与监督的环节，从而构建了我国民法上的成年监护制度。

## 二、世界范围内成年监护制度的立法轨迹

从比较法上来看，20世纪60年代欧美一些发达国家开始步入老龄

---

① 在今天看来，“精神病人”一词并不适合作为法律概念，因为这一词语带有一定的歧视色彩，不符合人权平等保护的世界潮流。我国2013年《精神卫生法》已经不再使用“精神病人”的概念，而是开始使用“精神障碍患者”一词，体现了我国文明的发展和法治的进步。遗憾的是，著名的国际公约“Convention on the Rights of Persons with Disabilities”仍被我国全国人大官方翻译为《残疾人权利公约》，而其他国家或地区一般将之翻译为《身心障碍者权利公约》。将“Persons with Disabilities”翻译为“残疾人”而非“身心障碍者”，不仅使得这一公约中的许多制度能够适用的范围大大缩减，而且还贬损了这一公约的人道主义和人文光辉。

社会或预见到相关问题而启动了成年监护制度的立法活动,并引发了世界范围内其他面临人口老龄化国家的立法、修法运动,这一运动自西向东,从欧洲到亚洲,其中的工作重点便是改革现有监护制度,增加或完善成年监护制度,适应社会的需求。例如,法国早在 1968 年 1 月 3 日便通过第 68 -5 号法律修改了民法典第十一编"成年与受法律保护的成年人",将原有监护和辅助制度发展为保护意义的监护或财产管理制度,完善了成年监护制度,其中第三章即为"受监护的成年人"。① 美国统一州法委员会自 1969 年开始制定《持续性代理权授予法》,以"通过持续性代理制度来适应现代社会成年监护需要,完善本国的成年人监护制度"。② 该法在其后数十年间多次进行了修改和完善。其他英美法系国家如"澳大利亚于 1976 年,新西兰于 1978 年,加拿大于 1990 年陆续完成成年监护法改革"。③ 德国自 1990 年 6 月开始立法,对民法上的"成年监护及辅佐制度"进行修改,并于 1992 年 1 月 1 日开始实施,"为了达到改善成年病人和残疾人法律地位的立法目的,德国民法典不但废除了禁治产制度,而且以'法律上的照管'代替原来的成年人监护和残疾人保佐"。④ 瑞士自 2008 年通过了对民法典的修正案,并于 2013 年生效,"通过此修正案,立法者尤其意图用现代的成年人保护法替代目前有效的监护法"。⑤

在亚洲,日本于 1999 年对民法典进行了修改,"乃参考欧美先进诸国的新立法趋势,对于成年后见制度作全面性的修改"。⑥ 修改后的成年监护制度于 2000 年 4 月 1 日开始实施。我国台湾地区于 2003 年正式启动成年监护制度的法律修改研究,并于 2008 年 5 月 23 日通过对"民法"总则编的禁治产部分和亲属编的监护部分及其施行法等相关条

---

① 《法国民法典》(上册),罗结珍译,法律出版社 2005 年版,第 410 页。

② 李霞:《民法典成年保护制度》,山东大学出版社 2007 年版,第 65 页。

③ 李霞:《成年监护制度研究——以人权的视角》,中国政法大学出版社 2012 年版,第 64 页。

④ 《德国民法典》(第 4 版),陈卫佐译,法律出版社 2015 年版,第 552 页。

⑤ [瑞]贝蒂娜·许莉蔓 - 高朴、耶尔格·施密特:《瑞士民法:基本原则与人法》(第 2 版),纪海龙译,中国政法大学出版社 2015 年版,第 196 页。

⑥ 刘得宽:《成年"监护"制度之比较研究——以日、台、德为中心》,载《月旦法学杂志》2003 年第 10 期。

文的修改案,“其重点在于废止禁治产制度,实施‘成年监护制度’”。[①]韩国于2011年3月7日通过了《民法修正案》,对《韩国民法典》“监护”一章增加了32个条文,构成了该国的成年监护制度,“现行的韩国成年监护制度的内容主要包括法定监护制度和意定监护制度”。[②]我国2013年的《老年人权益保障法》开始引入老年意定监护制度,2017年3月15日《民法总则》正式规定了成年意定监护制度,再加上该法的成年法定监护制度,我国的成年监护制度就此正式建立起来。

由上述各国和地区的修法历程可以勾勒出世界范围内成年监护制度的发展轨迹和当代成年监护制度的改革方向:一是伴随着各国和地区步入老龄化的程度而先后进行成年监护制度的立法修法;二是法治后发国家和地区向法治发达国家取经借鉴,实现制度的移植与引入;三是修改传统监护制度中落后于时代的部分,例如从片面侧重被监护人的财产管理到侧重被监护人的人身保障,从侧重对被监护人的看管照顾到促进被监护人的自觉自立,从全面接管被监护人的生活事项到有限事项监护,从强调监护关系的公权规制到注重监护中的私权自治,如此等等。

## 三、民法总则中成年监护制度的类型化

对于是否根据成年人行为能力的不同而对成年监护制度进行类型化区分,各国和地区法律采取了不同的做法。例如《德国民法典》中的成年监护制度仅为“法律照管”一种类型,其第1896条规定:“成年人因精神疾病或者身体、精神或者心理障碍而不能处理其全部或者部分事务的,照管法院依其申请或者依职权为其选任照管人。”[③]《日本民法典》上的成年监护分为监护、保佐与辅助三类,对于精神障碍者,达到“意思能力程度不足”的则适用辅助,达到“意思能力程度明显不足”的则适用保佐,达到“日常处于意思能力欠缺状况”的则适用监护。但日本民法学界提出的最新民法典修正案则准备对此进行较大的修改:“我

---

① 王泽鉴:《民法总则》,北京大学出版社2009年版,第100页。

② 姜海顺、景明浩:《论韩国的成年监护制度及其对我国的启示》,载《延边大学学报》(社会科学版)2014年第3期。

③ 杜景林、卢谌:《德国民法典全条文注释》(下册),中国政法大学出版社2015年版,第1105页。

们废除了现行民法的'成年监护'的概念,将'成年监护、保佐、辅助'统称为'审判保护制度',消除了概念的混乱。"①我国台湾地区"民法"将成年监护分为监护与辅助两类,对于因精神障碍或其他心智缺陷的成年人,如果达到"不能为意思表示或受意思表示,或不能辨识其意思表示之效果者",则适用监护制度;如果只是"致其为意思表示或受意思表示,或辨识其意思表示效果之能力显有不足者",则适用辅助制度。我国《民法总则》并没有区分成年人意思能力不足的程度而采取监护、保佐、辅助之类的不同措施,而是将"无民事行为能力或者限制民事行为能力的成年人"统一视为监护制度的适用对象。因此,从是否区分行为能力而作类型化的角度,我国民法采取的是一元化的类型。但从成年监护制度的设立与内容来看,《民法总则》上的成年监护制度又可作成年法定监护与成年意定监护的类型化区分。

1. 成年法定监护。成年法定监护是直接依照法律的规定来确定无民事行为能力或者限制民事行为能力的成年人的监护人及监护内容的监护制度。《民法总则》第 28 条规定了成年法定监护的监护人范围与顺序,第 29 条规定的遗嘱指定监护人与第 30 条规定的协议确定监护人均可适用于成年法定监护中监护人的确定。成年法定监护既适用于一直未取得过完全民事行为能力的成年人,也适用于曾经取得过完全民事行为能力但又因故失去完全民事行为能力的成年人。因成年被监护人可能在取得完全民事行为能力期间缔结婚姻关系、具有配偶,因此民法总则规定的成年法定监护人顺位中,配偶是第一顺位的监护人,父母、子女是第二顺位监护人,包括祖父母、外祖父母、孙子女、外孙子女、兄弟姐妹的其他近亲属则是第三顺位的监护人。没有这些监护人的,也可以由其他愿意担任监护人的个人或者组织例如公益组织来担任,但必须经过被监护人住所地的居民委员会、村民委员会或者民政部门的同意。如果被监护人的父母担任着监护人职务的,可以通过遗嘱来指定监护人,未指定的,则在被监护人父母去世后,就只能适用前述法定顺位来为成年被监护人选定监护人。当成年被监护人无配偶、子女,父母也已去世,其他近亲属或亲友没有愿意或适合担任监护人的,依照

① [日]民事改正研究会(代表加藤雅信):《日本民法典修正案 I 第一编总则》(附立法提案与修正理由),朱晔、张挺译,元照出版有限公司 2016 年版,第 360 页。

《民法总则》第 32 条的规定,则由政府部门和基层群众自治组织承担起监护职责,这体现了对政府责任的强化。在成年法定监护的内容上,民法总则虽然未做具体的规定,但第 35 条规定了监护人履行监护职责的原则与要求,第 36 条规定了可导致监护人资格被撤销的行为种类,从这两条的一正一反之间,便可推知成年法定监护的主要内容,即监护人应当尊重被监护人残存的意思能力,保留被监护人对其有能力独立处理的事务的决定权,并最大限度地尊重被监护人的真实意愿,协助和保护被监护人实现其人身及财产权益的最大化。

2. 成年意定监护。根据《民法总则》第 33 条的规定,成年意定监护是指成年人在其具备完全民事行为能力时,提前与他人协商并以书面形式确定自己的监护人,待自己丧失行为能力时即由预先确定的人担任自己监护人的监护制度。成年意定监护与成年法定监护相比,最大的区别在于被监护人意思自治程度的不同。成年法定监护中,被监护人在监护人的选任、监护范围与内容等方面的意思自治程度较低,只有在监护人履行具体监护职责时才需要征询被监护人的真实意愿。而成年意定监护在设立监护时,就完全由尚具备完全民事行为能力的成年人自由决定,其有权从近亲属及其他任何个人或组织中协商选定自己的监护人,对于选定的监护人的人数,民法总则也并未做限制性规定,因此同时选择复数的监护人共同或者按照分工履行监护职责,对自己进行监护,均无不可。此外,对于监护的范围和内容,被监护人也可以事先在书面文件中一并予以列明。此种类型的成年监护制度,体现了被监护人较大的意思自治空间,适合成年人尤其是老年人未雨绸缪,根据自身的财产多寡情况和亲戚朋友的亲近疏远关系,提前对未来可能发生的监护事项进行规划,避免完全交由成年法定监护制度进行决定的僵化与保守,从而最大限度体现被监护人的利益。

当存在成年意定监护时,是否还能适用成年法定监护?或者说两者的地位孰优孰劣?基于民法尊重民事主体意思自治的基本原则,各国学说均认同意定监护制度优先于法定监护制度的适用。[①] 就我国而言,首先,《民法总则》第 33 条已经明确规定当存在意定监护协议的成

① 参见倪娜:《老年人监护制度研究》,厦门大学出版社 2012 年版,第 180 页。

年人丧失或者部分丧失民事行为能力时,该意定监护生效,监护人开始履行监护职责。这就直接以法律规定的形式明确了成年意定监护的优先适用。在美国传统的代理法中,一旦委托人欠缺完全民事行为能力,则代理关系终止,这不利于对丧失完全民事行为能力成年人的保护,因此各州不得不通过承认持续性代理权制度来进行修改,规定除非明确约定,否则代理权持续有效,不因委托人丧失行为能力而终止。这实际上与我国《民法总则》第 33 条的规定具有异曲同工之效。其次,体现了《民法总则》第 5 条规定的意思自治的基本原则,即"民事主体从事民事活动,应当遵循自愿原则,按照自己的意思设立、变更、终止民事法律关系"。亦有台湾地区学者指出:"立于尊重自己决定权之观点,本人若已缔结意定监护契约时,则法院不受理选定法定监护之声请,因此在结果上,成年监护制度以意定监护为主,法定监护为辅,意定监护制度立法之必要性,由此可见。"[①]最后,成年意定监护一旦生效,就自然没有法定监护生效的余地,因为意定监护协议选择的监护人未必是依照法定监护顺位所确定的监护人,不可能两种类型所确定的不同监护人同时并存,这将无法协调与分工,只会损害被监护人的利益。因此,当存在成年意定监护时,其应当优先于成年法定监护适用,只有当成年意定监护无效、终止等情形而导致意定监护关系结束时,才能对被监护人适用成年法定监护制度。

## 四、成年监护制度在我国老龄化社会中的重要作用

在罗马法上,监护制度主要适用于女性和未成年人,"不处于家长权之下的未适婚人和自权妇女,则需要为其设监护人"。[②] 对于精神障碍者和浪费人则设置保佐制度以保管其财产,两者共同的功能都是为了保护家族的财产利益。虽然女性后来取得了民法上的主体地位,但这种将未成年人和精神障碍者两类人群作为监护制度适用对象的做法,则在大陆法系国家一直延续下来,也为我国 1986 年《民法通则》所继受。可以说,传统民法中,监护的对象一直是未成年人,成年人只有出现精神障碍或者严重酗酒、赌博等情况,才需要监护或保佐制度的介

---

① 刘得宽:《意定监护制度立法上必要性——以成年(高龄者)监护制度为中心》,载《法学丛刊》1999 年总第 174 期。

② 周枏:《罗马法原论》(上册),商务印书馆 1994 年版,第 262 页。

入。主要的原因是以前人类的平均寿命并不太长,对于成年人而言,往往在精神、智力因年老而严重衰退之前,其便已经去世,"肉体"的寿命要短于"精神"的寿命,所以成年监护制度并不是一个现实迫切需要的法律制度。但随着社会的发展、医疗科技的进步,"在20世纪,人类的预期寿命已经从40岁增加到70岁,几乎翻了一倍,所以在21世纪,至少应该可以再翻倍到150岁"。[①] 社会发展到这一阶段,人类"肉体"的寿命就要开始长于"精神"的寿命了,因为即便日新月异的医疗科技能够治疗各种疾病、延缓衰老、推迟死亡,也无法保证人能够在意识清醒、行动自如、能够自我管理事务的状态下一直生存下去直到最终死亡。

对于中国而言,这一问题尤为迫切。按照联合国的标准,65岁及以上人口占总人口的比例达到7%时为"老龄化社会"(ageing society),达到14%时为"老龄社会"(aged society),达到20%时为"超老龄社会"(hyper-aged society)。我国在2000年时,65及以上人口达到8821万人,正好占当年全国人口比重的7%,我国由此正式进入老龄化社会。而老龄化的趋势还一直在延续,国家统计局编制的《中国统计年鉴2016》显示,就在2015年,我国65岁以上人口为1.4386亿人,占总人口比重为10.5%。国务院2017年2月28日发布的《"十三五"国家老龄事业发展和养老体系建设规划》指出:"预计到2020年,全国60岁以上老年人口将增加到2.55亿人左右,占总人口比重提升到17.8%左右。"也就是说,我国正在完成老龄化的过程,并在3年后就将直接跨入老龄社会,并接近超老龄社会。对比世界主要人口大国的状况,我国很可能在未来50年里成为世界上人口老龄化形势最严峻的国家之一。

"研究发现,尽管持续性代理权制度和成年人监护制度同样适用于身体残疾或精神障碍的成年人,但其立法基点是保护老年人,特别是逐渐丧失行为能力的老年人。由此可见,成年人保护的重点不再是精神障碍者,而是老年人。"[②]当前我国老龄化社会所面临的最大、最现实的问题,就是如何能够实现每位老年人身体健康的恰当照料、财产的适当

① [以色列]尤瓦尔·赫拉利:《未来简史:从智人到神人》,林俊宏译,中信出版社2017年版,第23页。

② 王竹青主编:《美国持续性代理权和成年人监护制度立法及法律适用》,知识产权出版社2016年版,前言第1页。

管理以及各项相关事务的妥当处理，而在民法上，这就必须借助于完善的成年监护制度才能实现，原因在于：

第一，老年人中的失能失智者需要他人的监护。我国不仅老龄化严重，老年人健康状态也不容乐观。失能是指丧失生活自理能力，按照国际通行的标准，"吃饭、穿衣、上下床、上厕所、室内走动、洗澡"6项指标中，有一项到两项做不了的，为"轻度失能"，三项到四项做不了的，为"中度失能"，五项到六项做不了的，为"重度失能"。据学者在2014年的一项统计，"我国10.54%的老人处于轻度失能和中度失能，2.00%的老人为重度失能"。[①] 而民政部和全国老龄委的数据显示，当前"60岁以上失能或半失能的老年人约3500万"。[②] 对于成年人是否需要被监护，《民法总则》采用的是"民事行为能力"标准，而自然人的民事行为能力，"简言之，是自然人可以独立进行民事活动的能力或资格"。[③] 也就是说，当成年人因年迈疾病而对自己行为的性质和后果没有清醒的认识时，就意味着其失去或者部分失去了民事行为能力，就需要他人进行监护了。而生活自理能力都缺乏的失能老人，自然也就无法有效与外界沟通、独立进行民事活动了，就需要他人的监护了。而失智是大脑出现的渐进性认知功能退化性的表现，65岁以上的老年人是常见发病人群。老年人群中，"特别是高龄老年人常常面临失智等精神衰退性疾病，在意识清醒的状态下出现的持久的全面的智能减退，通常表现为记忆力、计算力、判断力、注意力、抽象思维能力、语言功能减退，情感和行为障碍，独立生活能力丧失"。[④] 失智者在病情比较严重时同样会失去生活自理能力、丧失独立进行民事活动的能力，同样需要他人的监护。面对我国日益严重的老龄化人口结构，失能失智老人所占人口比重也将不断加大，必须要有成年监护制度对其人身和财产权益进行保护。

第二，空巢老人、独居老人需要更为广泛的监护人范围来确定监护人。由于我国自1980年起实行"一对夫妇只生一个孩子"的计划生育

---

① 杜鹏、孙鹃娟、张文娟、王雪辉：《中国老年人的养老需求及家庭和社会养老资源现状——基于2014年中国老年社会追踪调查的分析》，载《人口研究》2016年第6期。

② 戴建兵：《我国人口老龄化程度以及老年人口量与质的实证分析——基于"四普"、"五普"和"六普"数据》，载《兰州学刊》2017年第2期。

③ 王利明：《民法总则研究》（第2版），中国人民大学出版社2012年版，第228页。

④ 孙文灿：《老龄化背景下的民事立法研究》，载《人口与发展》2016年第6期。

政策,直到2013年才改为“单独二胎”政策,2015年才全面放开二胎政策。在这严格执行“一胎化”计划生育政策的33年间,全国出现了大量的独生子女家庭,其中因各种原因而失去独生子女的父母便成为了失独父母、空巢老人,再加上因鳏居、丧偶等其他原因造成的独居老人,形成了为数不少的特殊群体。《“十三五”国家老龄事业发展和养老体系建设规划》指出,到2020年全国“独居和空巢老年人将增加到1.18亿人左右”。空巢老人和独居老人如果按照配偶、父母、子女、其他近亲属的传统顺序来确定法定监护人,可能会存在一定的困难,因为这些特殊群体面临无父母子女在世、配偶岁数偏大或无配偶的现实,而其他近亲属未必有合适且愿意担任监护人的人选。《民法总则》通过规定成年意定监护制度,将监护人范围扩大到“其他愿意担任监护人的个人或者组织”,就可以让这类老人提前书面确定自己的监护人;在没有监护人时,民法总则还为民政部门设定了兜底的义务,同时居委会、村委会在具备履行监护职责条件时也必须出任监护人,这就解决了监护人人选的问题。

第三,我国在当前社会转型、城镇化建设快速发展时期,劳动力在全国范围内大规模流动,导致传统家庭结构遭到冲击,传统的居家养老模式面临困难,需要政府部门与社会力量的介入。我国常见的家庭结构主要是由夫妻和未成年子女组成的核心家庭,以及由夫妻、夫妻的父母辈和未成年子女组成的主干家庭,而老人和成年子女共同居住生活的主干家庭结构是居家养老模式存在的基础。但随着我国近四十年的改革开放以及近年来城镇化建设的加快,青壮年劳动力在全国范围内大规模流动,具有劳动能力的成年人外出务工就业,无法在家履行对父母的照看养老义务。国家卫生计生委流动人口司发布的《中国流动人口发展报告2016》指出,2015年我国流动人口规模达2.47亿人,占总人口的18%,相当于每六个人中有一个是流动人口。而该报告同时也指出,2015年全国流动老人仅占流动人口总量的7.2%,年龄中位数为64岁,其中约有八成低于70岁,70~79岁的占18%,80岁及以上的高龄流动老人不到5%。这就说明92.8%的老人并未随着流动人口而流动,岁数越大这一比例越高,于是大量老人尤其是高龄老人就不得不成为留守老人、空巢老人。未来一二十年,我国仍处于城镇化快速发展阶段，按照《国家新型城镇化规划》的进程，2020 年我国仍有 2 亿以上的流动人口。“十三五”时期，人口继续向沿江、沿海、沿主要交通线地区聚集，超大城市和特大城市人口继续增长，中部和西部地区省内流动农民工比重明显增加。由于我国的城乡二元化结构，以及城市生活成本高、居住和医疗资源紧缺等原因，许多外出务工人员无法在劳动地安置自己的家人尤其是老人。在学者 2014 年针对老人群体进行的关于“您认为老年人的照料应该主要由谁承担”的调查中，“48.53% 的老年人认为照料的主要承担者应是子女，其次是老年人自己或配偶（21.04%），再次是政府/子女/老年人共同承担（18.91%），最后是政府（10.50%）和社区（1.02%）。农村老人希望由子女照料的想法更为强烈，达到 58.68%”。[①] 虽然多数老人尤其是农村老人仍希望由子女为自己提供照料，但显然这样的愿望并不容易实现。可见这种成年劳动力的大规模流动现状，对传统的居家养老模式提出了巨大的挑战，这样就要求我国的监护制度进行改革，放开监护人的范围，引入非近亲属的其他个人或组织担任监护人，并且强调政府民政部门和居委会、村委会的兜底责任，而《民法总则》上的成年监护制度正顺应了这一迫切需求。

第四，我国人均寿命的增长，导致老年人自顾尚且不暇，更无力担任其父母的监护人，需要扩大监护人候选人的范围。我国人均寿命在不断提高，据国家统计局编制的《中国统计年鉴 2016》统计，2015 年全国平均预期寿命为：男性 73.64 岁，女性为 79.43 岁，合计 76.34 岁。由于生活水平和医疗条件的改善，高龄老人所占人口比重也在不断增加，“当老年人因年龄原因逐渐丧失意识能力而需要设立成年监护时，其配偶、父母往往也已届高龄。甚至随着老龄化问题的突出，年届七旬的老人照顾其九十多岁父母的情况也非鲜见”。[②] 由于《民法通则》并未规定非精神障碍者的成年人监护制度，如果法官类推《民法通则》第 17 条对精神障碍者的法定监护人顺序来确定监护人，就会出现法律与现实脱节的现象，因为高龄老人的父母已不在人世，其配偶无力担任监护

---

① 杜鹏、孙鹃娟、张文娟、王雪辉：《中国老年人的养老需求及家庭和社会养老资源现状——基于 2014 年中国老年社会追踪调查的分析》，载《人口研究》2016 年第 6 期。

② 满洪杰：《关于〈民法总则（草案）〉成年监护制度三个基本问题》，载《法学论坛》2017 年第 1 期。

人,其子女也因年老而不宜担任监护人。《民法总则》第 28 条则较好地解决了这一问题,该条首先强调了"有监护人能力的人按顺序担任监护人",无监护能力的人则不必按照顺序被列为监护人;其次,该条将父母、子女共同列为第二顺位的监护人,并且将第四顺位监护人的范围放宽到"其他愿意担任监护人的个人或者组织",这就大大拓宽了监护人候选人的范围,有效解决了高龄老人的监护人选定问题。

第五,当前社会诚信建设有待加强,针对老年人的网络电信诈骗、欺诈性保健品及理财产品营销层出不穷,需要成年监护制度来强化对老人的财产保护。随着我国改革开放多年的发展,人们的生活日渐富裕,不少退休老人有着较为丰厚的积蓄和充裕的退休金,但在当前社会诚信尚待加强的环境下,有些不法分子利用退休老人缺乏必要的自我保护意识,以及需要关爱、情感空虚的弱点,使用各种手段骗取退休老人的财产,引发不少家庭矛盾甚至社会纠纷。有记者发问:"'全球免检''延年益寿''包治百病'……当老年人被直销员'洗脑',用省吃俭用的积蓄狂购眼花缭乱的保健品时,如何帮助他们远离'洗脑式'诈骗营销?"[①]这就表明,老年人由于与社会存在一定的脱节状态,而且警惕性和相关金融、法律常识不足,难以依靠自身力量来保护自己的财产权益,此时就需要成年监护制度来保护其财产权益。2017 年 4 月 23 日,首都北京的鸟巢也曾成为了诈骗分子行骗的地点,全国各地不少老人纷纷跋涉来此,甚至连警方都无法劝阻:"鸟巢要开慈善富民大会,来京参会者交通食宿费可报销,还可现场领取 5 万元慈善金……如此天上掉馅饼的好事儿让不少中老年人跃跃欲试。虽然北京警方已经辟谣,呼吁广大群众勿轻信,但仍有不少各地中老年人对此深信不疑,甚至因此与子女反目成仇。"[②]对于这一较为突出的社会现象,可以通过《民法总则》第 33 条规定的成年意定监护制度来进行规制,使老人事先通过书面形式确定自己的监护人并约定监护权限,由监护人代管财产,未经监护人同意的财产处分均为无效民事法律行为,则有助于避免老年人

---

① 《如何远离"洗脑式"诈骗营销——带您亲历"骗子大会"揭秘会议营销》,载《中老年时报》2016 年 3 月 23 日,第 6 版。

② 张静姝:《鸟巢慈善大会现场发钱?假的!成员微信群发展下线可拿红包公安部已打掉'富民慈善总部'诈骗团伙》,载《北京晨报》2017 年 4 月 24 日,第 A03 版。

被欺诈而造成财产损失。

## 五、成年监护制度与委托制度和信托制度的比较优势

成年监护制度是通过其他具有完全民事行为能力人的行为，弥补意思能力欠缺的成年人的不足，使其人身和财产权益得到保护，并使之能够正常参与社会生活与交易之中的制度。委托制度在我国体现为委托合同，根据《合同法》第 396 条的规定，"委托合同是委托人和受托人约定，由受托人处理委托人事务的合同"。因此，受托人也可基于委托合同取得对委托人相关事务的处理权限，同时，委托合同也是受托人取得代理权的基础之一。如果成年人在自己民事行为能力出现欠缺时，通过委托合同来授权他人处理自己的财产和事务，也能取得辅助其意思表示、保护其财产权益的一定效果。根据《信托法》的规定，信托，是指委托人基于对受托人的信任，将其财产权委托给受托人，由受托人按委托人的意愿以自己的名义，为受益人的利益或者特定目的，进行管理或者处分的行为。信托制度同样是借助他人而实现财产管理和处分的制度，能够发挥受托人在财产管理方面的专业性，弥补委托人相关知识或经验的不足，并且信托也可以由委托人自己作为受益人，享受信托财产经由受托人管理而获得的收益。

相较而言，民法上的委托制度和信托制度同样具有弥补他人行为不足的功效，在处理事务、保管财产方面同样具有较强的功能，这两者是在功能上最为接近成年监护的民法制度。但对三者进行分析对比发现，成年监护制度在对成年人人身财产权利的行使与保护方面具有委托制度和信托制度所不具备的诸多优势，这也表明了成年监护制度具有自身的独特价值，更能实现对民事行为能力欠缺的成年人的辅助与保护。

第一，能够通过委托合同和信托处理自身事务的主体范围仅限于具有完全民事行为能力的成年人，而成年监护制度则适用于无民事行为能力或者限制民事行为能力的成年人。当成年人不能部分或完全辨认自己行为时，就不能通过委托合同或设定信托来处理自己事务，或者只能进行与其智力、精神健康状况相适应的部分民事法律行为，因为当民事行为能力受限时，行为人不能负担相应的义务，这就限制了委托和信托制度在辅助行为能力存在缺陷的成年人处理自身事务方面的作

用。而成年监护制度则不受此限制，在成年人成为限制民事行为能力人或无民事行为能力人时，依照《民法总则》的规定，应当由其监护人作为法定代理人来实施民事法律行为。

第二，委托人能够通过委托和信托处理的事务范围有限，仅限于财产相关的事务，而成年监护制度则能够处理被监护人财产和与人身相关的事务。委托仅限于财产相关事务的处理，具有人身性质的事务不得委托他人处理，信托制度更是必须建立在信托财产的基础之上，“因为整个信托制度就是围绕信托财产的管理和处分以及受益而展开的，信托财产是信托制度的核心”。[①] 但成年监护制度能够处理的事务则广泛包括了人身和财产性质的事务。

第三，委托强调委托人对受托人的指示，自益信托中受托人也在实质上受到委托人的指示，但成年监护中的监护人履行监护职责无须受到被监护人的指示。《合同法》第 399 条规定，“受托人应当按照委托人的指示处理委托事务”，只有在情况紧急、难以和委托人取得联系时，受托人才能自主作出对委托事务的处理决定。这明显无法适用于失能、失智成年人的情形，因为成年人在年老、疾病等造成身心不便时，无法对受托人的行为进行指示。典型的信托结构是由委托人、受托人、受益人三者组成，但实践中委托人同时也是受益人的自益信托类型最为常见，例如“日本的信托商品几乎都是自益信托，而自益信托与民法上的代理、委任具有类似的法律性质。比起受托人自己行使裁量权处理信托事务，毋宁是受托人依照委托人的指示行动始属常态”。[②] 在自益信托的情形下，委托人在信托成立后并未退出信托关系，而是转换为受益人的身份继续与受托人发生联系、进行指示。而成年监护制度中的监护人权限较大，依法履行监护职责即可，无需受到被监护人的指示，当然，监护人应当按照最有利于被监护人的原则来履行监护职责。

第四，当委托人失去民事行为能力时则委托合同终止，不利于委托事务处理的连贯性和委托人利益最大化原则。《合同法》第 411 条规

① 孟强：《信托登记制度研究》，中国人民大学出版社 2012 年版，第 6 页。

② ［日］新井诚：《成年监护法及信托法的现状及展望》，黄诗淳译，载黄诗淳、陈自强主编：《高龄化社会法律之新挑战：以财产管理为中心》，新学林出版股份有限公司 2014 年版，第 198 页。

定:“委托人或者受托人死亡、丧失民事行为能力或者破产的,委托合同终止,但当事人另有约定或者根据委托事务的性质不宜终止的除外。”因此,除非另有约定,或者受托人能够证明委托事务的性质不宜终止,否则委托合同在委托人失去民事行为能力时就终止。但在成年意定监护中,成年人在具有完全民事行为能力时以书面形式选定自己的监护人,当自己部分或全部丧失民事行为能力时,意定监护生效,监护人开始按照约定履行监护职责,更有利于保护被监护人的权利。

第五,委托和信托均是委托人与受托人之间的意思自治关系,公权力并不介入和监督,而成年监护制度则受到公权力机关较多的介入和监督。在委托中,委托合同的内容由委托人与受托人自由商定,只要不存在合同无效等违法情形,则公权力机关并不介入合同的订立和履行,意思自治程度较高。只有在双方因合同发生纠纷而诉诸法院时,司法机关才介入纠纷的处理。同样,我国《信托法》仅规定公益信托应当设置信托监察人,对于私益信托则并未要求设置信托监察人,[①]司法机关也只有当事人发生纠纷诉诸法院时才介入信托纠纷的处理。尤其是信托的设立要求委托人将信托财产移转、过户给受托人,而我国目前信托财产的登记制度又没有建立起来,这对于委托人来说必然存在较大的风险。但成年监护制度从监护人的范围和顺序、监护人存在争议时的指定、监护人资格的撤销与恢复、监护关系的终止等各个方面,均体现了立法机关、居委会、村委会、民政部门和司法机关的介入与监督,被监护人意思自治程度相对较低但对其人身财产安全的保障性则较强。

委托、信托与成年监护制度虽有上述诸多不同,但成年监护制度完全可以与二者结合起来运用,相得益彰,充分发挥各种制度的特点,最大限度实现被监护人的利益。例如,监护人可以在尊重被监护人的意愿的前提下,将部分财产事务委托他人进行处理;意定监护也可以与信托结合起来,由意定监护人在被监护人的部分财产之上设立信托并以被监护人为受益人,使“信托受托人可以专心管理信托财产,意定监护人可替本人代为意思决定。信托受托人和意定监护人可专心从事本身职务,实现与信托相同之功能。这样的构造下,信托也可蜕变为有助于

① 如日本、韩国和我国台湾地区的信托立法都对私益信托规定了信托监察人与信托监督制度。

实现受益人身上监护的财产管理制度”。[1]

## 六、结语

在学界多年的呼吁下，《民法总则》顺应我国社会发展较快、人均寿命大幅提高、已经进入老龄化社会的现实需求，规定了成年监护制度。这一制度必将对我国弱势群体的权利保障、老年人生活品质的提升起到重要作用。但囿于《民法总则》的高度抽象性，不可能对成年监护制度做出面面俱到的详细规定，因此，必须对这一制度展开深入分析研究，做出科学完备的解释，才能满足该法实施后可能引起的大量实践需求。

---

① [日]新井诚：《成年监护法及信托法的现状及展望》，黄诗淳译，载黄诗淳、陈自强主编：《高龄化社会法律之新挑战：以财产管理为中心》，新学林出版股份有限公司 2014 年版，第 200 页。

# 第二章　物权法疑难问题研究

# 论信托财产的公示*

**摘　要**：信托财产是信托制度的核心，一切依法能够流通的财产权都能够成为信托财产，而其中最常见的便是具有对世性效力的财产权，因此信托财产需要进行公示，以实现保护信托受益人权利和维护市场交易秩序之间的平衡。信托财产的类别不同，其公示方法也不同。其中以应登记的财产权为信托财产的，其公示方法为信托登记。信托登记具有确保信托财产的独立性、保护信托受益人的权利、维护信托财产的交易安全的功能。

**关键词**：信托财产；公示原则；信托登记；受益人；第三人

目　次



## 一、信托财产与公示原则

"信托系一种以财产为中心之法律关系"，[①]因此

---

* 本文原载于《广东社会科学》2013 年第 2 期。

① 杨崇森：《信托之基本观念——信托法研究之一》，载《中兴法学》第 8 期（1973 年 12 月）。

信托财产是信托制度的核心，整个信托法律关系就是围绕信托财产的管理、处分和受益而展开的，而一切财产权都能够成为信托财产，其中最常见的便是具有对世性效力的财产权，如动产、不动产、知识产权等之上的物权。“所有的私权，归根结底，可以说都是为社会共同生活而存在的。”[①]由于对世权对社会不特定人都课以不作为的义务，要求他人尊重该权利，因此，对世权必须将权利的产生、行使、变更和消灭等状况随时公之于外，告知不特定的他人，否则他人在完全不知情的情况下便侵犯了权利人的权利并需承担侵权责任，动辄得咎，有违法律的公平和正义。因此，对世权必须进行公示，才能发生一定的法律效果，这便是公示原则。只有经过公示，才能在社会整体上维持对世权权利人与不特定第三人之间的权利义务关系的平衡。

信托制度原本是民事主体进行财产管理、遗产安排等事项的产物，主要关乎私益，无须昭之于众，所以英美法上有所谓秘密信托类型的存在。如果信托财产是债权，那么委托人在设立信托时只需履行债权转让的程序如交付凭证、通知债务人等，受托人便可要求债务人按照约定履行债务，再将实现债权所得利益交付给受益人即可，如此所涉及的主体范围便限定于特定几方当事人之间，与社会大众无涉。但如果信托财产是物权或知识产权，则因为这些财产权的对世性，使得信托财产也具有强大的对世效力，即“它不仅在对人方面有对抗受托人的强制力，而且在对世方面有对抗全世界的强制力，除非一个善意的购买者不注意而购买了财产”。[②] 此时，信托财产之上有关权利的得丧变更都必须向社会大众进行公示，委托人在设立信托时首先需要将信托财产转让或设定给受托人，受托人虽然在名义上成为财产权的所有人但实质上其权限受到信托目的的限制，而信托制度中又需要受托人对信托财产进行相关的处分，所以还必须将信托财产之上的信托法律关系进行公示。因此，以应登记注册的财产权作为信托财产，就必须进行信托的公示。

---

① [日]我妻荣：《新订民法总则》，于敏译，中国法制出版社2008年版，第30页。

② 《最新不列颠法律袖珍读本：信托法》，文杰译，武汉大学出版社2003年版，第7页。

在现代社会,“信托财产通常都是特定化资产如土地或股票的产权”。[①] 从历史上看,用以设立信托的信托财产大部分都是需要登记的财产权,尤其是不动产和一些以登记为公示方法的特殊动产及应登记注册的财产权,原因是动产本身具有容易磨损、丢失等特性,而且对于动产的利用通常只能通过转让进行,而一次转让之后便会失去对动产的所有权,因此以动产作为信托财产会影响信托的存续期限,使得信托只能在短期内存续,这样就不能最大限度地发挥信托制度管理财产、增加财富的功能。相较而言,不动产不易受损,登记的公示方法也使得权利不宜被侵害,而且不动产之上可以设立多种用益物权和担保物权,并可进行租赁,利用的方式多种多样,容易达到财产增值的目的,所以以不动产设立信托能够长期发挥对信托财产的管理功能,使得受益人能够长久受益。“由于动产固有的‘可移动性’,致使(动产的移转或取得)不可能进行快速而有效的公告(公示);不过,对这一说法,也应当立即做些调整,因为有一些动产的移转也必须进行公告(公示)。”[②]这些需要登记的动产如船舶、飞行器、机动车辆等因其价值巨大而在现代社会中日渐成为人们财富的重要组成部分,而且利用方式较一般动产为多,能够进行增值升值,因此也易于在其之上设立信托。对于这一类需要注册登记的动产,在设立信托时自然也需要进行信托登记。此外,一些需要登记的财产权如商标专用权、专利权等,在现代社会中的价值越来越大,运用越来越广泛,人们也经常运用这些财产权作为信托财产而设立信托。在日本信托法上,凡是以应登记和应注册的财产权作为信托财产,都必须以登记作为公示方法,涵盖面非常广泛。[③] 因此,在信托

---

① Graham Moffat with Gerard Bean and John Dewar and Marina Milner, *Trusts law: Text and Materials*(*Third Edition*), London, LexisNexis Butterworths, 2002, p. 97.

② [法]弗朗索瓦·泰雷、菲利普·泰勒尔:《法国财产法》(上),罗结珍译,中国法制出版社2008年版,第490页。

③ 在日本法上,“所谓应登记之财产权,如所有权、地上权、永佃权、地役权、优先取得权、质权、抵押权、租赁权、买回权等不动产上的权利、船舶上的权利、建设机械上的权利这种设有登记制度的财产权。而所谓应注册的财产权,是指如著作权、专利权、图案设计权、实用新型专利权、商标权、矿业权、渔业权、注册国债、注册公司债等设有注册制度的财产权”。参见[日]中野正俊:《信托法判例研究》,张军建译,中国方正出版社2006年版,第71页。

的公示方法中最为重要的便是登记的方法。

由此可见,公示原则与信托制度具有密切的联系。如果以不动产或者需要登记的动产来作为信托财产设立信托,受托人名义上成为具有对世效力的财产权的所有人,但实际上服从于信托目的,为了受益人的利益而管理和处分信托财产,此种复杂的法律关系只有进行相应的公示才能为交易第三人所知晓,否则难以限制受托人的越权处分行为,受益人的利益将失去保障。如果当事人在设立信托时未进行相应的公示,则第三人对于信托法律关系则难以知晓,信托制度便会因为信托财产法律地位的不稳定而容易受到破坏。例如,委托人在将不动产作为信托财产设立信托时,虽然将该不动产转让给了受托人并进行了所有权变更登记,但并未同时办理信托登记,那么在受托人超越信托权限处分该不动产时,第三人根据不动产登记簿的内容并不能知晓该受托人的法律地位及其对信托财产的处分权限,那么根据公示原则所赋予不动产登记的公信力,第三人在支付对价之后便可取得该信托财产的所有权,如此则使得信托目的难以实现,受益人的权利受到侵害。所以委托人在设立信托时,除了要进行财产权利移转或设定的公示之外,还应当进行信托的公示,将财产权之上的信托法律关系公开,使不特定第三人能够根据信托公示的内容得知财产之上的信托法律关系,可以信赖公示的内容而进行交易,只有这样才能保护信托受益人的权利并维护市场交易的秩序。

**二、信托财产公示方法的类型化**

信托财产的种类不同,其具体的公示方法也不同。我国《信托法》只规定了对应登记的财产应适用登记的公示方法,对于其他财产则未明确规定信托的公示方法。根据域外立法经验,根据信托财产类别的不同,可以将信托公示的方法类型化为以下三种:

第一,以应登记的财产权为信托财产的,其公示方法为信托登记。应登记的财产权既包括以登记作为生效要件的财产权,如建设用地使用权、房屋所有权等;也包括以登记作为对抗要件的财产权,如船舶、航空器、机动车辆等动产;还包括商标权、专利权等需要登记的知识产权。对于这些需要登记的财产权,信托公示的方法同样是进行登记。因此,“如系以此等应登记或注册始生效或发生对抗效力的财产权设立信托时，其不仅应践行登记或注册的手续，使该处分行为生效或发生对抗效力，同时尚必须践行信托登记的程序”。[①]

第二，以有价证券为信托财产的，其公示方法为在有价证券上载明其为信托财产。有价证券是表彰财产权益的证券，证券就直接代表财产权利，其权利的行使和转移不能与证券的占有相分离。有价证券包括股票、公司债、国债、汇票、本票、支票、仓单、提单等。“关于有价证券之信托，应依委托人或受托人之请求，由发行人、公证人或发行银行为信托之标记，发行人、公证人或发行银行接到该请求时，须于证券上记载其为信托财产，附记年月日并签名盖章。”[②]其中，以股票和公司债券为信托财产的，还必须将信托关系在公司股票名册或公司债券存根上作出记载，才能对公司主张该股票或公司债券之上信托法律关系的存在。另外，对于营业信托而言，由于其以信托为业，每日都需要处理大量有价证券的买卖业务，在每张证券上作出信托关系的记载在实践中是很难实现的，信托业负有区分自有财产与信托财产的义务并受到主管机关的监督，因此信托业可以简化有价证券的公示方法，只要在对属于信托财产的有价证券进行交易时，对外明确表示该有价证券属于信托财产，即可对抗第三人，无须在有价证券上逐张进行记载。此种简化的公示方法应仅对营业信托放开适用，“之所以仅限于营业信托，其理由为运用有价证券之信托大多存在大量的买卖，以及对于第三人而言较容易预测信托银行所持有的有价证券为信托财产之故”。[③]

第三，以其他财产权为信托财产的，则无有效的信托公示方法，可以适用善意取得制度。除了前两类财产权以外，以其他的财产权作为信托财产的，实在“无从为公示”[④]。例如以金钱或普通动产设立信托，第三人从外观上只能看到受托人占有该金钱或动产，而难以知道该财产权之上乃存在信托法律关系。因此，对于此类财产权，难以进行有效的信托公示，而只能赋予信托关系当事人对抗非善意第三人的权利，即

① 王志诚：《信托法》，五南图书出版股份有限公司2009年版，第121页。

② 潘秀菊：《信托法之实用权益》，永然文化出版股份有限公司1996年版，第181页。

③ 日本三菱日联信托银行编著：《日本信托法制与实务》，“中华民国”信托业商业同业公会审订，台湾金融研训院2009年版，第62页。

④ 陈春山：《信托法关系之设定——信托法草案之规范》，载《万国法律》第82期（1995年8月）。

虽无有效公示方式,但第三人通过某种方式知道、应当知道或因重大过失才不知道该财产权之上的信托关系及受托人的权限范围的,那么当受托人超越权限处分该财产权时,受益人便可行使撤销权,向非善意第三人追回信托财产。

**三、信托财产登记的功能**

在信托成立之后,委托人将财产所有权移转给了受托人或为受托人设定了他项权利,受托人在法律上成为了信托财产的所有人,但这种所有人只是名义上的,在实质上受托人必须将信托财产与其自有财产区分开来,分别管理和处分,受托人按照信托合同的约定对信托财产的管理负有忠实义务和注意义务,并应当按照约定将信托财产的收益交付给信托受益人。因此,信托财产虽然在形式上划归受托人所有,然而“此种‘名不符实’的财产型态,有使具有利害关系的第三人知悉财产权的真正归属及名义上所有人权限范围的必要,避免因高估受托人的偿债能力而受损失,因此,实在有创设信托公示制度的必要性”。[①] 而在信托的公示方法中,最重要的便是登记的方法。信托登记在信托制度中具有如下功能:

第一,确保信托财产的独立性。信托财产的独立性是信托制度的核心要素,也是信托制度的一大特点,因此确保信托财产的独立性便至关重要。信托制度中,“最独特者,就是将一笔‘集体财产’(‘信托财产’)独立切割出来,一方面将其纳入适当的经营管理机制,另一方面又将其作为清偿特定债务的专属资产”。[②] 在信托当事人之间,可以通过信托合同来约定受托人对信托财产的管理和处分权限。但是,仅通过信托文件的约定仍难以在当事人之间确保信托财产的独立性,因为信托成立之后受托人便成为了信托财产的所有权人,如果不进行信托登记,那么当受托人将信托财产做出超越其处分权限的交易时,则信托财产将被交易相对人取得。又如在宣言信托中,委托人与受托人的身份发生重合,在信托成立之后,信托财产仍然在委托人的名下,此时如果不对信托财产进行登记,则他人难以区分信托财产与受托人财产的界

① 曾邑伦:《信托公示之研究》,台湾中正大学法律学研究所2006年硕士学位论文,第59页。

② 王文宇:《信托之公示机制与对世效力》,载《月旦法学杂志》第91期(2002年12月)。

限,如此则极易导致信托财产在经营管理中逐渐丧失其独立性,最终有碍信托目的的实现。

此外,对于信托当事人以外的不特定第三人而言,其并不知晓信托法律关系的存在,因此也并不负有查阅信托文件的积极义务,此时信托财产要想保持其独立性,最好的办法便是通过登记将信托财产之上的法律关系记载在登记簿上,使第三人欲与受托人发生有关信托财产的交易时,便能够查阅到该财产的权利状况,并在此基础上做出判断。例如,在意大利,"信托受托人有义务以受托人的身份将其对土地的权利进行登记,有义务在股东名册上和银行账户上注明其信托受托人的身份。在意大利的公示规则下,尽可能地让外界知悉信托的存在是非常重要的"。[①] 由于信托登记要求写明受托人的权限,因此在登记之后受托人超越权限处分信托财产时,交易第三人便可以通过查阅而得知受托人越权的情况并终止交易,避免浪费交易成本;即便受托人越权处分了信托财产,信托受益人也可以通过行使撤销权而将交易撤销,回复信托财产的归属,确保其独立性。

第二,保护受益人的权利。信托受益人是信托财产的实质受益者,享有信托利益,但在形式上受益人却并不是信托财产的所有权人或占有人,不能占有和管控信托财产,因此相对于信托财产的名义所有人——受托人而言,受益人所处的地位较弱,需要法律对其采取保护措施,这些保护措施中,最重要的便是受益人的撤销权。受益人的撤销权是指当受托人违反信托目的而处分信托财产时,受益人所拥有的撤销受托人越权处分行为的权利。例如,根据我国《信托法》第22条和第49条的规定,当受托人违反信托目的处分信托财产或者因违背管理职责、处理信托事务不当致使信托财产受到损失的,受益人有权申请人民法院撤销该处分行为,并有权要求受托人恢复信托财产的原状或者予以赔偿;该信托财产的受让人明知是违反信托目的而接受该财产的,应当予以返还或者予以赔偿。

但是,信托受益人撤销权的行使必须受到一定的限制,"惟为保护

---

① Maurizio Lupoi, "The Recognition Of Common Law Trusts And Their Adoptions In Civil Law Societies", *The Civil Law Trust*, vol 32, 1999, p. 987.

交易安全,以保障善意的交易相对人,受益人行使撤销权不应毫无限制。”[1]否则受益人不断推翻受托人与他人的交易,将会对市场交易秩序造成破坏。我国台湾地区“信托法”第18条第2款便明确地规定了受益人撤销权的行使条件:“一、信托财产为已办理信托登记之应登记或注册之财产权者。二、信托财产为已依目的事业主管机关规定于证券上或其他表彰权利之文件上载明其为信托财产之有价证券者。三、信托财产为前二款以外之财产权而相对人及转得人明知或因重大过失不知受托人之处分违反信托本旨者。”可见,对于应登记的财产而言,财产已办理信托登记是受益人行使撤销权的前提条件。因为财产如果未进行信托登记,则第三人在从事交易之前不可能通过查阅登记簿而知晓该财产之上的真实权利情况,受益人仅凭信托文件并不能主张信托财产的对世效力。而信托财产进行信托登记之后,第三人在交易时不去查询登记状况便属于恶意,即应当知道或因重大过失而不知道信托法律关系及受托人权限范围的存在却与越权的受托人从事交易,此时受益人才得以依法行使撤销权,撤销受托人与第三人之间的交易,将信托财产回复到交易之前的状态。

第三,保护交易安全。在市场经济中,交易安全十分重要,因为市场主体如果按照法律的规定从事交易,仍不能避免在事后发生交易无效的情况的话,人们为了保证交易的有效,不得不投入极大资源在每一次交易前进行各方详细调查,这样将是对市场资源的极大浪费,而且严重影响市场交易的效率和秩序。因此,赋予交易明确的规则,使按照规则行事的交易当事人能够保有交易的效力,才能够保护交易的安全。对于交易安全的保护具体体现为对当事人之外的第三人的保护之上,因为第三人处于当事人的法律关系之外,并不清楚当事人之间的真实权利状况,只有当第三人依法与一方当事人之间发生的交易确保有效时,才能说明当事人之间的内部关系没有为市场交易秩序造成不利影响。

在信托制度中,信托财产具有独立性,通过信托登记制度将这种独立性公之于外,为外界所知,从而使信托财产具有了对世的效力。“信

---

① 王志诚:《信托法》,五南图书出版股份有限公司2009年版,第194页。

托财产之设定,乃有追及力,唯该追及力之行使,将影响第三人之利益与交易安全,故其追及力或对抗效力需经公示。”[①]不特定的第三人如果按照信托登记的内容与受托人进行了交易,那么此种交易便是有效的,信托登记具有公信力。如果信托财产没有进行登记,则不特定的第三人并不能知道该财产之上的信托法律关系,因此其与受托人进行交易时,即使此种交易将损害信托财产的独立性,第三人也能够保有此种交易的效力,而无须担心在事后受到受益人的撤销。如果信托财产进行了信托登记但登记的内容有误或与事实不符,那么第三人因信赖登记的内容而与受托人从事了交易,即便受托人的处分行为事实上超越了信托文件所约定的权限,但因登记有误而未能反映出来,那么第三人在交易之后同样有权保有此种交易的效力。当然,对于第三人的保护限于善意的第三人,即对于当事人之间法律关系并不知晓的第三人,只有这种带有一定的“陌生性”和“外来性”的第三人才是市场交易秩序的化身,才值得法律的保护。如果第三人对当事人之间的法律关系已经知晓,则其已经具有了内部性,不能代表交易秩序,因此无须特别保护;如果第三人在交易中未支付对价,则其在交易被撤销之后也不会遭受财产的损失,因此同样无须特别保护。所以信托制度能够通过保护善意第三人来实现对交易安全的保护功能。例如,美国信托法重述也规定:“如果受托人违反了信托义务而将信托财产转让给了一个对此知情的受让人或者是没有支付对价的受让人,则这样的受让人并不能从信托关系中取得该信托财产。但是如果这样的受让人再将信托财产直接或间接地转让给一个善意的买受人时,则该善意买受人就可以从信托关系中取得该财产了”。[②]

---

① 陈春山:《信托法关系之设定——信托法草案之规范》,载《万国法律》第82期(1995年8月)。

② The American Law Institute, *Restatement of the Law*, Second, Trusts, 1959, Comment of § 287.

# 论不动产登记机构登记错误的赔偿责任*

**摘　要**：不动产登记机构登记错误赔偿责任的立法层级不能停留在《不动产登记暂行条例》的行政法规层面，必须上升到法律层面。将登记机构登记错误赔偿责任界定为行政责任，进行国家赔偿，对权利人的保护并无不利，关键是要设计出此类案件的民行合并审理诉讼程序。不动产登记的按件收费标准使登记机构难以承担登记错误的巨额赔偿责任，建议今后立法时增设不动产登记机构登记错误的最高赔偿限额，同时权利人仍可以通过更正登记和异议登记制度分散登记错误的风险。

**关键词**：不动产登记机构；登记错误；赔偿责任；赔偿限额；风险分散

**目　次**



---

* 本文原载于《政治与法律》2014年第12期，收录时有修改。

## 一、引言

登记错误,是一种登记簿表现出的权利状况与真实权利状况不相符的客观情形。登记错误无疑会对真实权利人造成损害,有损害就应当有赔偿,即登记机构登记错误的赔偿责任。学者之所以对于登记机关登记错误的赔偿责任抱有热衷,是因为物权法赋予不动产登记以登记生效的强大效力,而以登记簿为唯一权利表现形式。因此,一旦登记错误,就意味着当事人对其不动产所享有的物权就此得不到证明,或经过转让而不复存在。由此关乎人们的利益大矣。因此,"为了在保护善意第三人的同时兼顾真正权利人的利益,在不动产登记具备公信力的国家,即建立了不动产登记的登记错误赔偿机制"。[①] 故众多物权法学者不惜倾注洪水般的墨水反复研究不动产登记机关登记错误的赔偿责任,相关著述汗牛充栋。

《不动产登记暂行条例》(以下简称《暂行条例》)[②]无疑是构建统一不动产登记制度的具体法律依据,这一法律依据的完善程度,直接决定了我国未来不动产统一登记制度的科学性与有效性。然而,该《暂行条例》第五章名为"法律责任",却只设置寥寥四个条文,其中关于登记错误赔偿责任的规定,更是只有"依法承担赔偿责任"之语焉不详的简单规定。如此能否解决学者们殚精竭虑而设计的赔偿责任制度所涉及的诸多问题?其答案无疑是否定的。让负责主管登记事务的行政部门充当立法者,无疑是既当裁判者,又当运动员,自然难免倾向于扩张自己的权力,限制自己的责任。这再次证明由行政主管部门自己起草法规

① 陈历幸:《论不动产登记制度和不动产物权变动模式的关联与协调》,载《华东政法学院学报》2003年第2期。

② 该意见稿的起草过程是:先由国土资源部起草《不动产登记条例(草案送审稿)》并报送国务院审议,国务院法制办公室在此基础上修改形成《不动产登记暂行条例(征求意见稿)》,然后经2014年7月30日国务院常务会议于讨论后决定于8月15日向社会公开征求意见,为期一月,最后由国务院于2014年11月24日正式颁布。

草案,再由国务院自行讨论通过的立法路径,注定难以摆脱"部门立法"[①]的宿命。这在《暂行条例》中表现无遗。本文拟就《暂行条例》中关于不动产登记机构登记错误的赔偿责任所涉相关问题略陈管见,以就教于方家。

**二、不动产登记机构登记错误赔偿责任的立法层级应为法律**

物权法之所以将自身暂付阙如的不动产统一登记制度上升到法律和法规的层面,是因为物权法赋予了不动产登记以登记生效的强大法律效力,因此必须格外慎重对待。此外,目前我国虽然已经建立了各种不动产权利的登记制度,但总体而言较为分散、零乱,且存在较多不规范和不完善的地方。《暂行条例》虽然系由国土资源部起草,但最终由国务院审议并通过,所以在效力位阶上属于行政法规而非部门规章。虽然行政法规的层面制定不动产统一登记制度并不违背《物权法》第10条的规定,但从目前既存的立法现状来看,以不动产登记机构登记错误的赔偿责任为例,《暂行条例》势难起到一统不动产登记的效果,原因如下:

第一,与上位法相比,《暂行条例》作为行政法规,难以与现行有关不动产登记的法律形成有效衔接。《立法法》第65条规定:"行政法规可以就下列事项作出规定:(一)为执行法律的规定需要制定行政法规的事项……"《暂行条例》开篇第1条即表明其系"根据《中华人民共和国物权法》等法律,制定本条例"。但目前我国关于各类不动产登记的法律,已有《土地管理法》《农村土地承包法》《城市房地产管理法》《草原法》《森林法》《海域使用管理法》等多部法律,这些法律关于登记机构登记错误赔偿责任基本没有作出任何的规定。如此则形成一个悖论:《暂行条例》并不是为执行这些法律的规定需要而制定的,但却在内容上对这些法律形成全新的填补和修改。这就暗含了下位法与上位法的冲突。因为《暂行条例》无权对这些法律进行实质性的修改。例如,上述诸多单行法各自均规定有登记机构和登记流程,《暂行条例》则确

① "部门立法"应包括两个层面的含义:一是相对于全国人大及其常委会,国务院作为行政机关在起草法规时存在的偏向行政管理便利、扩张行政权力、减轻行政机关责任的倾向;二是相对于整个国务院,作为某项具体业务主管的部委在为行政法规起草草案时,存在的偏向本部门管理便利、扩大本部门权力、减轻本部门责任的倾向。

立了新的不动产登记机构，在具体制度上也与这些上位法存在较多不一致的地方，这都会构成下位法违反上位法，自然就起不到对不动产登记制度进行统一的立法目的。此外，即便是与作为其制定依据的《物权法》相比，《暂行条例》在登记错误赔偿责任的规定上也并未起到细化的作用，反而比物权法的规定更为简略和混乱。①

第二，与同位法相比，《暂行条例》关于赔偿责任的规定过于简略，不具有可执行性，无法起到统一登记机构登记错误赔偿责任的功能。《暂行条例》结尾第35条规定："本条例施行前公布的行政法规有关不动产登记的规定与本条例规定不一致的，以本条例规定为准。"但目前在行政法规层面上，尚未有其他法规对登记机构登记错误的赔偿责任作出规定，因此，也就不存在同位法相互不一致的情形。但是，《暂行条例》第30条的规定过于简略，在同位法中根本无法起到任何优先适用的功效。

第三，与下位法相比，《暂行条例》关于登记机构登记错误赔偿责任的规定还不如既有的部门规章规定得清晰，因此无法根据"上位法优于下位法"的原则而排除这些部门规章的适用；相反，这些部门规章可以根据"特别法优于一般法"的原则而继续有效，这再次使《暂行条例》一统不动产登记制度的目标化为泡影。例如，住房和城乡建设部2008年颁布的《房屋登记办法》②对登记机构登记错误的赔偿责任有着比《暂行条例》更为详细的规定，对实践部门的操作意义更大，自然不会因含混不清的《暂行条例》的颁布而失效。

第四，《暂行条例》获得通过后，因其过于简略抽象，国土资源部作为不动产统一登记的主管部门，为了满足实践操作的需求，嗣后一定会

---

① 《物权法》关于登记错误赔偿责任的规定为第21条："当事人提供虚假材料申请登记，给他人造成损害的，应当承担赔偿责任。因登记错误，给他人造成损害的，登记机构应当承担赔偿责任。登记机构赔偿后，可以向造成登记错误的人追偿。"而《暂行条例》对应的规定为第30条："不动产登记机构工作人员进行虚假登记，损毁、伪造不动产登记簿，擅自修改登记事项，或者有其他滥用职权、玩忽职守行为的，依法给予处分；给他人造成损失的，依法承担赔偿责任；构成犯罪的，依法追究刑事责任。"对比二者，实难看出后者对前者究竟有何细化作用。

② 《房屋登记办法》第92条："申请人提交错误、虚假的材料申请房屋登记，给他人造成损害的，应当承担相应的法律责任。房屋登记机构及其工作人员违反本办法规定办理房屋登记，给他人造成损害的，由房屋登记机构承担相应的法律责任。房屋登记机构承担赔偿责任后，对故意或者重大过失造成登记错误的工作人员，有权追偿。"

以部门规章的形式制定系列具体操作意见和规范，如此不仅会架空《暂行条例》，更会加剧前述三点矛盾，形成恶性循环，自然就更难起到不动产登记的统一作用。[①] 笔者认为，不动产登记制度主要是程序性的规定，目的是建立其保障不动产权利人的具体规范流程。因此，应当将程序尽可能规定得细致详尽，才有利于登记部门的实务操作，也有利于不动产权利人的权利行使和救济。所以制定这样的条例应当摒弃“立法宜粗不宜细”的落后观念，尽量使之贴合实际，具有可操作性、可执行性，否则就会因不接地气而在实践层面沦为具文。

第五，在操作层面上，国土资源部下属的不动产登记局难以有效统率、整合全国各类不动产登记业务。《暂行条例》第6条规定：“国务院国土资源主管部门负责指导、监督全国不动产登记工作。”所以国土资源部就获权成为不动产统一登记的主管部门。2014年5月7日，国土资源部办公厅下发《关于在地籍管理司加挂不动产登记局牌子的通知》，表示“在部地籍管理司加挂不动产登记局牌子，承担指导监督全国土地登记、房屋登记、林地登记、草原登记、海域登记等不动产登记工作的职责”。但正如前所述，目前不同的国务院部委分别负责不同类型的不动产登记事项，而国土部只是和其他部委地位平等的一个部门，由其内设的不动产登记局来负责统一整合、指导监督全国不动产登记事项，牵扯到不同部门分工协作，这一内设机构难免因其级别不够高而主导权不足，导致力有不逮、效率低下。

综上诸因，不动产登记机构登记错误赔偿责任的立法层级不能停留在《暂行条例》的行政法规层面，而必须上升到法律层面。只有在法律的层面规定不动产统一登记制度，并将之制定得完备、科学、明确，才能够在同一效力层级上以新法优于旧法的原则，直接取代其他法律中关于不动产登记的规定，实现建立不动产统一登记制度的目的。因此，从目前的情况来看，国务院制定的这一暂行条例最终还是需要过渡到全国人大及其常委会制定的法律层面，才能真正起到有效建立不动产统一登记制度的作用。因此，全国人大及其常委会应当接力不动产统一登记的立法任务，在吸取国务院立法和实践经验的基础上，继续推进

① 国土资源部果然于2016年1月1日发布了部门规章《不动产登记安兴条例实施细则》，共计108条，远超《暂行条例》35条的条文数量。

不动产登记法的制定工作，直至颁布《不动产登记法》，全国不动产统一登记的目标才有望最终实现。

## 三、不动产登记机构登记错误赔偿责任的性质界定之实益

关于不动产登记机构登记错误赔偿责任的性质，民法学界和行政法学界一直存在争议，争论的结果至今仍悬而未决，尚未尘埃落定。争论基本的态势是：民法学者大多主张不动产登记机构登记错误的赔偿责任在性质上属于民事责任，且属于侵权责任；而行政法学者则基本都主张此种责任在性质上属于行政责任，且属于国家赔偿责任。2007 年《物权法》第 21 条第 2 款的规定[①]，并未指明此种责任为何种责任，甚至“以一种模糊的、过于原则性的规定，把登记行为过程中涉及的当事人的民事虚假行为和行政机关的行政行为混合在一起，将原本在实践中逐步分离出来的民事责任与行政责任分别依法处理原则，再次黏合在一起……既未实现立法初衷，又严重引发公众歧义，导致实践中目前对因登记错误引发的赔偿案件适用法律上处于两难境地”。[②] 所以《物权法》颁布之后，民行学界各自再次引起登记机构登记错误赔偿责任的性质之争。

归根溯源，不动产登记机构登记错误赔偿责任的性质界定，依附于登记行为的性质界定，两者是上游和下游的关系：如果将登记行为界定为私法行为，则赔偿责任便属于民事责任；如果将登记行为界定为公法行为，则赔偿责任便属于行政责任。由于民法学界参与讨论不动产登记制度的人数众多，持登记为私法行为、赔偿责任为民事责任观点者渐呈压倒性趋势，导致行政法学者的观点呈少数派趋势，以至于有行政法学者发出抱怨：“长期以来，人们大多从物权的角度，在私法领域内讨论登记审查问题，而忽略了它也是一种行政行为的属性。”[③]

争议的长久存在，表明不动产登记的性质以及由此决定的登记错误赔偿责任的性质，确实存在公法和私法、行政法和民法的交汇融合之

---

① 该规定为：“因登记错误，给他人造成损害的，登记机构应当承担赔偿责任。登记机构赔偿后，可以向造成登记错误的人追偿。”

② 魏秀玲：《不动产登记机关登记错误赔偿案件的法律适用》，载《政法学刊》2010 年第 6 期。

③ 杨寅、罗文廷：《我国城市不动产登记制度的行政法分析》，载《法学评论》2008 年第 1 期。

处，双方在此并非楚河汉界、泾渭分明。“这也表明，从不同视角和内容视察，不动产登记法会在私法和公法之间转换，立法必须正视这对矛盾范畴。”①由于篇幅所限，笔者无意综述争论中各方的论点和论据，但在主张不动产登记机构登记错误赔偿责任的性质为民事责任的观点中，最为核心、最为集中表述的理由之一，便是将此种责任定性为民事责任，最有利于受害人（真实权利人）的权利救济。这一理由确有保护私主体、救济受害人的正当性，但就此将不动产登记机构登记错误赔偿责任界定为民事责任，也有值得商榷之处，而将此种责任界定为行政责任，进行国家赔偿，对当事人的保护其实并无不利。具体理由如下：

第一，如果将当事人和登记机构之间的不动产登记行为的性质界定为民事行为，则难以在现有民事行为体系中为之找到准确定位。“不动产登记行为的性质向来有民事行为和行政行为之争……由于作为法律事实的民事行为可分为事实行为、准法律行为和法律行为，前两者的法律后果完全产生于法律，与当事人的意思表示无关，后者的法律效果则取决于意思表示，而登记行为与上述行为均不沾边，故不属于民事行为。”②即便将登记行为视为民事行为，也难以进一步将其归入民事行为的二级分类之内。不动产登记行为不能界定为民事行为，登记机构登记错误之后对权利人的赔偿责任自然也就无法界定为民事责任的范畴。

第二，不动产登记机构登记错误造成的损失属于财产损失，对此民事侵权责任和国家赔偿责任在赔偿范围上并无本质差异。许多学者认为国家赔偿只赔偿直接损失，而民事侵权赔偿的范围则要广泛得多，还包括间接损失，因此有利于受害人保护。然而《国家赔偿法》自 2010 年修订之后，已经扩大了国家赔偿的范围，甚至规定了精神损害赔偿，和《侵权责任法》的差距已经大幅缩小。尤其是关于财产损失的赔偿范围，两部法律并无本质差异。不动产登记机构登记错误造成的损失，当属财产损失。《侵权责任法》第 19 条规定：“侵害他人财产的，财产损失按照损失发生时的市场价格或者其他方式计算。”这一规定确立的财产

---

① 常鹏翱：《不动产登记法的立法定位与展望》，载《法学》2010 年第 3 期。

② 常鹏翱：《也论不动产登记错误的法律救济》，载《法律科学》（西北政法学院学报）2006 年第 5 期。

损害赔偿范围同样是直接损失,“其他方式计算”指的是因不存在可替代物而难以用市场价格衡量的特殊财产。“直接损失是现有财产利益的减损,间接损失是未来财产收益的减少。……需要注意的是,间接损失属于未来可得利益的损失,其数额确定需要考虑各种假设因素,因而不可能是完全客观的。”[①]侵权责任法的该条规定难谓包含了间接损失的赔偿范围。而《国家赔偿法》第 32 条和第 36 条规定:国家赔偿以支付赔偿金为主要方式,能够返还财产或者恢复原状的,予以返还财产或者恢复原状,否则给付相应的赔偿金,对财产权造成其他损害的,按照直接损失给予赔偿。这直接表明国家赔偿法对于财产损害的赔偿,以直接损失为原则。对比《侵权责任法》与《国家赔偿法》,“财产损失发生时的市场价格”与“恢复原状或给付相应的赔偿金”其实并无多大差别,均以直接损失为赔偿范围,难以得出前者包括间接损失而后者不包括间接损失的结论。值得注意的是,我国台湾地区“土地法”对于登记机构登记错误的赔偿范围,亦限定在直接损失的范围内,并未包括未来可得利益。[②]

第三,虽然合同法以预期可得利益为违约损害赔偿的范围,但不动产登记中的当事人与登记机构之间并不属于合同关系,因此不能以违约损害赔偿范围的宽泛性来证明适用国家赔偿责任的不合理性。合同是平等民事主体之间设立、变更、终止民事权利义务关系的协议,双方具有意思表达的自由、磋商议价的自由和等价有偿的特征。而在不动产登记中当事人与登记机构之间则并不是合同关系。一方面,当事人与登记机构之间不是平等自由协商的意思自治关系。办理不动产登记,并不是当事人支付登记费、登记机构就为其办理登记的合同关系,登记机构有权力也有义务依照法律的规定对当事人的登记请求进行审查,符合要求的才予以办理登记。另一方面,双方也不是等价有偿的民事关系。虽然登记机构也对当事人收取一定的登记费,但根据物权法的规定,收费只能按件收费,不能根据不动产的价值或登记工作量的大

① 张新宝:《侵权责任法》(第 2 版),中国人民大学出版社 2010 年版,第 105 页。

② 我国台湾地区“土地法”第 68 条“地政机关之损害赔偿责任”规定:“因登记错误遗漏或虚伪致受损害者,由该地政机关负损害赔偿责任。但该地政机关证明其原因应归责于受害人时,不在此限。前项损害赔偿,不得超过受损害时之价值。”

小来收取,如果按照登记错误可能承担的赔偿责任来进行市场化议价,登记机构一定会收取较高的登记费来抵消此种风险,但事实上登记机构只能根据发改委、财政部的规定收取固定的登记费,不得自行决定收费标准。因此,不动产登记中当事人与登记机构之间并非民事合同关系,合同法的违约赔偿范围无法适用于登记错误的赔偿之中。

第四,由登记机构对登记错误的受害人承担国家赔偿责任,能够有效降低受害人受偿不能的风险,保障受害人的权利。对于案件的当事人来说,正义体现在最终的执行结果之上。在一般的民事侵权案件中,如果出现侵权行为人下落不明或难以取得联系的情形,则受害人难以有效提起诉讼、申请执行;如果出现侵权行为人财产不足以偿债,或隐匿、转移财产而难以发现的情形,则受害人的诉求最终仍会落空。而《国家赔偿法》第37条规定:“赔偿费用列入各级财政预算。”因此,登记机构登记错误的赔偿责任属于国家赔偿的话,受害人债权受偿的责任财产是各级政府的财政预算,受害人有固定的、无法隐匿的起诉对象,也有稳定可靠的责任财产作为执行保障,“国家赔偿也是最有保障的,责任政府及其公共财政是国家赔偿的强大后盾”。① 因此对于保护受害人的权利具有重要的现实意义。

第五,就诉讼程序而言,通过民事诉讼程序主张权利保护的周期并不比行政诉讼的周期短,甚至可能更长。有不少学者认为国家赔偿程序中存在一个赔偿义务人必须先向赔偿义务机关提出赔偿请求的前置程序,并由此认为国家赔偿的行政诉讼周期过长,不利于保护受害人。但总体来看,根据《行政诉讼法》、《国家赔偿法》及最高人民法院《关于审理行政赔偿案件若干问题的规定》,虽然受害人主张国家赔偿的行政诉讼程序存在一个为期两个月的前置申请程序,②但行政诉讼的一审程序仅为三个月内,二审程序仅为两个月,相比较而言,民事诉讼虽无前置申请程序,但其一审程序为六个月,二审程序为三个月。所以难以简

---

① 王达、于静:《〈物权法〉中不动产登记的行政法效力及其赔偿问题》(下),载《中国房地产》2007年第8期。

② 最高人民法院《关于审理行政赔偿案件若干问题的规定》第22条规定:“赔偿请求人单独提起行政赔偿诉讼,可以在向赔偿义务机关递交赔偿申请后的两个月届满之日起三个月内提出。”

单认为通过民事诉讼程序来主张权利保护的周期就短于行政诉讼的周期。[①]

另外还需要指出的是，我国司法机关在实践中早已明确将不动产登记机构登记错误赔偿责任的性质认定为行政责任，诉讼程序按照国家赔偿的程序进行，表明这一做法具有现实合理性。2010 年最高人民法院《关于审理房屋登记案件若干问题的规定》（以下简称《房屋登记案件规定》）第 1 条明确规定："公民、法人或者其他组织对房屋登记机构的房屋登记行为以及与查询、复制登记资料等事项相关的行政行为或者相应的不作为不服，提起行政诉讼的，人民法院应当依法受理。"该司法解释第 12 条和第 13 条还直接对登记机构登记错误的责任认定与责任承担作出了具体的规定。这表明司法机关的态度是明确的，"在目前见诸报道的相关案件中，人民法院对涉及登记机构赔偿责任的案件大多采用行政诉讼、国家赔偿的处理方案"。[②] 正如黑格尔所言："凡是合乎理性的东西都是现实的，凡是现实的东西都是合乎理性的。"[③]要想完全改变司法机关的实践操作，将登记机构登记错误赔偿责任的性质界定为民事赔偿责任，论者必须负担起举证责任，进行充分的论证。

**四、不动产登记机构登记错误的赔偿责任类型及其程序创制**

我国物权法赋予不动产登记以登记生效的强大效力，不动产未经登记则不能发生物权变动的效力。同时，不动产登记簿又是物权归属和内容的根本依据。因此，不动产的登记状况应当具有镜像效应（mirror effect）和幕帘效应（curtain effect），"镜像效应是指登记簿和权利证书所登记的权利像镜子一样准确地反映了真实权利；幕帘效果是指帘子后面的（未登记的）权利不会影响交易的法律效力"。[④] 如果不

---

① 当然，这种统计只是在理论上具有意义，具体到每一个案件，由于不可能正好全部用尽审限，有的可能审限内就提前办结，有的则可能申请批准延期，所以这种统计对于个案的比较而言意义不大。

② 刘保玉：《不动产登记机构错误登记赔偿责任的性质与形态》，载《中国法学》2012 年第 2 期。

③ ［德］黑格尔：《法哲学原理》，范扬、张企泰译，商务印书馆 1997 年版，序言部分第 11 页。

④ 刘国庆：《备案抑或登记？——特伦斯土地登记制度中的异议备案与中国不动产异议登记制度之比较》，载《比较法研究》2013 年第 4 期。

动产登记簿表现出的权利状况与真实权利状况不相符的客观情形，则出现登记错误。此亦即我国台湾地区“土地登记规则”第 13 条所规定的：“‘土地法’第六十八条第一项及第六十九条所称登记错误，系指登记事项与登记原因证明文件所载之内容不符者”。不动产登记机构登记错误，形成登记状况与真实权利状况不符的局面，一旦有交易第三人的介入，极易造成权利人的损害，此时即产生相应的赔偿责任。根据现有法律法规、部门规章及司法解释，登记错误之后的赔偿责任，可以根据其形成原因的不同分为三种类型：

类型一：纯粹由登记当事人的单方原因造成。此即完全因当事人提供虚假或无效的申请材料而造成的登记错误，登记机构对此并无任何过错。

类型二：纯粹由登记机构的单方过错造成。例如，《暂行条例》第 30 条所规定的不动产登记机构工作人员进行虚假登记，损毁、伪造不动产登记簿，擅自修改登记事项所形成的登记错误。

类型三：由登记机构和当事人的共同过错造成。这主要包括两种情形，一是当事人在办理登记时提交的材料存在错误或虚假的情况，登记机构对此没有尽到必要的审慎审查义务，且基于错误或虚假的材料办理了登记，两种原因结合最终形成了登记错误。这也是《房屋登记案件规定》第 12 条所规定的申请人提供虚假材料办理房屋登记给原告造成损害，房屋登记机构未尽合理审慎职责的情形。二是当事人与登记机构恶意串通，有意形成的登记错误。这也就是《房屋登记案件规定》第 13 条规定的“房屋登记机构工作人员与第三人恶意串通违法登记，侵犯原告合法权益”的情形。

对于类型一和类型二，如果确能查明登记错误的形成系基于当事人或登记机构的单方原因，则处理起来无论是理论上还是实践上都较为简单，类型一中的受害人可以以物权法和侵权责任法等为实体依据，以民事诉讼法为程序依据来主张自身权利的保护；类型二中的受害人也可以通过行政诉讼程序来主张权利的保护，这些都没有多少难以解决的问题。事实上，“在不动产登记中，单纯因为登记机构的过错造成他人损害的情形较少，多是登记机构的过错行为与当事人提供虚假材料申请登记的行为相互结合导致损害的发生”。[1]

至于类型三，“如果涉及登记申请人和登记机构的双方过错导致登记错误并造成损害，依法理和法律规定应共同承担赔偿责任乃至应承担连带赔偿责任的情况下，诉讼程序应如何选择和运行，其二者的责任应如何承担，则成为颇为棘手的问题”。[2] 类型三在理论和实践上的复杂之处，一方面在于当事人与登记机构各自的过错如何认定，责任如何承担都比较复杂。在类型三的两种具体形态中，当事人积极提供虚假错误申请材料，登记机构怠于履行应尽审查义务而造成的登记错误，根据《房屋登记案件规定》，双方应承担按份责任而不是连带责任，对此学界也并无多少异议。但如何认定各自的过错，如何划分责任份额，并非易事，不少学者运用了大量的侵权法中的因果关系理论以图解决这一问题。[3] 而对于当事人与登记机构恶意串通，共同积极造成登记错误的，根据《房屋登记案件规定》，登记机构应当与当事人一起对受害人承担连带赔偿责任，对此学界也无多少异议，复杂之处同样在于双方对外承担连带赔偿责任之后，内部责任如何划分的问题。

另一方面则在于当事人的民事责任与登记机构的行政责任如何在程序上进行解决，因为无论当事人与登记机构是承担按份责任还是连带责任，都存在一个各自责任认定和划分的问题，当事人的责任需要通过民事诉讼程序来解决，而登记机构的责任，如前文所述，现实中是通过行政诉讼程序来解决的。不同的诉讼程序却源于同一个案件事实，而且一方责任的认定离不开另一方责任的认定，这就在目前的民事、行政两大诉讼法所形成的独立诉讼机制中产生了难题，即如何将民事与行政这两种不同的诉讼程序黏合在一起，做到理论的圆融自洽、实践的操作自如。如果通过不同的诉讼程序割裂开，不仅浪费司法资源，而且一方的判决结果直接影响另一方的判决结果，难以兼顾，势必合并审理才较为理想，对此学者承认，“此种情况由于构成共同侵权和连带责任，故就可能的诉讼解决方案而言，惟有上述第二、第四种一并审理的方案

---

① 程啸：《不动产登记法研究》，法律出版社 2011 年版，第 609 ~ 610 页。

② 刘保玉：《不动产登记机构错误登记赔偿责任的性质与形态》，载《中国法学》2012 年第 2 期。

③ 参见程啸：《不动产登记法研究》，法律出版社 2011 年版，第 606 ~ 615 页。

可供选择”。[①] 但同时基于解释论和法教义学的训诫，学者轻易不愿突破现行法律的框架而另起炉灶，因此又指出：“对于‘共同侵权’的问题，规定中明确其责任形态是‘连带赔偿责任’，但登记申请人的责任显然应属民事责任，而登记机构的责任如果被界定为行政责任，则二者之间如何‘连带’，殊有疑问，因为我们的法学词典和法律规范中从未出现过不同性质责任之间的连带责任！”[②]

从目前状况来看，民事诉讼和行政诉讼均是各自独立的诉讼程序，两者几无交叉，无论是“行政附带民事诉讼”抑或“民事附带行政诉讼”的概念，均让人存在一定的陌生感，如果将前述类型三中不动产登记机构登记错误的案件进行民行一并审理，如何合理设计相应诉讼程序，对理论界和实务界来说可能都存在一定挑战。但是，回归到事情的本原，程序原本是为了保障权利的实现而设置的，现在不能反过来让既有的程序成为保障权利实现的障碍。我们不能“人为物累、心为形役”，而应当保持制度创新的勇气和灵感，以法律上的公平正义为唯一目标，不断进行司法改革，突破不合理的樊篱，直达权利保障的目的。事实上，最高人民法院已经认识到这一问题，并不断在进行改革突破，就不动产登记机构登记错误案件的民行合并审理制度设计而言，最高人民法院的下列举措值得重点关注：

第一，2009 年发布的最高人民法院《关于当前形势下做好行政审判工作的若干意见》，明确提出要充分发挥行政诉讼附带解决民事争议的功能。该意见第 9 条名为“丰富和创新行政诉讼裁判方式，快速有效化解纠纷”，其中明确指出：

“充分发挥行政诉讼附带解决民事争议的功能，在受理行政机关对平等主体之间的民事争议所作的行政裁决、行政确权、行政处理、颁发权属证书等案件时，可以基于当事人申请一并解决相关民事争议。要正确处理行政诉讼与民事诉讼交叉问题，防止出现相互矛盾或相互推诿。要注意争议的实质性解决，促进案结事了。对于行政裁决和行政

① 刘保玉：《不动产登记机构错误登记赔偿责任的性质与形态》，载《中国法学》2012 年第 2 期。

② 刘保玉：《不动产登记机构错误登记赔偿责任的性质与形态》，载《中国法学》2012 年第 2 期。

确认案件,可以在查清事实的基础上直接就行政主体对原民事性质的事项所作出的裁决或确认依法作出判决,以减少当事人的诉累。"

现代司法尤其强调获取司法救济的便利、司法的平等和效率等理念,因为这是当事人选择司法救济的基本动因。"新型的正义以对有效性的探索为标志——有效的起诉权和应诉权,有效接近法院之权利,当事人双方实质性平等,将这种新的正义引入所有人可及的范围。"[①]上述意见提出的防止民事诉讼和行政诉讼之间出现相互矛盾或相互推诿、注意争议的实质性解决、减少当事人诉累的思想,无疑闪耀着当代司法改革潮流中"接近正义"(access to justice)理念的光芒!

第二,最高人民法院设立环境资源审判庭,注重环境资源案件的民事、行政、刑事、执行等程序的综合审理,以提高环境资源保护的效率。最高人民法院于2014年6月中旬内部挂牌成立了环境资源审判庭,并在6月23日发布了最高人民法院《关于全面加强环境资源审判工作为推进生态文明建设提供有力司法保障的意见》,指出要"结合各地实际,积极探索环境资源刑事、民事、行政案件由环境资源专门审判机构归口审理,优化审判资源,实现环境资源案件的专业化审判"。

第三,全国人大决定设立知识产权法院,综合审理知识产权民事和行政案件。2014年8月31日,全国人大常委会通过《关于在北京、上海、广州设立知识产权法院的决定》,明确规定"知识产权法院管辖有关专利、植物新品种、集成电路布图设计、技术秘密等专业技术性较强的第一审知识产权民事和行政案件"。

由上可知,最高人民法院已经开始并加快了民事案件和行政案件、民事程序和行政程序的交叉融合、综合审理的司法改革步伐。因此,就不动产登记机构登记错误的赔偿责任而言,涉及当事人和登记机构的民事行政交叉,因而需要合并审理的情形,也完全可以一并审理以节省司法资源,减少当事人诉累。至于具体的诉讼程序安排,则可以由最高人民法院进行研究并制定相应司法解释。

## 五、不动产登记机构登记错误的赔偿限额与风险分散

法律的正义原则要求收益和风险、权利与义务具有对等性。在《物

---

① [意]莫诺·卡佩莱蒂等:《当事人基本程序保障权与未来的民事诉讼》,徐昕译,法律出版社2000年版,第65页。

权法》出台之前，我国各地关于不动产登记收费的实践并不统一，有的地方按不动产价值的一定比例收取登记费。但《物权法》第22条明确规定不动产登记的收费标准为按件收取，而不得按照不动产的面积、体积或者价款的比例收取。按件收费也称计件收费，是指“不以申请登记的不动产物权所附着的不动产标的的面积、价值作为计算费用收取的标准，而是对同样的不动产权利登记申请收取同样的费用，对所有的申请者都一视同仁”。[①] 为执行物权法的这一规定，国家发展和改革委员会、财政部于2008年发布了《关于规范房屋登记费计费方式和收费标准等有关问题的通知》，其中第3条明确规定了收费的具体标准：“住房登记收费标准为每件80元；非住房房屋登记收费标准为每件550元。住房登记一套为一件；非住房登记的房屋权利人按规定申请并完成一次登记的为一件。”这一收费标准基本为国家发展改革委、财政部2016年12月6日发布的《国家发展改革委　财政部关于不动产登记收费标准等有关问题的通知》第1条“不动产登记收费标准”所沿袭，即住宅类不动产登记收费标准一般为每件80元，非住宅类不动产登记收费标准一般为每件550元。

应当说，这一收费标准是比较低的，当事人在办理房屋登记时，登记费用不会成为负担。但是，根据权利义务相一致的原则，不动产登记机构收取如此低廉的登记费，发生登记错误之后如果要承担巨额的赔偿责任，是否会造成权利义务的失衡？有记者已经敏锐地意识到：“更重要的是，有权利就意味着有责任，在将来条例规定登记按件数而非按面积收费之后，收入锐减，如果还明确了登记错误的赔偿责任，就更是烫手山芋。”[②]对于赔偿经费来源的问题，不少学者参照我国台湾地区“土地法”第70条的规定[③]，呼吁从登记费中提取百分之十的比例，建立赔偿基金。但是，一个被忽略的事实是，台湾地区登记收费是按照比例收取，而不是按件收取。[④] 按件收费与按比例收费的差异，是前提性的

① 向明：《不动产登记费用制度研究》，载《法治研究》2010年第9期。

② 陈霄：《不动产登记条例的反腐期待》，载《法治周末》2014年8月6日，第3版。

③ 该条名为“登记储金之来源及用途”，内容为：“地政机关所收登记费，应提存百分之十作为登记储金，专备第六十八条所定赔偿之用。地政机关所负之损害赔偿，如因登记人员之重大过失所致者，由该人员偿还，拨归登记储金。”

④ 我国台湾地区“土地法”第65条“土地总登记费之缴纳”规定：“土地总登记，应由权利人按申报地价或土地他项权利价值，缴纳登记费千分之二。”

差异,将导致赔偿基金的建议是否具有现实意义。

以北京市为例,据房屋中介机构统计,2014 年,"截至 6 月 26 日,北京年内新建住宅合计签约 22,782 套……而根据中原地产研究部统计数据显示,截至 6 月 26 日,北京上半年二手房合计签约 43,515 套,预计上半年签约总量为 4.4 万套"。[①] 按照这一统计,2014 年上半年北京市新旧住宅交易量约为 66,782 套,假设每套都办理登记并缴费,一套登记费为 80 元,则登记费总计为 5,343,560 元,再假设下半年的交易量和上半年同样多,那么全年北京市新旧住宅登记收费大概为 1100 万元人民币左右。按照北京目前的房产价格,全市全年的登记收费仅能赔偿一套四环内的大户型房屋。如果是学区房或高档小区房屋,则全年收费也难以赔偿一套。更遑论提取登记费的百分之十作为赔偿基金了。

登记收费标准的高低与登记机构赔偿责任的高低具有正相关关系,若要登记机构承担不受限制的赔偿责任,则必须允许其收取较高的登记费用;反之,若只允许登记机构收取较低的登记费用,则无法要求其承担不受限制的赔偿责任。否则,赔偿责任再明确,最终也会因为"巧妇难为无米之炊"而无法执行下去。即便是有国库作为最终保障,政府也不会允许某一部门因承担过高赔偿责任而成为财政经费的黑洞,否则必然推动修法,提高登记收费的标准,以实现收支平衡。《物权法》颁布之后,针对其中按件收费的规定,有学者早已深刻意识到:"由此带来的显著问题是登记机构仅仅收取有限的工本费却要承担巨大的赔偿责任。除非建立完备的赔偿保障机制,否则上述掣肘势必引发深层矛盾。"[②]此处的深层矛盾,也就是上述现实情况揭示出的两个问题:一是登记机构的收费标准与赔偿责任相比,权利义务失衡;二是从登记费中提取一定比例设置赔偿基金的思路因数额太低而不具现实意义。面对这样的情况,针对不动产登记机构登记错误的赔偿责任设置赔偿限额是一个不得不采取的办法。因为不动产登记并未采取市场化的运作方式进行收费,而只是收取低廉的固定费用,一旦发生数起登记错误,仅赔偿直接损失便使得整个登记机构难以负荷、无法维系。而不动

① 中研网讯:《2014 年上半年北京市新房成交量创新低》,载中研网:http://www.chinairn.com/news/20140630/202253623.shtml,最后访问日期:2014 年 9 月 14 日。

② 姚辉:《不动产登记机构赔偿责任》,载《法学》2009 年第 5 期。

产登记承载一定的公益性质和国家管理不动产的公共职能,如果放任登记机构陷入赔偿不能的困难境地,势必造成人员流失、机构运转不灵直至停顿的状况,最终会损害全社会的利益。

据学者介绍,针对登记机构登记错误的赔偿责任,“香港特区政府就曾遭遇此难题,为避免登记费率过高过低,影响基金运作,干脆对登记赔偿之限额做出规定,即每宗不超出3000万美元,并认为已涵盖所有物业交易的99.86%。”[①]此外,尤其值得关注的是国际社会关于航空器、铁路车辆等价值巨大、需登记注册的特殊动产(或曰准不动产)的最新立法趋势。在《开普敦公约》[②]中,设立登记处、对缔约国的航空器和铁路车辆进行登记是其核心内容。《开普敦公约》对登记收费同样采用按件收费的标准,每件航空器仅收取一百美元的登记费。因此,《开普敦公约》明确对登记机构的赔偿责任采取了限额制。该公约第7章“登记官的赔偿责任”中第28条第4款规定:“登记官应办理保险或财务保证,以在监管机关按照议定书所确定的范围内承担本条所述的赔偿责任。”《开普敦公约》关于航空器的附属议定书(2001年《航空器设备议定书》)对登记机构的赔偿责任采取的具体限额是:“根据某一价值的航空器标的物,确定了1000万美元的最低限额,但要求国际登记处确定更高的标准。其后,将数额确定为3000万美元的动议得到批准。目前的保险数额是13,000万美元。在国际登记处投入使用的7年中,尚未出现针对其提出的赔偿请求。”[③]对于铁路车辆的登记,《开普敦公约》的另一附属议定书(2007年《铁路车辆议定书》)对登记机构采取的具体限额是:“登记官的全部责任不超过每年500万美元特别提款权,超

---

① 袁绍基:《不争朝夕的土地物业业权注册制度》,载《地政学季刊》2003年第9期。转引自马栩生:《论中国不动产登记赔偿机制之构建——以公信力为视角的诠释》,载《暨南学报》(哲学社会科学版)2006年第5期。

② 《开普敦公约》是为促进动产设备的融资和租赁业务的有效运作而由加拿大政府于1988年在国际统一私法协会理事会上提议,经动产担保国际统一规则起草研究工作组多年起草,目前已有58个国家或经济体加入的国际公约,我国是其缔约国,并于2008年经全国人大批准加入该公约及其议定书。

③ [英]罗伊·古德:《国际航空器融资法律事务——移动设备国际利益公约及航空器设备特定问题议定书正式评述》(第3版),高圣平译,法律出版社2014年版,第127~128页。

过此限额的,应由监管机关根据规章规定的方式每次单独计算。”①

因此,建议《暂行条例》在修改或者上升为法律的立法过程中,增设不动产登记机构登记错误赔偿责任的最高限额,该限额可以根据不同地区的经济发展水平和不动产价格而有所不同,例如北京市的赔偿限额就可以限定在单年一千万元以内。

限制登记机构的赔偿责任,并非将风险完全转嫁到不动产权利人身上,因为权利人仍有物权法所规定的制度可以分散登记错误的风险,而不必坐待最后的损害赔偿:一是更正登记制度。《暂行条例》要求国土资源主管部门会同有关部门建立统一的不动产登记信息管理基础平台,实现国家、省、市、县四级登记信息的实时共享。因此,权利人在全国不动产信息联网的电子化时代,查询自己的不动产登记状况极为便利,如果存在登记错误的现象,权利人也容易发现,一旦发现,即可以行使物权法规定的请求更正登记的权利,即“权利人、利害关系人认为不动产登记簿记载的事项错误的,可以申请更正登记。不动产登记簿记载的权利人书面同意更正或者有证据证明登记确有错误的,登记机构应当予以更正”。二是异议登记制度。如果权利人发现自己的不动产被错误登记在他人名下,或自己享有他物权的不动产存在登记错误的现象,则有权提出异议、要求更正,不动产登记簿记载的权利人不同意更正的,利害关系人可以申请异议登记。

## 六、结论

《暂行条例》的本意是落实物权法规定的统一不动产登记制度的任务,但关于登记机构登记错误赔偿责任的规定过于简略,既不能使物权法相关规定更具有可操作性,又不能消弭既有法律法规乃至规章的不同规定,形同虚设。虽然登记错误的风险可以通过其他措施进行分散,但并不能以此规避责任的设定。《暂行条例》必须跳出部门立法的樊篱,对登记错误的赔偿责任作出具体、明确、合理的规定,并最终上升到全国人大及其常委会颁布的法律层面,才能切实保障不动产权利人的权益,才能真正构建起统一、完备的不动产登记制度。

---

① [英]罗伊·古德:《国际航空器融资法律事务——移动设备国际利益公约及航空器设备特定问题议定书正式评述》(第3版),高圣平译,法律出版社2014年版,第284页。

# 论业主大会的诉讼主体资格*

**摘　要:**《物权法》未能对业主大会的诉讼主体资格做出明确的规定。在比较法上,各国一般都赋予业主团体以诉讼主体资格。建筑物区分所有权司法解释征求意见稿对《物权法》的相关规定做出了补充,明确规定了业主大会的原告主体资格,但正式通过的司法解释则取消了该条内容。将来有权机关应当承认业主大会的诉讼主体资格,允许其以"其他组织"的身份参与诉讼,有关业主共同权益的生效裁判,对全体业主具有约束力,其诉讼后果归属于全体业主。

**关键词:**业主大会;诉讼主体资格;其他组织;诉讼平等

**目　　次**



## 一、引言

我国《物权法》第75条规定了业主大会的权利内

---

* 本文原载于《政治与法律》2009年第8期。

容,第78条还规定,权益受侵害的业主可以对业主大会或者业主委员会的决定提起撤销之诉。据此,业主大会或者业主委员会(以下简称业委会)可以作为被告,但原告仅限于合法权益受到前者决议的侵害的业主。然而,业主大会能否以自己的名义,为了全体业主的利益而作为原告向第三人提起诉讼,或者作为被告而对第三人的起诉进行应诉,《物权法》对此并没有做出明确的规定。可见,我国立法对于业主大会诉讼主体资格的规定尚不够完善,有待有权机关进一步明确。

需要指出的是,我国《物权法》和《物业管理条例》等法律法规中均未采用业主团体的概念,而是采用了业主大会的概念(业委会是其执行机构),因此,我国法上的业主大会并非只是业主共同聚会、共同议事的会议形式,而且还是一种业主的组织形式,实际上就是业主团体。这就类似于全国人民代表大会不仅仅是一种会议形式,而且还是一种组织形式,是一种国家权力机构。《物权法》第75条规定:"业主可以设立业主大会",立法机关使用了"设立"一词,这就说明"业主大会并不仅仅是全体业主汇集在一起参加某个会议,也不是业主之间的松散联合。业主大会是一个组织体,可以自己的名义开立工商账户,并且有自己的意思机关与执行机关,能够订立管理规约……"[①]因此,对于我国业主大会的理解,不能仅限于字面意思,其不仅表示业主的议事方式,而且还表示业主的组织即业主团体。明确了这一点,才能避免许多无谓的概念上的分歧与争论。

由于实践中业主大会或者业委会为了全体业主的共同利益而参与诉讼的案件时有发生,法院必须对其诉讼主体资格做出统一的判断才能保持司法裁判标准的一致。因此,最高人民法院在2008年6月16日发布了旨在细化实施《物权法》第六章的《关于审理建筑物区分所有权纠纷案件具体应用法律若干问题的解释(征求意见稿)》(以下简称《征求意见稿》)。《征求意见稿》第13条规定:"业主共同权益受到侵害、妨害或者可能受到妨害的,原告的诉讼主体资格按照下列方式确定:(一)已经选举出业主委员会的,为业主委员会;(二)没有选举出业主委员会,或者业主委员会怠于行使权利的,为业主大会或者业主。有关业

① 王利明:《物权法研究》(上卷修订版),中国人民大学出版社2007年版,第616页。

主共同权益的生效裁判,对全体业主具有约束力。其诉讼利益归属于全体业主。”该条明确规定了业主大会和业委会的诉讼主体资格,对《物权法》所未能明确规定的内容做出了较为详细的规定,虽然其具体内容还有待完善,但毕竟在一定程度上增强了物权法的可诉性。遗憾的是,最高人民法院在2009年5月14日正式公布并将于2009年10月1日起施行的《关于审理建筑物区分所有权纠纷案件具体应用法律若干问题的解释》(以下简称《解释》)中删除了《征求意见稿》中关于业主大会诉讼主体资格的规定。因此,对于该司法解释在实施中将会遇到的一些现实问题,仍有待进行深入思考。本文拟就业主大会的诉讼主体资格相关问题做一探讨,以就教于学界。

**二、比较法上的业主团体诉讼主体资格**

在大陆法系国家和地区中,德国立法将建筑物区分所有权称为“住宅所有权”,其《住宅所有权法》中对“住宅所有权人之共同体”进行了专章规定。该住宅所有权人之共同体“虽无权利能力,且依司法判例之看法,也无不动产登记簿上的登记能力,但却具有社团之性质”。① 德国联邦高等法院2005年的判决中和德国新《住宅所有权法典》认为“业主团体具有部分权利能力和法律主体性,也即业主团体仅在一定的范围和领域内具有权利能力,该范围和领域即为对共有所有物进行管理的法律活动中……例如在涉及有关共有物的诉讼中直接由业主团体作为法律主体参与诉讼活动”。②《住宅所有权法》第27条还规定,住宅所有权人可以授权管理人以全体住宅所有权人的名义提起诉讼。③ 因此德国法上业主团体虽然不具备完全的民事主体资格和独立的法律人格,但是在涉及建筑物区分所有权管理中的事项时,其具有对内和对外的诉讼主体资格。法国也针对建筑物区分所有权的问题进行了单独立法,其业主团体称为“共同所有权业主联合会”,“共同所有权人组成一

---

① [德]鲍尔、施蒂尔纳:《德国物权法》(上册),张双根译,法律出版社2004年版,第640页。

② 白江:《德国住宅楼管理制度之研究及启示》,载《中外法学》2008年第2期。

③ 该诉讼是有关来自住宅所有权人共同体或者来自共有物的管理所产生的住宅所有权人相互间的权利和义务的争议,或者关于住宅所有权人的决议的有效性的争议,或者关于第三人提起的、针对住宅所有权人共同体或住宅所有权人的、并且指向共有物、它的管理或专有物的诉讼。参见白江:《德国住宅楼管理制度之研究及启示》,载《中外法学》2008年第2期。

个结构完整的团体，并且法律承认该团体享有法律地位（un statut juridique）"。[①] 这种团体虽然与其他团体有所不同，但是一样具有为实现团体利益所必需的各种权限，例如，"法律明确规定，共同所有权业主联合会为了保护与建筑不动产有关的权利，可以单独或者与一位或数位共同所有权人一起在法院进行诉讼"。[②]

日本自昭和37年（1962年）以来陆续制定了《区分所有权法》等法律，规定30人以上的业主团体"可以通过特别决议决定成为法人的宗旨，并在主要事务所的所在地进行登记取得法人资格"。[③] 业主团体通过集会的决议，来选任或解任管理人，而管理人则可以"根据规约或集会决议就其职务为区分所有人之目的作为原告或被告"，[④]其后果对全体住宅所有权人发生效力。在瑞士法律上，业主团体"有时具有法人之性质，公寓以其自己之名义取得财产，同时因为它有一管理机关，故得以自己名义提起诉法，并进而实行诉法"。[⑤] 我国台湾地区的"公寓大厦管理条例"规定区分所有人会议为区分所有人团体的最高意思决定机关，该会议应成立管理委员会，而在诉讼上，"管理委员会有当事人能力"。[⑥] 其管理委员会具备非法人团体的要件，"对外权限具有诉讼上原告、被告之能力，在其权限范围内，自得以自己名义为民事诉讼之原、被告"。[⑦]

在英美法系国家，"大多数盎格鲁－美利坚的法律都赋予它们的管理组织以完全法人人格。在加拿大各省中，除了魁北克省以外，区分所有权人协会在组织上和公司差不多——除了没有股本。在新南威尔

---

① ［法］弗朗索瓦·泰雷、菲利普·森勒尔：《法国财产法》（下），罗结珍译，中国法制出版社2008年版，第794页、第799页。

② ［法］弗朗索瓦·泰雷、菲利普·森勒尔：《法国财产法》（下），罗结珍译，中国法制出版社2008年版，第794页、第799页。

③ ［日］山本辉明：《物权法》（增订本），陆庆胜译，法律出版社2001年版，第194页。

④ ［日］我妻荣：《新订物权法》，有泉亨补订，罗丽译，中国法制出版社2008年版，第549页。

⑤ 黄越钦：《住宅分层所有权之比较法研究》，载郑玉波主编：《民法物权论文选辑》（上），台湾五南图书出版公司1984年版，第444页。

⑥ 陈忠五主编：《新学林分科六法·民法》，新学林出版股份有限公司2008年版，第F～246页。

⑦ 陈俊樵：《区分所有建筑物管理问题之研究》，"国立"中兴大学法律学研究所1998年博士学位论文，第220页。

士，尽管区分所有权人协会(公司法人)不是依据公司法而设立的公司，但它却具有权利主体资格和公章。类似地，在新西兰，从立法赋予的区分所有权人协会的功能和权利来看，完全可以推论出其具有公司人格”。[①] 在美国，业主团体被称为业主协会，“每一个共同利益社区(CIC)都由一个业主协会来进行管理，这种业主协会有时也被称为社区团体，房屋所有人联合会，或者建筑物区分所有权人协会。在美国有超过二十万个这样的业主团体”。[②] 在美国的立法上，“统一公寓所有权法赋予区分所有权人协会的权利包括……为了管理公寓所必要的一般权利。管理活动包括任用雇员，代理人，独立的承包人和专业管理人员；作为原告提起和作为被告应对诉讼”。[③] 因此，在英美法系国家，业主团体一般都具有独立的法人资格，自然也就具有诉讼主体的资格。

由以上各国和地区法律规定可知，无论承认业主团体的法人资格与否，其业主团体都可以直接或通过管理人参与诉讼，进行起诉或应诉。比较法上的业主团体大都具有诉讼主体资格，原因在于赋予业主团体诉讼主体资格既有利于其对外维护建筑物区分所有权人的共同利益，也有利于对内解决建筑物区分所有人之间的纠纷。

**三、业主大会与诉讼主体类型**

当事人的诉讼主体资格，是民事诉讼当事人主体的法律资格，即当事人能够享有民事诉讼权利、承担民事诉讼义务的资格。通常情况下有民事主体资格者才具有诉讼主体资格。我国《民法通则》规定的民事主体只包括公民和法人两类，“其他组织”则不被认为是民事主体，不享有民事权利。2017 年颁布的《民法总则》第 102 条规定：“非法人组织是不具有法人资格，但是能够依法以自己的名义从事民事活动的组织。非法人组织包括个人独资企业、合伙企业、不具有法人资格的专业服务机构等。”该条虽然列举了非法人组织的几种典型形态，如个人独资企业、合伙企业、不具有法人资格的专业服务机构，但并未进行封闭式列

---

① C. G. Van der Merwe, “APARTMENT OWNERSHIP”, *International Encyclopaedia of Comparative Law* 1994, p. 151.

② John G. Sprankling, *Understanding property law*, Miamisburg, Matthew Bender & Company, 2000, p. 586.

③ C. G. Van der Merwe, “APARTMENT OWNERSHIP”, *International Encyclopaedia of Comparative Law* 1994, p. 151.

举,而是采用了"等"的开放式规定。因此,在实体法上,业主大会仍有通过解释成为非法人组织的法律依据。在程序法上,我国《民事诉讼法》为了方便社会上广泛存在的其他组织参与诉讼、解决纠纷,遂赋予了"其他组织"以民事诉讼主体资格和诉讼权利能力。该法第48条规定:"公民、法人和其他组织可以作为民事诉讼的当事人。法人由其法定代表人进行诉讼。其他组织由其主要负责人进行诉讼。"该规定将享有民事诉讼主体资格的当事人分为公民、法人和其他组织三种。那么业主大会也必须归入这三种诉讼主体类型之一才能享有诉讼主体资格。

一方面,业主大会不是公民,因为其是业主团体,是众多业主的集合;另一方面,业主大会也不是法人,因为按照《民法总则》的规定,法人分为营利法人和非营利法人,且法人应当依法成立。而《物权法》《物业管理条例》等均未规定业主大会可以成为法人。营利法人包括有限责任公司、股份有限公司和其他企业法人等,非营利法人包括事业单位、社会团体、基金会、社会服务机构等,业主大会既不属于营利法人,也难以解释为非营利法人。因此,在程序法未依照实体法做出修改之前,为解决业主大会的诉讼主体资格问题,只能将业主大会解释为《民事诉讼法》上的"其他组织"。最高人民法院在《关于适用〈民事诉讼法〉若干问题的意见》中对"其他组织"有较为明确的规定,其第40条规定:"民事诉讼法第49条规定的其他组织,是指合法成立,有一定的组织机构和财产,但又不具备法人资格的组织。"其主要包括不具备法人资格但依法登记领取营业执照的合伙企业、企业法人的分支机构、银行的分支机构以及其他不具备法人资格的经营实体和组织等。比照《民事诉讼法》司法解释规定的条件,有人认为业主大会不能成为"其他组织",因为"它没有登记程序,也没有负责人(业主委员会有主任,但他代表的是业主委员会,而非业主大会)"。① 还有学者认为业主大会没有自己的财产,"如果严格的分析,业主大会不具有自身的财产",②因为根据《物权

① 夏永全:《〈物权法〉视角下的业主大会与业主委员会——以法的可诉性为中心》,载《北方法学》2007年第5期。

② 孙丽、吕云凤:《〈物权法〉中值得商榷的问题——以有关业主共同意思表示的规定为视角》,载《北京政法职业学院学报》2007年第2期。

法》第79条的规定,建筑物及其附属设施的维修资金,属于业主共有,不属于业主大会所有。

由于《民事诉讼法》属于诉讼制度的基本法律,在法律渊源上具有较高的效力位阶,因此,对于业主大会的诉讼主体资格问题,在解释上必须将业主大会归入民事诉讼主体的类型之中,其解释才不至于无效。笔者认为,业主大会符合《民事诉讼法》及其司法解释关于"其他组织"的要求,即合法成立、有一定的组织机构、有一定的财产且不具备法人资格,因此其具有民事诉讼的主体资格,理由如下:

第一,业主大会属于合法成立的组织且不具备法人资格。一方面,《物权法》《物业管理条例》均规定了业主有权设立业主大会,因此其成立合乎法律的规定,具有法律依据;另一方面,业主大会在我国尚不具备法人资格,不能成为法人的一种,"业主团体与法人团体的不同之处在于业主团体没有独立财产不能承担有限的责任。……但是,这并不能否认业主团体的法律人格,业主团体仍然具有一定的权利能力,仍然能够以自己的行为设定权利义务"。①

第二,业主大会有一定的组织机构。业主大会作为建筑物区分所有权人的集合和议事机关,是业主团体的最高意思机关。一般而言,业主大会还会设立业主委员会作为其执行机构,业主委员会也会聘请专门的工作人员负责日常事务的处理,因此业主大会在组织机构上是较为完善的,有意思形成机关和执行机关,甚至还可以设置监督机关。

第三,业主大会有一定的财产。如前所述,有学者认为业主大会没有自己的财产,所以不能成为其他组织。笔者认为,《关于适用〈民事诉讼法〉若干问题的意见》第40条所言的有一定的财产,并不是要有完全属于组织体的财产,而只要是具有相对独立性、能够与其组成成员通常状态下的个人财产相区分的财产即可,因为该条所列举的私营独资企业、合伙组织等组织体,也并没有完全属于组织体而不属于成员的财产,只是其财产虽然属于成员单独所有或共有,但是在通常状态下是为了经营的特定目的而存在,具有相对的独立性,一般情况下能够与其成员的个人财产相区分,只有在分割财产时才归入到成员的个人财产之

---

① 梅伟:《论业主团体的法律人格》,载蔡耀忠主编:《物权法报告》,中信出版社2005年版,第55页。

中。业主大会的财产状况与此相似,根据《物权法》第 79 条的规定,建筑物及其附属设施的维修资金,属于业主共有。但这些资金有着特定的使用目的,即为了业主的共同利益而使用,因此相对独立于每个业主的个人财产。此外,业主大会还可以利用建筑物区域内的公用部位或公用设施、设备等进行一些经营活动,取得一定的财产收益,类似的收益包括"通信公司或网通公司在小区屋面、绿地安装的小灵通手机发射天线的收入;利用外墙面、屋顶设置的广告牌收入;小区内利用道路两侧的停车收费、公共露天停车场、配套的自行车棚收入;利用楼梯口、电梯里广告、公共场合的电视广告收入"①等。这些财产一般都会独立存储,作为业主大会或业主委员会的活动经费,或者用于业主的公益活动,因此业主大会有相对独立的财产,符合"其他组织"财产方面的要求。

"在现实的社会生活中存在一些虽然未具备法人格上述要件但仍然开展社会活动的团体。这些团体在开展自己的社会活动时就有可能遭遇纠纷,为了解决这种纠纷,将该团体本身也作为诉讼当事人对待的做法是较为便利的。"②因此日本的《民事诉讼法》承认无法人格的社团与财团具有当事人能力。与此相类似,业主大会在我国作为非法人组织,也有参与民事诉讼的需要,有必要获得诉讼主体的资格。而且业主大会符合《民事诉讼法》上的"其他组织"的构成要件,将业主大会归入"其他组织"之中,就可以解决业主大会与诉讼主体的类型之间的契合问题,合理地赋予业主大会诉讼主体资格。

**四、业主大会与诉讼平等**

诉讼平等是我国民事诉讼法的基本原则之一,"诉讼真正永恒的生命基础在于它的公正性。而诉讼平等,作为与诉讼公正同时产生的一个重要概念,被视为实现诉讼公正的必由之途,甚至被作为诉讼公正的形式标志"。③《民事诉讼法》第 8 条规定:"民事诉讼当事人有平等的诉讼权利。"诉讼平等对于当事人而言,主要是指当事人诉讼地位的平

---

① 丛福军:《业主大会、业主委员会经费问题初探》,载《中国物业管理》2006 年第 5 期。

② [日]高桥宏志:《民事诉讼法:制度与理论的深层分析》,林剑锋译,法律出版社 2004 年版,第 150 页。

③ 李祖军:《简论诉讼权利平等原则》,载《西南政法大学学报》2002 年第 2 期。

等,即无论当事人的社会地位如何,都应当平等享有民事诉讼法所给予的诉讼权利,承担民事诉讼法所规定的诉讼义务。在我国,当事人应享有的诉讼权利主要包括起诉的权利、辩论的权利和提起反诉的权利等。当事人诉讼地位的平等并不仅仅是为了保障诉讼的实体公正,保证法院判决的正确性,同时也是实现程序正义、保障人权的价值诉求。此外,诉讼平等原则还充分体现了宪法关于"公民在适用法律面前人人平等"的原则,是宪法原则在民事诉讼领域的具体化。如果一类主体可以充当原告而免于作为被告,则有违诉讼平等的原则,会造成权利义务失衡和不对等的现象。

《物权法》第 78 条仅规定业主可以请求法院撤销业主大会的不当决议,即业主大会仅可能成为权利受到其决议侵害的业主的被告;《暂行条例》第 13 条也只是规定在业主共同权益受到侵害、妨害或者可能受到妨害时,业主大会可以作为原告进行起诉。而正式通过的《解释》则对业主大会的起诉应诉资格均未作出规定。因此,《物权法》及其当前的司法解释尚未能解决业主大会能否成为第三人起诉的对象的问题,即业主大会能否成为非业主所提起的诉讼的被告。在司法实践中,最高人民法院虽然没有直接针对业主大会的被告问题进行过批复,但可资参考的,是最高人民法院分别于 2003 年 8 月 20 日所做的《关于金湖新村业主委员会是否具备民事诉讼主体资格请示一案的复函》和 2005 年 8 月 15 日所做的《关于春雨花园业主委员会是否具有民事诉讼主体资格的复函》。这两个批复中,第一个批复认为业主委员会具有民事诉讼主体资格的案件仅限于涉及住宅小区全体业主公共利益的物业管理纠纷范围,且业主委员会仅能作为原告,以自己名义提起诉讼;时隔两年之后,第二个批复的态度发生了一些转变,认为业主委员会根据业主大会的授权对外代表业主进行民事活动,与他人发生民事争议的,可以作为被告参加诉讼,所产生的法律后果由全体业主承担。

业主大会是我国的业主团体组织形式,是业主共同意思的形成机关,业主大会所做出的决定不仅与每个业主相关,而且也会与第三人发生联系。例如,根据《物权法》第 76 条的规定,应当由业主大会来决定选聘和解聘物业服务企业或者其他管理人,以及改建、重建建筑物及其附属设施等事项,这些决定的实施,都难免和业主以外的第三人发生联系，一旦发生纠纷，业主大会作为当事人一方就有可能成为被告。

可见《物权法》只规定业主大会的原告主体资格而不规定其与非业主发生纠纷时的被告主体资格的做法，将会导致法院在适用法律中的空白，客观上会限制与业主大会发生纠纷的对方当事人的诉讼权利，即对方当事人不能起诉业主大会，不能将业主大会列为被告；同时，在业主大会作为原告而对第三人提起的案件中，被告也不能对业主大会提起反诉。如此则将导致对方当事人无法行使《民事诉讼法》所赋予的起诉及提起反诉的诉讼权利，从而违背了诉讼平等的基本原则。这一法律适用中的空白将无法保障当事人在法院受到平等的对待，难以贯彻诉讼中双方适用法律一律平等的要求，对于人民法院在诉讼中保持严格的中立性具有负面的影响，从而在业主大会涉诉的案件中难以真正保障诉讼的实体公正以及程序上的正义。对于这一问题，解决的办法是不仅承认业主大会具有原告的诉讼主体资格，而且承认其还可以作为被告；在诉讼结果的承担上，应当是有关业主共同权益的生效裁判对全体业主具有约束力，但不仅是业主大会所获得的诉讼利益归属于全体业主，而且不利诉讼后果的承担也应归属于全体业主，即如果判决要求业主大会承担一定的民事责任（主要是金钱之债的赔偿责任），则该判决对全体业主生效，由全体业主共同承担该诉讼后果。

**五、结论**

《征求意见稿》曾在第13条明确规定了业主大会的诉讼主体资格，这对于《物权法》的相关规定而言是一个进步，弥补了后者未规定业主大会为了业主的共同利益能否对第三人提起诉讼的缺憾，赋予了业主大会民事诉讼原告的主体资格。但该条仍存在未能同时规定业主大会作为民事诉讼被告的主体资格的缺陷，因此不利于诉讼平等的实现。正式通过的司法解释则完全取消了该条规定，其对于《物权法》上业主大会和业主委员会参与诉讼的问题都没有作出细化解释，对于业主大会诉讼主体资格的问题基本上延续了回避的态度。如果回避的理由是担心业主大会参与诉讼之后难以执行判决结果，则这一理由是不成立的，因为在《物权法》第78条第2款所规定的业主对业主大会或者业主委员会决议的撤销权制度中，一旦出现原告胜诉、被告败诉的情形，同样会涉及到业主大会对业主的损害赔偿的执行问题。

可以预计,业主大会为了业主的共同利益而参与诉讼的情形在将来仍会不断出现,因此有权机关必须正视这一问题。笔者认为,将来可以通过相关法律法规的修改或者制定其他的司法解释而全面承认业主大会的诉讼主体资格,即允许其以“其他组织”的身份参与诉讼,如此则能够符合《民事诉讼法》的要求。具体而言,对于业主大会的诉讼主体资格可做如此规定:涉及业主共同权益的事项,业主大会可以直接或者授权业主委员会以“其他组织”的身份参与诉讼。没有成立业主大会或者业主大会怠于行使权利的,业主可以亲自参与诉讼。有关业主共同权益的生效裁判,对全体业主具有约束力,其诉讼后果归属于全体业主。

# 论建筑物区分所有中管理规约的效力范围*

**摘　要**：区分所有建筑物的管理规约，其内容应当在尊重业主专有权的基础上寻求业主共同事务的自治，除了法律的明文规定之外，管理规约对于业主专有部分权力行使的限制只能限于和全体业主的共同利益，而且此种限制应当符合比例原则，尽量在少数业主利益和全体业主利益之间取得保护的平衡点。如果区分所有的建筑物专门用于商业经营，那么该建筑物作为商厦而不是民宅，其部分业主固然可以让渡其经营权给第三人行使，但不能以多数业主的自愿来代替少数业主是否自愿的判断。如果多数业主制定通过的管理规约侵害了少数业主的合法权益，则少数业主可以行使物权法所赋予其的撤销权。

**关键词**：区分所有建筑物；专有权；共有权；管理规约

目　次



* 本文原载于《法学论坛》2009 年第 6 期。

## 一、引言

为解决密集人群的居住问题而采用区分所有的建筑物形式，古已有之。在建筑物区分所有中，其权利主体可能成百上千，每个主体对于建筑物均享有专有部分的所有权、共有部分的共有权以及建筑物整体的成员权，而各人对于其专有部分的使用方式也不一样，在如此繁复的居住形态中，业主之间便难免产生各种矛盾和纠纷。“罗马帝国灭亡后住宅分层所有的制度又在中古的欧洲大陆复现……不过由于法令规定之不足，所以引起无数的纷争，以致有一段时间，此种分层所有权之住宅遂被谥为‘纠纷住宅’。”①

我国《物权法》第六章对于建筑物区分所有的权利主体采用了“业主”的通俗提法，因此业主便是建筑物区分所有权的实际享有者。不同的业主对同一建筑物形成一种共有，由业主对区分所有的建筑物进行管理，是所有权人行使所有权的一种方式，具有正当的权源。因此，对建筑物进行管理的主体，归根结底是一个个的业主。但是现代的建筑物体积庞大、结构复杂，同一幢建筑物内可能有成千上万的业主居住其中。倘若让每一个业主都自行行使其管理权，不仅共有部分难免照顾不周，而且极不符合效率原则。“为维持区分所有建筑物之良好状态，确保舒适之居住生活品质，区分所有人间遂有共同利益存在。”②不同的业主基于生活事实而形成团体，因此，设立业主大会、选举业主委员会、订立管理规约便成为业主对建筑物区分所有进行自治的主要方式。

## 二、讨论案例：张某等诉李某等商铺委托经营合同效力案

原审原告张某等 834 人与原审被告李某等 43 人均为 A 商厦的业主。该商厦共有业主 1344 人，分别拥有商厦内 1344 个商铺。2002 年 1 月 25 日，A 商厦正式开业经营。2004 年 10 月 24 日，A 商厦的业主召开

① 黄越钦：《住宅分层所有权之比较法研究》，载郑玉波主编：《民法物权论文选辑》（上），台湾五南图书出版公司 1983 年版，第 433～434 页。

② 谢在全：《民法物权论》（上册修订版第 2 版），2003 年自版，第 419 页。

首届业主代表大会，由每个楼层推选业主代表参加，召开业主代表大会的全过程并有公证机关现场监督。大会制定了《业主委员会章程》和《业主公约》（以下简称《章程》和《公约》）并按照法定程序进行了备案。《章程》第7条规定了业主投票权的计算规则：票权分配按建筑面积计算，100平方米以上的每100平方米一票；100平方米以下的有房屋所有权证的每证一票。《章程》第11条规定：业主代表大会作出修改业主委员会章程、业主公约、业主代表大会议事规则，选聘、变更或解聘物业管理企业，专项维修资金使用和统筹方案的决定，分担业主委员会活动经费重大事项的，必须经A商厦全体业主所持投票权2/3以上表决通过。对一般事项的决定须经业主代表大会与会业主代表1/2以上通过。第15条规定："业主代表大会的职责……（三）决定选聘、解聘物业管理企业和经营管理企业……（六）决定物业管理和经营管理诉讼的有关事宜。"第19条规定："业主委员会应履行下列职责……（三）选聘物业管理企业与经营管理企业，并与物业管理企业和经营管理企业订立、变更物业管理聘用合同和经营管理委托合同……"第24条规定：业委会表决经营管理有关事项，需由拥有本楼宇内所有房产权和经济利益相同的业委会委员商议通过后形成方案，提交业主代表大会表决通过。

《公约》主要约定了商铺的物业及经营等方面问题，其第3条规定：由业主委员会根据业主代表大会的授权，征求本楼宇内所有房产权和经济利益相同的业主意见，表决通过后以合同形式分楼宇所有权分别委托一个经营管理公司实施统一的专业化经营管理服务。业主委员会可以通过招标或其他方式选聘经营管理公司，并与业主代表大会选定的经营管理公司订立、变更或解除委托经营管理合同。选聘的经营管理公司有权对商场经营布局进行统一设计装修，统一布局，统一经营，统一管理，统一财务核算。选聘的经营管理公司不能改变本楼宇内原有的设计建设方案。

召开业主大会之后业主委员会按照《章程》和《公约》的规定向有投票权的业主发放了表决票2267张（全体业主共享有投票权2267票），业主可在表决票中选择是委托经营还是自主经营，如果逾期未返还表决票视为同意委托经营，在规定期限内业主委员会共收回1944张表决票，其中赞成的1738份，已经超过业主投票权数的2/3。

2006年9月29日，根据部分业主的提议，《章程》和《公约》进行了部分修改，在《章程》第11条后增加："业主委员会可根据多数业主意见，授权经营企业对整体布局进行调整、招商"。"业主委员会设立监督组。对经营管理企业的招商、财务、现场管理等进行现场监督。"在《章程》第24条后增加："业主委员会授权所聘经营管理企业对经营布局进行统一招商，统一布局，统一经营，统一管理，统一财务结算。"将《公约》第3条中的"选聘的经营管理公司不能改变本楼宇内原有的设计建设经营方案"改为"选聘的经营管理公司不能改变本楼宇内原有的设计建设方案。"有946个铺位的业主签名同意修改意见。

2005年后，商厦内部经营方式问题仍没有解决，依然存在部分业主自营，2006年11月23日商厦曾经关门停业。2007年7月8日，业主委员会与第三人某市某经营服务有限公司签订了《委托经营管理合同》。合同内容如下："甲方某业主委员会，乙方某经营服务有限公司，鉴于某商厦1344个铺位业主中已有1188个铺位业主与乙方签订委托经营合同，占业主所持票权总数的88.39%，超过了三分之二。根据《公约》第3条规定，甲乙双方签订本合同。一、甲方代表某商厦全体业主与乙方签订本《委托经营管理合同》。二、委托乙方经营管理的内容以及业主与乙方的权利义务按1188户业主与乙方签订的《委托经营合同》执行。……四、根据《公约》和有关法律规定，甲方的权利仅限于代表全体业主签订本合同。"

到案件开庭审理前，共有1190个铺位的业主与该经营服务有限公司签订了《委托经营合同》，将自己的铺位统一交给对方经营管理。由于被告不同意将自己的铺位交给第三人经营。于是，原告向法院起诉，请求确认《章程》和《公约》有效，并确认2007年7月8日业委会代表业主与第三人签订的《委托经营管理合同》有效。

双方争议的焦点为《章程》《公约》是否有效，业主委员会代表业主与第三人签订的《委托经营合同》对被告是否具有法律约束力。合议庭及审判委员会对此形成不同意见。以下对本案中涉及建筑物惯例规约的效力范围问题进行探讨。

### 三、管理规约的效力范围：共有部分

"规约系指为增进共同利益，确保良好生活环境，由区分所有人会

议就区分所有人、住户对于区分所有建筑物之所有关系及管理所应共同遵守事项,决议订立之团体规章。"①在建筑物区分所有中,如何对业主共有的部分有效地进行管理和利用,是需要业主团体共同商议解决的事项,也是管理规约的主要内容。我国《物权法》第76条规定:"下列事项由业主共同决定……(二)制定和修改建筑物及其附属设施的管理规约……"因此,管理规约在空间范围上可以涉及整体建筑物及其附属设施的使用和管理情况。

我国《物业管理条例》第17条规定:"管理规约应当对有关物业的使用、维护、管理,业主的共同利益,业主应当履行的义务,违反管理规约应当承担的责任等事项依法作出约定。"实践中,有关公寓大厦的管理规约主要涉及对于建筑物外墙面、楼顶平台、公共绿地、道路、共用设施等的利用和专项维修资金等分摊费用的收取和管理。"这些事项均与区分所有建筑物管理区域内全体业主的基本利益相关……《管理规约》的内容通常更加贴近生活,更加追求实务性,也更具有可操作性,可以作为法律规定的一种必要有益的补充。"②在本案,建筑物区分所有中专门用于商业经营的,在商厦业主代表大会上制定的《业主委员会章程》和《业主公约》便属于管理规约。其中《业主委员会章程》中,关于业主代表大会的议事规则、物业管理企业的选聘事项、各种资金和经费的使用等方面的条款约定,其在内容上属于对商厦共有部分的利用和成员权的行使的规定,因此该部分内容符合法律和法规的要求,是合法有效的。

**四、管理规约的效力范围:专有部分**

"区分所有权的专有部分是区分所有权人可以自由使用、收益、处分,并排除他人干涉的部分。"③业主对于其专有部分享有完整的所有权,每个业主对于共有部分的共有权和成员权,都是基于其专有部分的所有权而取得,所以每个业主都不能随意对其他业主专有部分的使用

① 谢在全:《民法物权论》(上册修订版第2版),2003年自版,第420页。

② 刘智慧:《论业主共同决定事项范围的确定——以区分所有权解释第7条的适用为中心》,载《政治与法律》2009年第8期。

③ 谢哲胜:《民法物权》(增订版第2版),台湾三民书局股份有限公司2009年版,第165页。

进行干涉,否则便构成对于他人所有权的侵犯。建筑物区分所有中管理规约的内容主要涉及业主的共有部分,但也可能涉及各个业主的专有部分。这是由区分所有建筑物本身的性质所决定的,因为虽然各个业主对其专有部分享有所有权,但这些专有部分毕竟存在于建筑物整体之中,局部不能脱离整体,也不能危害整体。所以在涉及建筑物区分所有之全体业主共同利益的情形下,建筑物区分所有的业主团体可以决定对于某些业主专有部分所有权进行限制甚至剥夺之。

对于专有部分的限制只能是出于业主共同利益的考虑,因此对于共同利益判断标准的确定关乎民事主体所有权的保护,兹事体大。然而,正如征收征用中的"公共利益"概念一样,对于业主共同利益的判断亦非易事,因为"所谓共同利益,乃不确定法律概念,区分所有权之行使是否违反共同利益,应就各个具体事件,就区分所有人行为本身之必要性、区分所有人因此所受之利益以及使他区分所有人所受不利益之程度等各种情事通盘考量,依社会一般通念决之"。[①] 参照《物权法》第83条及最高人民法院《关于审理建筑物区分所有权纠纷案件具体应用法律若干问题的解释》第15条的规定,当业主在行使其专有部分所有权时,如果从事了损害房屋承重结构的行为,或者从事了损害或者违章使用电力、燃气、消防设施的行为,或者在建筑物内放置危险、放射性物品等危及建筑物安全或者妨碍建筑物正常使用的行为,以及排放污染物或者噪声、违反规定饲养动物、违章搭建、侵占通道、拒付物业费等行为时,便可以认定其行为有损业主的共同利益,因而管理规约可以就此对业主专有权的行使作出相应的限制性规定,以维护业主的共同利益。我国台湾地区的"公寓大厦管理条例"规定,当业主存在严重违反相关法律和管理规约的情形时,区分所有权人会议甚至可以作出决议,诉请法院强制该业主迁离本建筑物。

在本案中,该建筑物作为商厦而不是民宅,决定了各个业主对其专有部分的使用应当符合楼宇整体的经营目的和方案,这是商厦业主专有部分所有权所应当受到的合理限制。但是,"专有部分之所有权人与一般之所有权人一样,故区分所有人对其专有部分,得依照其本来的用

① 谢在全:《民法物权论》(上册修订版第2版),2003年自版,第397~398页。

途使用之”。[①] 对于商厦业主而言,其专有部分所有权的内容中最重要的就是经营自由,即有权在其专有部分从事合法的经营活动而排除他人干涉。管理规约可以在经营管理上制定宏观的指导方案和建议,但不能以多数决的形式剥夺业主的经营自由。而在业主大会上通过的《公约》及其后来的修订条款中,部分条款涉及对于商铺经营管理的具体规定,甚至要求所有业主都必须交由第三人来从事统一的经营管理,由此遭到了部分业主的抵制。虽然采取委托专业公司进行统一经营管理的方式可能更能促进商厦的整体盈利能力,但部分业主对此方案的拒绝尚不构成对业主共同利益的违反,因为其个别经营并不会直接导致其他业主的营业困难。因此,本案中管理规约涉及对业主经营管理方式的规定超出了其效力范围,构成对业主专有部分所有权的侵犯,因此该部分内容应属无效。

**五、本案中管理规约的效力判断**

在本案中,业主大会上制定的《章程》第 19 条第 3 款赋予了业主委员会选聘物业管理企业与经营管理企业并与之订立、变更物业管理聘用合同和经营管理委托合同的权利,该条规定不仅会侵犯业主的专有权,而且其规定本身也超越了业主委员会的权限。而同时制定的《公约》第 3 条规定:“业主委员会可以通过招标或其他方式选聘经营管理公司,并与业主代表大会选定的经营管理公司订立、变更或解除委托经营管理合同。选聘的经营管理公司有权对商场经营布局进行统一设计装修,统一布局,统一经营,统一管理,统一财务核算。”2006 年 9 月 29 日,仅根据部分业主的提议便对《章程》和《公约》进行了修改,增加规定业主委员会可根据多数业主意见,授权经营企业对整体布局进行调整、招商等内容,对于此种修改仅有四成业主签字同意。可见,此次对管理规约的修改无论在内容上还是程序上均不符合《物权法》等法律法规的要求,其修改是无效的。随后,业主委员会依据修改后的管理规约与第三人(某经营服务有限公司)签订了《委托经营管理合同》,剥夺了业主的自主经营权,由此引发纠纷。

对于业主委员会与第三人所签订的《委托经营合同》的效力问题,

① 刘得宽:《民法诸问题与新展望》,台湾五南图书出版有限公司 1995 年版,第 30 页。

也存在一定的争议。一种观点认为,基于商厦商铺的整体关联性,从大多数业主的利益出发,有必要对少数业主的权利做出一定的限制,因此本案中的管理规约不违反法律或行政法规的强制性规定,应认定为有效。另一种观点则认为本案中管理规约涉及经营方面的内容违反了《物权法》和《物业管理条例》的规定,应认定为部分无效,同时业主委员会与第三人签订的《委托经营管理合同》超越了其职权范围,应当认定为无效。第三种观点认为,虽然本案管理规约中涉及经营管理事项的约定无效,但其他的内容仍然有效,因此业主委员会与第三人签订的《经营管理合同》是合法有效的,少数业主虽享有经营自主权,但是为了商场的统一管理需要(如装修、防火通道、铺位布局等),应该服从商场的统一整体管理,双方可以签订有条件的经营管理合同,由业主向第三人交纳一定管理费用。笔者赞同第二种观点,因为对于商铺业主而言,自主经营权是其行使专有部分所有权的重要内容,其有权拒绝将其商铺交给第三人经营管理。除非是基于法律的明确规定或业主整体的共同利益,否则管理规约不得随意限制业主专有权的行使。尽管多数业主愿意采取统一委托经营管理的模式,但此种利益只是多数业主的一种经济利益,并不能构成业主基于建筑物区分所有而形成的共同利益,不能因为多数业主的经济利益而剥夺少数业主的自主经营权。本案中作为管理规约的《章程》和《公约》中涉及经营方面的内容违反了《物权法》和《物业管理条例》的规定,依法应当认定为部分无效。在部分业主的提议下对管理规约的修改在程序和内容上均不合法,其修改的内容无效。因此,业主委员会与第三人签订的《委托经营管理合同》涉及对业主专有权的处分,超越了管理规约的效力范围和业主委员会的职权范围,是无效的,该合同不能对拒绝委托经营管理的业主发生效力。除非少数业主明确表示放弃自主经营,同意委托经营,否则其自主经营权不得被管理规约所剥夺。

**六、结语**

在业主所享有的专有权、共有权和成员权这三种权利中,其专有部分的所有权是其他两种权利的根基和源泉,因此必须尊重和保护业主的专有权,这也是区分所有建筑物中业主进行团体自治的前提条件。建筑物区分所有的管理规约,其内容应当在尊重业主专有权的基础上寻求业主共同事务的自治,除了法律的明文规定之外,管理规约对于业主专有部分权利行使的限制只能限于和全体业主的共同利益,而且此种限制应当符合比例原则,尽量在少数业主利益和全体业主利益之间取得保护的平衡点。除此之外,管理规约对于业主专有权的限制,应当基于业主的同意而为之,此种同意必须是所涉及的每个业主的具体同意,多数业主的表决同意并不能成为限制和剥夺少数业主专有权的理由。"我国对个人财产所有权保护的观念在不断提升,财产所有权保护方面的立法在不断加强,在这种趋势下,我国应当借鉴德国和其他欧美国家的做法,在立法中明确规定订立和修改均需全体区分所有权人一致同意的、真正的'业主公约',使之成为全体区分所有权人稳定生活的坚实基础。"①在本案中,作为原告的多数业主,基于在业主大会上以多数票表决通过的管理规约以及业主委员会据此与第三人签订的委托经营合同,就要求少数业主同意并参加该委托经营合同,正是出于对多数决效力的不正确理解,将管理规约的效力范围扩大到了对业主专有部分所有权的处分上,因此导致"多数"与"少数"双方诉诸公堂。商厦中部分业主固然可以让渡其经营权给第三人行使,但不能以多数业主的自愿来代替少数业主是否自愿的判断。因为将商铺交由第三人经营,本身就是多数业主行使其专有权的一种体现,而拒绝委托经营,也是少数业主行使其专有权的一种方式,两者均应受到尊重。如果多数业主制定通过的管理规约侵害了少数业主的合法权益,则少数业主可以行使物权法所赋予其的撤销权,将管理规约的效力限制在法律所允许的范围之内,使之不至于构成对业主专有权的侵害。

① 白江:《传统与发展:德国建筑物区分所有权法的现代化》,载《法学》2008 年第 7 期。

# 论《物权法》中相邻关系规范的性质*

**摘　要**：我国《物权法》中关于相邻关系的规范，大量使用“不得”和“应当”的强行性用语，但我们在阅读《物权法》文本时，不应完全限于字面用语的原初含义，而应具体分析其在物权法体系中应有的作用和性质。其中“不得”的规范具有保障基本人权、便于与公法衔接的功能，应为强行性规范；而“应当”类的规范应有当事人意思自治、自由协商的余地，以促进物尽其用，但当事人双方的约定不具有对抗第三人的效力。

**关键词**：相邻关系规范；意思自治；强行性规范；任意性规范

“相邻关系规定的内容虽多为‘不得’或‘应’，其性质真正属于行为禁止规范者毕竟还是少数。”

——苏永钦①

## 目　次



* 本文原载于《社会科学研究》2008 年第 3 期。

① 苏永钦：《私法自治中的经济理性》，中国人民大学出版社 2004 年版，第 231 页。

三、相邻关系规范中应有当事人意思自治的空间
四、结论

## 一、对我国物权法中相邻关系规范的文义解读

法律通过各项具体的规则来实现其对社会的治理,民法更是通过各项法律规范来调整人们的现实行为,并为未来的行为提供指引和预期。对于法律规范,从不同的标准可以作出不同的分类,而从法律规范内容上对人们行为的强制限制程度来区分,可以将法律规范区分为强行性规范和任意性规范,强行性规范是"无论当事人的意思如何,都强制性地调整当事人的法律关系"。[①] 而任意性规范则是可以"得通过交易当事人的约定排除其适用的法律规范"。[②] 就整体而言,民法是私法的典型代表,因此民法中应当有较多的任意性规范,允许当事人的私法自治,例如合同法等内容。但是民法调整的范围中有许多涉及不特定他人的利益,因此民法并不总是由任意性规范构成的,例如物权法中就有较多的强行性规范,因为"物权是一种对物直接加以支配的权利,它具有强烈的排他性,直接关系到第三人的利益和交易安全,因此不能允许当事人通过合同自由创设物权"。[③] 事实上,物权法所具有的较多的强行性规范,也构成了物权法与合同法的一大区别。物权法的这种强行性也同样反映在其有关相邻关系的规范之中。

《物权法》所有权编的第七章是关于相邻关系的专章规定,共有9个条文。在这9个条文中,"不得"一词出现了3次;"应当"一词出现了8次,其中有7次是关于相邻关系中权利行使规则的规定;"可以"一词只出现了1次。按照我国法理学通常讲授的法律规范的分类,强行性规范乃是当事人必须遵守的行为规范,其标志便是法律规范中出现"禁止""不得""应当""必须"等词;而"可以"等词才是任意性规范的典型用语,当事人才可以自由约定适用与否以及如何适用。在《物权法》关于相邻关系的9个条文中,使用"可以"一词的,仅是关于在法律、法规

① 谢鸿飞:《论法律行为生效的"适法规范"——公法对法律行为效力的影响及其限度》,载《中国社会科学》2007年第6期。

② 王轶:《物权法的任意性规范及其适用》,载《法律适用》2007年第5期。

③ 王利明:《物权法研究》(上卷修订版),中国人民大学出版社2007年版,第163页。

对处理相邻关系没有规定的情况下可以适用当地习惯的规定，而该章中涉及到相邻关系行使的具体规则，全都使用的是“不得”与“应当”两词。从《物权法》的条文表述来看，相邻关系规则乃是典型的强行性规范，当事人并无自由协商的余地。

## 二、对“不得”和“应当”规范的具体分析

《物权法》之所以将相邻关系作为一种法定权利加以规定，是因为在现实生活中，相互邻接的不动产“由于化学或物理之作用，或多或少必会影响邻接之土地或不动产之用益。受影响之不动产所有人若动辄以其所有权受妨害，而行使其所有权保全请求权，必将使邻接之土地陷于无从用益之窘境，易地而处又何当不然”。[①] 在如此容易引发纷争的权利边界，法律的适当介入，为当事人强行制定一个权利的界碑，减少日常琐事的大量纷争和诉讼，其立法目的是在总体上促进社会的和睦，节约社会资源，避免人们把精力都投入到不必要的诉讼之中，徒增诉累。“问题在于，相邻关系规定中有哪些是行为禁止规范，哪些仅是物权调整规范，完全不具有禁止或强制为一定行为之意？”[②]物权法中相邻关系规范的强行性文义用语，是否完全排斥当事人的意思自治与自由协商？物权法为民法中的重要组成部分，不应完全不具民法之意思自治的特色，所以我们在阅读《物权法》文本时，不应完全限于字面用语的原初含义，而是应当具体分析这些用语在物权法体系中应有的作用和性质。

### （一）对“不得”规范的具体分析

《物权法》中使用“不得”一词来进行规范的相邻关系行为，全都集中在第89条至第91条这3条之中，其所强性禁止的行为同样也可以分成三类：第一类是建造建筑物违反国家有关工程建设标准，妨碍相邻建筑物的通风、采光和日照的；第二类是违反国家规定弃置固体废物，排放大气污染物、水污染物、噪声、光、电磁波辐射等有害物质的；第三类是挖掘土地、建造建筑物、铺设管线以及安装设备等危及相邻不动产的安全的。从内容上看，这三类“不得”进行的行为，或者是侵害相邻权利人的通风采光日照权的，或者是危害相邻权利人身体和精神健康的，或

① 谢在全：《民法物权论》（上册修订版第2版），2003年自版，第289页。

② 苏永钦：《私法自治中的经济理性》，中国人民大学出版社2004年版，第219页。

者是危及相邻不动产权利人人身和财产安全的。通过对这三条规范的内容分析，我认为《物权法》在此采取“不得”的强行性禁止态度，有其正当性和合理性：

第一，为了保障基本人权。在现代社会，保障人权不仅意味着应当保障人的基本生存权，而且还应当保障人作为社会的主体在其所处的社会环境中体面、健康地生存的权利。如果一方建造的建筑物违反了国家有关工程建设标准，妨碍了相邻建筑物的通风、采光和日照，则剥夺了相邻不动产权利人进行正常通风、采光和享受日照的权利，而阳光和新鲜流动的空气是人们健康的生活所须臾不可或缺之物。“通风、采光、日照不仅是维持人们基本生产生活的要求，也是最低限度的生活条件，这也在某种程度上涉及个人的尊严的问题。”[①]如果相邻的建筑物间距过窄且过高，完全将另一方的房屋笼罩在阴影下，则另一方权利人不得不常年生活在阴暗潮湿和沉闷的环境中，纵然一方给予另一方一定的经济补偿以换取同意，法律也采取强行性的规定来禁止和拒绝一方当事人以经济补偿的方式来完全购买对方当事人的基本人权。同其道理，如果一方在自己的不动产之上从事污染物、噪声、电磁波辐射等危害活动的，或者大肆改造房屋导致房屋有可能倾倒而将他方当事人的人身财产置于现实的危险之中的，法律不会坐视一方对另一方基本人权的金钱收买，而是做出禁止性规定。

第二，便于与公法衔接。物，尤其是不动产，不仅是个人权利的标的，而且与他人、与社会公众都具有密切的利益联系。绝对的、不受限制的所有权观念已经陈旧，现代社会的所有权都是受到社会公益方面的诸多限制。譬如权利人的不动产，既要受到政府的城乡规划，不能随意选址建造，同时还要遵循政府部门对房屋质量、消防、环保等方面的诸多要求。因此，在政府积极干预社会经济生活的现代社会，纵然是私法领域的民法，也难免留下国家干预市民生活的痕迹，这是不可避免的，也是必要的，因此，民法必须注意与相关联的公法性、管理性规范的衔接，即民法须能“容让公法”，[②]方能使民法与其他法律部门协调好彼此之间的关系，共同维持社会的良性运作。而《物权法》的这 3 条规范，

---

① 王利明：《物权法研究》（上卷修订版），中国人民大学出版社 2007 年版，第 657 页。

② 苏永钦：《民事立法与公私法的接轨》，中国人民大学出版社 2004 年版，第 56 页。

就便于与相关公法的衔接。这些规范是公法介入私法的表现,其背后都有相应的公法规范存在的影子。

具体而言,这3条规范涉及的是国家工程建设标准,弃置固体废物、排放各种污染物等有害物质的规定,以及相关施工及建筑物安全的标准,与这些规范紧密衔接的公法规范有《城乡规划法》《环境保护法》《建筑法》《建设工程质量管理条例》《环境噪声污染防治法》等。《物权法》中这3条规范的存在,为这些公法规范介入私法,参与管理权利人对不动产权利的行使行为,留下了接口和余地。并且这些单行法律法规的修改,远较作为未来《民法典》组成部分的《物权法》为易,所以可以根据市貌的变迁、时代的变化而及时进行修订,却不必因此而频频修改具有私法根本法性质的《民法典》,从而保持民法典的稳定性。

(二)对“应当”规范的具体分析

《物权法》对于“应当”的规定,其内容主要是关于邻里之间的用水、排水、通行、铺设管线等而需要利用他方不动产的行为。这些内容是为了生活的便利,必要但非必需,不似日照、采光、通风等权利一样涉及基本人权。从字面意义上看,“应当”一词具有法律上强行性要求之义,然而,相邻关系固然是为保障相邻不动产权利人之间各自权利行使中的必要延伸,以保证所有权的完整行使,但行使权利毕竟是民事主体的个人行为,是属于私法上意思自治的范畴,法律为何不允许当事人自由协商?试举一例:《物权法》第86条第2款规定:“对自然流水的利用,应当在不动产的相邻权利人之间合理分配。对自然流水的排放,应当尊重自然流向。”那么假如甲乙为同一条小河流沿岸的两户居民,甲在乙的上游,对于该条河流的利用,依照物权法则应尊重河流的自然流向而为,但如果甲希望在乙的上游筑一个小水坝养鱼养虾,同时甲对于乙承受的水流量减少的不利后果,愿意支付一定数额的金钱补偿,乙对此表示完全同意,并且这种行为实施后不会影响他人的生活。那么甲和乙的行为就并没有尊重自然流水排放的自然流向,而是以人为约定的形式进行了改变,此时甲乙违反了《物权法》中以“应当”形式做出的强行性规定,其行为的效力如何?

相邻关系与地役权的区别,其中一个便是法定与约定的关系,但是为什么会有此种差异?我认为,其原因在于相邻权(相邻关系)既然是所有权的必要延伸，那么行使所有权时常不得不涉及相邻关系，对于一种日常所需而当事人自行磋商成本较大的权利，由法律出面进行最低限度的界定，利用法律的权威性在当事人之间推行法定规则，可以省去当事人之间大量的磋商成本，这也是法律的社会作用之一，即法律替社会节约成本。“土地相邻，其权利行使彼此互有影响，若各所有人皆得主张自由使用、收益、处分其所有物，并排除他人之干涉，势必造成冲突，因此必须在一定范围内加以规范，以保障土地充分利用，维护社会生活。”①但是法律是一种规则之治，具有普遍性，关注的是社会的普遍正义，而对于个别正义则难免不适。相邻关系的目的既然在于保障双方当事人都能够依照自己的意愿正常使用其不动产，那么相邻关系的法律调整应以当事人双方的同意为界限，只要双方当事人对相邻不动产的利用达成了一致意见，并且此种一致意见并不违反民法的基本原则，则法律的目的已经实现，可以允许当事人的意思自治。因此，应理解为“‘不得’，原则上指的是不具有此一权能，而非其行为为法律秩序所不容；‘应’原则上仅指与相邻土地间义务或不利益的分配，而非法律秩序课予一定行为义务”。②

所以，即使双方当事人的约定改变了《物权法》相邻关系中以“应当”形式做出的规定，只要这种约定不违反公序良俗、诚实信用等民法的基本原则，那么这种约定在当事人之间就是有效的，法律应当尊重当事人的这种约定。在上例中，甲乙两户居民自愿约定改变小河流的自然流向而加以利用，这种约定应是有效的，甲完全可以按照约定来利用该水流并向乙支付价款。

事实上，《物权法》关于相邻关系一章中已经明确指出，法律调整相邻关系的目的和原则在于“有利生产、方便生活、团结互助、公平合理”，而且《物权法》的一些具体规则也暗含了尊重当事人意愿的意思。仍以第 86 条第 2 款为例，该款前段为：“对自然流水的利用，应当在不动产的相邻权利人之间合理分配。”既然是合理分配，那么合理的标准很难有一个整齐划一的客观标准，合理与否，主要是看当事人双方的心理感

---

① 王泽鉴：《民法物权第一册：通则·所有权》，中国政法大学出版社 2001 年版，第 210 页。

② 苏永钦：《私法自治中的经济理性》，中国人民大学出版社 2004 年版，第 219 页。

受。如果上例中甲方改变水流的自然流向加以利用，同时向乙支付一定的补偿费用，乙对此表示同意，那么此时对于自然流水的利用，在相邻的甲乙之间应当是合理的分配，甲多利用一些水流，而乙获得额外的金钱补偿。

### 三、相邻关系规范中应有当事人意思自治的空间

#### （一）“应当”类的规范应允许当事人意思自治

“民法上之相邻关系，其制度之目的，原在调节相邻不动产所有人之互相间对土地之利用，以维持邻居之和平相处。”[①]在公法渗透私法的今天，相邻关系规范中不仅包括了法律为相邻权利人之间的和平相处而作出的各种规定，还包括了一些衔接公法性规范从不动产社会管理的角度做出的规定，因此，对于相邻关系规范应当分其内容区别对待。

对于“不得”类的三个条款，因为涉及不动产权利人的基本人权，不容抛弃，也不容改变，所以乃是真正的强行性规范，当事人双方不得自行约定进行改变。如果双方自行约定改变了这些规定，比如双方约定一方当事人可以在自己房屋内从事制造大量噪声的活动，另一方对此危害行为表示同意并接受金钱补偿。则此约定违反了《物权法》以及《环境噪声污染防治法》的强制性规定，制造噪音的一方当事人行为会被环保机关查处、罚款并责令停止，同时双方当事人之间的此种约定也属无效，一方不得依据此种协议而继续制造噪音，而另一方受领的金钱补偿属于不当得利，依据《合同法》第 58 条的规定，应当予以返还，不能返还或者没有必要返还的，应当折价补偿。有过错的一方应当赔偿对方因此所受到的损失，双方都有过错的，应当各自承担相应的责任。

而对于《物权法》中规定为“应当”的相邻关系规范，主要是因用水、排水、通行、建造、修缮建筑物以及铺设电线、电缆、水管、暖气和燃气管线而需要利用土地的事项，这些事项属于不动产权利人利用自己不动产所必须具有的权利，否则其不动产物权是不完整的。但是，对于这些利用不动产以及要求相邻不动产权利人进行配合的方式在不违反民法的公平正义、公序良俗等基本价值原则的前提下，应当允许当事人双方进行自由协商。双方当事人可以就相邻关系中各自权利的行使方式、

---

① 陈荣宗：《相邻地必要通行权》，载郑玉波主编：《民法物权论文选辑》（上），台湾五南图书出版有限公司 1985 年版，第 222 页。

补偿标准、期限等进行充分的自由协商，当然，不动产权利人对于这些对应于“应当”类的权利，如果不需要行使，也可以抛弃之。[①] 这些都有双方当事人进行自由协商的余地。

（二）允许当事人意思自治可以促进物尽其用

允许当事人对相邻关系中的大部分行为规则进行意思自治，不仅弘扬和贯彻了作为民法核心理念的意思自治思想，而且在不动产资源日趋紧张稀缺、注重经济效益与合理的今日，更有促进物尽其用的功能。此即“民法上有关不动产相邻之制度之存在理由……其主要目的已不再专为调和个人所有权之利害关系，而在促进物尽其用之社会利益也”。[②]

市场化是宏观层面上资源优化配置的最佳途径，而在微观层面上，允许当事人之间对于相邻关系规则的行使方式进行自由协商，而不是由法律一律进行强行安排，则可以将权利更多地配置给最有需求的当事人，同时由其对对方当事人进行有效的补偿，这样就在双方同意的情况下进行了权利产权的优化配置。这也是在具体民事主体之间进行资源的市场化配置方式之一。“大部分‘民法’相邻关系规定的作用仅在于避免特殊土地状况拉高交易成本，而非禁止交易。”[③]因为当事人本人更清楚各自的需求、收益和成本，而法律的划一规定并不如当事人的协商有效，因此允许当事人进行协商，最能实现物尽其用。《物权法》对相邻关系规范的大部分规定，只是为当事人设置了一个产权界定的基本模型，双方当事人在遵守民法基本原则的前提下可以进行自由博弈，平等协商，在双方同意的基础上寻求自己利益的最大化。《物权法》中关于“应当”的规定，“只是使获得特定利益的民事主体取得了与其他民事主体讨价还价的资本，从而使其在放弃法律所赋予的权利时，能够获得相应的对价。此类规范，都非所谓强行性规范”。[④] 所以当事人依照各自需求，在诸如通行道路的位置、通行方式或者管线铺设的路线等事项

① 参见王利明：《物权法研究》（上卷修订版），中国人民大学出版社 2007 年版，第 667 页。

② 陈荣宗：《相邻地必要通行权》，载郑玉波主编：《民法物权论文选辑》（上），台湾五南图书出版有限公司 1985 年版，第 222 页。

③ 苏永钦：《私法自治中的经济理性》，中国人民大学出版社 2004 年版，第 228 页。

④ 王轶：《物权法的规范设计》，载《法商研究》2002 年第 5 期。

上进行意思自治，对彼此不动产之间权利的行使达成一致意见，其行为是有效的，并且实现了《物权法》促进物尽其用的功能。

(三)当事人双方的约定不具有对抗第三人的效力

当事人之间对相邻关系中权利义务的具体行使及履行方式进行自由协商、签订合同自然应当认定有效，但是这种双方当事人之间的内部约定并不能对抗第三人。“相邻关系规定主要是在调整相邻关系人间之私权利冲突……当事人间仍不妨作不同之约定或予以抛弃，但此项约定仅具债之效力，约定当事人间固应受其拘束，非当事人之第三人例如得主张相邻关系通行权土地之受让人自不受拘束。”①

其原因在于，双方当事人之间的约定乃仅具有债的效力，而债的效力具有相对性，仅能约束合同双方当事人，不能对他人产生约束效力。同时，双方之间的约定不具有公开性，他人也难以得知，纵然得知，第三人并没有参与缔约，不是合同当事人，自然不受合同效力的拘束。因此，第三人无须善意，无论其是否得知相邻不动产权利人之间的约定及其内容，其都不受该约定的拘束。例如，有相邻两户之间关于通行问题达成协议，允许时常晚归的一方于每日夜间仍得开车穿行另一方的庭院，而每月向另一方支付一定数额的补偿。则纵然有第三人知道该协议的存在及其具体内容，在其成为一方不动产的买受人时，非有特别约定，仍然不受该约定的约束。

当事人双方的约定不具有对抗第三人的效力，主要适用于第三人成为其中一方不动产权利的买受人的情形。当一方出售其不动产时，即使其与邻接不动产权利人之间的合同尚未到期，买受人也不受该合同的约束。买受人仍得依据《物权法》的规定及具体情形，向相邻方主张不同的相邻关系行使方式。例外的情形是，买受人在购买不动产时，作为购买合同条款的一部分内容，同意对相邻关系的合同也一并继受，或者单独约定继续承受此种约定，则买受人自愿成为合同的当事人，那么合同自然对其发生效力，先前约定的相邻关系形式仍得延续下去。

**四、结论**

《物权法》中关于相邻关系的规定，毕竟属于调整当事人私人之间

---

① 谢在全：《民法物权论》(上册修订版第2版)，2003年自版，第291页。

利益关系的规范，除少量关系公法性质的管理规定以外，大多数规范应当属于任意性规范，或者仅发生指引作用的倡导性规范。相邻关系规范“虽涉及公益，多属间接，应容留当事人私法自治空间”。[①] 我国《物权法》的立法过程中，两部主要的专家学者草案建议稿在关于相邻关系规范的内容中，事实上采用了较多的任意性规范，在为当事人设立基本行为模式的基础上，常允许当事人双方对具体权利的行使事项进行协商，其相邻关系一章中多次出现的用语是“有权请求”“可以请求”，[②]或者是“从其习惯”，[③]其尊重当事人意思自治的色彩甚浓。但是立法机关颁布的《物权法》中关于相邻关系一章的规定，却通篇充斥着“不得”“应当”的强行性规范用词，几乎完全剥夺当事人的意思自治空间。我们要想让《物权法》能够在现实生活中较好地实施和被遵守，就应当不局限于《物权法》的字面文义和用词，因为立法机关用词的不科学和不严谨将会导致法律在现实中实施的困难和被规避。我们应当从《物权法》的核心价值和基本原则出发，从法律行为的效力出发，去分析相邻关系规范的性质，区别该章中所用“不得”和“应当”二词所真正对应的规范效力，在解释相邻双方对相邻关系的约定的效力时，应认真区分此类约定是否违反前述3条衔接公法管理的规范，若无，则应允许当事人双方在“应当”的法定模式下仍得享有自行协商、意思自治的空间和自由。

---

① 王泽鉴：《民法物权第一册：通则·所有权》，中国政法大学出版社2001年版，第212页。

② 参见王利明：《中国民法典学者建议稿及立法理由：条文、立法理由、参考立法例（物权编）》，法律出版社2005年版，第219~234页。

③ 参见梁慧星：《中国物权法草案建议稿：条文、说明、理由与参考立法例》，社会科学文献出版社2000年版，第315~363页。

# 论产权式酒店的经营模式*

**摘　要**：产权式酒店符合物尽其用、资源共享的现代理念，具有置业、休闲度假、投资、保值的多重复合功效，在我国现阶段发展前景良好。产权式酒店的委托合同经营模式下，存在委托合同一次性、短期性、不稳定性以及酒店经营者自主权较小、业主出租抵押房间等风险；租赁合同经营模式也存在租赁期限不长、标的物在出租前已按揭抵押的问题；而信托经营模式则具有稳定性和长期性、经营者较大的自主性、信托财产的独立性、信托受益权的可转让性等优势。一旦具有可操作性的信托登记制度在我国建立起来，则产权式酒店便可以采取信托的经营模式，借助信托制度的优势，以充分发挥产权式酒店的多重功效。

**关键词**：产权式酒店；业主；委托合同；租赁合同；信托登记

## 目　次



---

* 本文为2013年3月9日中国民法学研究会、福建省法学会民商法学研究会、福建师范大学法学院、华东政法大学民法研究中心联合主办的“产权式酒店暨第四届华东民商法论坛”的参会论文，事后进行了修改，未刊稿。

四、产权式酒店的租赁合同经营模式
五、产权式酒店的信托经营模式

## 一、产权式酒店的概念、起源与前景

产权式酒店是指投资者取得酒店房间的所有权,除部分时间自己使用之外,统一将其他时间委托给酒店管理公司经营,自己获取红利的经营模式。例如,《海口市产权式酒店管理暂行办法》第3条就将产权式酒店界定为:“是指建设单位开发建设后将客房产权分割出售,酒店配套经营性用房及设施由建设单位或酒店产权人所有并由其统一经营管理的酒店。”而无论何种定义,产权式酒店都必须包括几项核心要素:业主出资购买酒店客房的所有权,归不同业主所有的酒店客房统一交给一个主体进行酒店式经营管理,经营所产生的利润按照约定与全体业主分享。

在世界范围内,产权式酒店的概念发轫于欧洲,并且是从分时度假酒店(timesharing,timeshare)的概念中慢慢演化出来的。“1963年,德国人亚历山大奈特(Alexander Nette)在他位于瑞士提西诺(Ticino)的饭店中首先创造出‘分时度假’的原始概念……”①“1967年,位于法国阿尔卑斯地区的SuperDevoluy滑雪度假地为了吸引游客前来滑雪度假,由法国著名的建筑公司Société des Grands Travaux de Marseille负责设计并建立了第一个分时度假酒店。这是全球第一个标准的分时度假酒店。”②产生这一概念的背景,是20世纪70年代欧美发达国家进入“丰裕社会”的大背景,在此种社会中,中产家庭成为社会主流,当温饱问题早已解决之后,富裕的人们追求生活品质的提高,其中在国内甚至世界范围内旅游便成为人们热衷的休闲娱乐方式。因此,当有房地产商在地中海沿岸开发建造了大量的海滨别墅时,欧洲、北美的一些富人们便纷纷前去购买。但因为他们不在当地工作,只有到度假时才能来住上一段时间,所以海滨别墅大部分时间都闲置着。“后来,法国有12个家庭在阿尔卑斯山合买了一套房子,约定每户拥有1个月的使用权,大家

① World Tourism Organization, *Timeshare: The New Force in Tourism*, 1996, p. 3.

② Daniel Desurvire, *Le timeshare ou la multipropriété échangée*, 2000, S. 38; Thomas Merkel, *Die touristische Bedeutung von Timesharing*, 2005, S. 7.

轮流来该别墅度假居住，这样就解决了房子闲置的问题。随后，这一举动引来了种种效仿，并立即在瑞士和欧美传播开来，之后的20年中逐渐向北美、加勒比海地区以及太平洋地区发展，成为一种颇受青睐的投资方式。”[①]在人民的生活水平提高之后，分时度假酒店便应运而生，此后便发展出产权式酒店的形式。

在中国，产权式酒店行业具有良好的发展前景，而且是一种必然的趋势，原因在于：

第一，中国已经逐渐步入富裕社会的发展阶段，具备产权式酒店的消费能力。中国自改革开放之后，人们的生活水平日渐提高，并且已经在全国范围内基本解决温饱问题，大多数地区也已达到小康的生活水平，人们正步入中产阶级、富裕生活的范围。在这样的社会发展阶段，人们在工作、生活之余，自然也会追求更高层次的精神享受。所以社会发展到今天，产权式酒店在中国已经具备了兴起的社会基础。产权式酒店的房价，一般比相同地段相同楼盘的价位高1.5倍甚至2倍，可谓价格不菲，但许多家庭已经具备了此种消费能力，并不缺乏顾客群体。事实上，旅游资源得天独厚的海南省三亚市早在1995年最先引入了产权式酒店模式，2000年左右，北京、海口、广州、长沙等地相继也涌现了各种形式的产权式酒店。随着房地产业和旅游业的蓬勃发展，如今产权式酒店更是成为全国各大城市酒店业和房产业发展的热点、亮点。例如，福建省政府2016年3月发布的《福建省“十三五”旅游业发展专项规划》（闽政办〔2016〕34号）中，就提出要在多个旅游度假区修建“产权式度假酒店”。

第二，产权式酒店符合物尽其用、资源共享的现代理念。产权式酒店一般都选址于风景区或人文景观等地。例如，《海口市产权式酒店管理暂行办法》第5条便规定：“产权式酒店应当在旅游度假区、景观区、文化风景区和交通便利、配套设施完善的区域建设，开发用地应当符合土地利用总体规划、城市规划和特定地区规划。”自古便受“读万卷书，行万里路”训导的中国人，对于名山大川、名胜古迹的热爱程度，丝毫不亚于西方发达国家人们对自然美景的热爱。然而，全国范围内甚至世

① 朱靖阳：《论产权式酒店开发的法律问题》，载《湖北经济学院学报》（人文社会科学版）2006年第7期。

界范围内，最具有参观价值的自然景观和人文景观，都是极为有限的。在风景秀美之处居住，是每一个人的梦想，但是这些地方只能容纳有限的房屋和人口，否则就会将环境破坏殆尽。而且绝大多数人到风景区只是进行旅游，这就意味着并非常住，而只是偶尔游览至此。如果为了满足每年甚至数年才会有的几天时间的观赏之欲，而在风景区修建不动产，则必将造成房屋长期处于空闲状态，而且影响他人对于风景区的观赏和居住。所以在景区兴建产权式酒店，既能够满足投资者的休闲需求，又能够通过开设酒店的方式惠及大众，此种新型的房产投资和消费模式完全符合物尽其用、资源共享的现代理念，能够最大限度发挥各地的旅游价值。

第三，产权式酒店具有置业、休闲度假、投资、保值的多重复合功效，商业价值较大，能够满足人们的多种需求。对于酒店的开发商而言，产权式酒店有利于开发建设资金的回笼，减少资金压力。开发商可以在建成之初就将客房出售，迅速收回资金，“酒店将回笼的资金用于增加配套设施、归还银行贷款等，盘活了资金，使酒店有了活力”。[①] 对于业主而言，产权式酒店更是具有多重复合功效。首先，产权式酒店能够让业主取得不动产的产权，满足人们的置业欲望。“产权式酒店与分时度假是旅游休闲消费与房地产置业相互联姻的产物。”[②]其次，产权式酒店一般都会给予业主固定期限的免费入住时段，满足业主的休闲度假需求。再次，产权式酒店如果经营得当，业主每年能够从经营者那里获得一定比例的利润，此种利润率完全有可能高于存款利率，因此可以作为一种有效的投资方式。最后，我国已经进入通货膨胀时期，物价上涨较快，“当通货膨胀发生时，消费品的价格大幅度上涨，单位货币的购买力大幅度下降，房地产这种特殊商品的价格必将会水涨船高，而且涨幅远远超过了 CPI。近几年房产价格的走势已经证明了这一点”。[③] 产权式酒店也是投资不动产的一种方式，而且是稳健的投资方式，能够有

---

① 何原荣、唐黎、李明峰：《产权式酒店开发经营模式新论》，载《特区经济》2006 年第 7 期。

② 王熙兰、刘月红：《产权式酒店在中国发展现状浅析》，载《桂林旅游高等专科学校学报》2003 年第 6 期。

③ 贺小燕：《产权式酒店投资的机遇与风险》，载《发展研究》2008 年第 5 期。

效抵制通货膨胀带来的货币贬值,“从回报方式看,存在三种获利途径,一是固定回报,二是根据经营状况进行分红,三是两者结合,先设定保底回报率,再据经营状况分红”。①

**二、产权式酒店中的多方法律关系**

实践中常见的以产权式酒店为名的酒店有三种类型,但这些并不都是真正意义上的产权式酒店。一是时权型酒店,即投资者与酒店约定固定使用期限的酒店,例如每年12月至次年1月。但此种方式实际上是分时度假酒店,并不是典型意义上的产权式酒店。虽然产权式酒店的概念是从分时度假酒店的概念中演化而来,但经过时代的发展,这两个概念已经具备了各自独立的含义,所以两者是相关但不相同的概念。分时度假的投资者购买的是某一单元的某一时段的使用权,通常每一单元上有多个投资者,只要时间上不重合即可。而产权式酒店的每一位业主对于其单元拥有唯一的、独立的、完整的所有权,即每一单元只有一位业主。“典型的分时度假产品需要切割度假设施的使用时段,然后向多人出售,所谓‘分时’首先是购置同一度假设施的多人之间的区分时段分享,而在产权酒店,通常只有一个酒店客房产权认购者,分时色彩较淡。”②二是公寓型酒店。即业主购买酒店部分客房的产权,供自己长期居住或作为办公用房使用,每个月向酒店交纳一定管理费,其中包括冷暖空调费、水电费、服务费等。此种方式与一般的商品房买卖合同无异,投资者成为业主,而酒店管理者则成为物业服务公司。所以此种方式也不是产权式酒店的模式。三是投资型酒店。即投资者购买酒店特定客房的产权,但主要不是自用,而是委托酒店经营,逐年收取固定回报,如酒店发生经营亏损,投资者不承担任何风险。换言之,酒店房间所有人依靠知名酒店品牌,在自己不使用酒店房间时将房间通过租赁系统对外出租,从而获取收益。此种类型的酒店才是典型意义上的产权式酒店(condo hotels)。

在产权式酒店中,一般涉及酒店开发商、业主和酒店经营者三方主体,各方主体之间具有不同的法律关系。

---

① 胡浩:《基于时权和产权相结合的旅游房地产发展的新模式》,载《社会科学战线》2014年第7期。

② 刘家安:《“分时度假”及相关法律范畴之厘清》,载《广东社会科学》2013年第5期。

第一,酒店开发商与业主之间是房屋买卖合同关系。开发商建造酒店,之后将酒店房间出售给不同的业主,双方之间需签订房屋买卖合同,业主作为买受人,负有交付房款的义务,进而成为酒店房间的直接所有人,并从酒店运营中获取收益;而开发商作为卖方,则负有交付合同约定的房产的义务。双方之间的此种房屋买卖合同关系,受到《合同法》《物权法》《城市房地产管理法》《城市房地产开发经营管理条例》《城市商品房预售管理办法》等各种法律法规及部门规章的调整和限制。此外,酒店开发商与业主之间的房屋买卖合同关系还受到最高人民法院《关于审理商品房买卖合同纠纷案件适用法律若干问题的解释》等多部司法解释的调整。

第二,产权式酒店房间的业主之间是区分所有建筑物的关系。产权式酒店一般都具有数十甚至数百间客房,这些客房分属不同的业主所有。这些业主之间形成了区分所有建筑物的关系。每位业主对其客房享有专有权,对酒店共有部分享有共有权,而且对共有部分还享有共同管理的权利。业主之间的此种区分所有建筑物的关系,受到《物权法》(主要是该法第六章"业主的建筑物区分所有权")的调整,以及最高人民法院《关于审理建筑物区分所有权纠纷案件具体应用法律若干问题的解释》等司法解释的调整。

第三,业主与产权式酒店经营者之间的合同关系。产权式酒店的经营模式不同,则业主与产权式酒店经营者之间的合同类型也不同。产权式酒店作为酒店,一般以专业经营酒店的公司经营管理为多,当然,开发商也可以直接进行经营,此时开发商便兼具酒店开发建造者与经营者的双重身份。实践中业主与产权式酒店经营者之间的合同关系以委托合同和租赁合同居多,受到《合同法》《商品房屋租赁管理办法》等法律法规和部门规章的调整。

**三、产权式酒店的委托合同经营模式**

《合同法》第396条规定:"委托合同是委托人和受托人约定,由受托人处理委托人事务的合同。"产权式酒店委托合同的经营模式,是指产权式酒店的投资者将其委托给专门的酒店管理公司进行经营管理,酒店管理公司以酒店的名义经营管理,向投资者收取一定的报酬,投资者享有一定期限的免费入住权。

在委托合同经营模式下，酒店管理公司和各位业主签订委托合同，约定业主将自己所有的房屋和与其他业主共有的公共区域和设施委托给酒店管理公司统一经营，酒店管理公司作为委托合同的受托人，有权经营酒店，并使委托人即业主的利益最大化，同时，酒店管理公司有权根据委托合同的约定，向业主收取合理的经营管理费用。

为了维持酒店的整体氛围，不宜出现家庭居住的房间与客房共存的现象，所以应当保证酒店的所有房间业主都同意委托经营者进行酒店式经营。为了能够让一所酒店式建筑的全部业主都同意将其拥有产权的房屋交给经营者来经营管理，酒店经营者与业主必须在签署协议时便事先做好约定，以避免出现混杂的情况。“在新建的房地产项目中，开发商与业主签订房屋买卖协议时可以令业主与酒店管理公司签订一份委托经营管理合同，作为房屋买卖协议的附件；如果不同意签署附件，则开发商可以选择不与该业主签订房屋买卖协议。”①

通过委托合同对产权式酒店进行经营的模式，在实践中较为常见。因为从形式上看，此种模式符合委托合同的特征：业主为了经营管理自己的房间，委托经营者对房间进行经营，业主支付报酬给经营者（一般是从利润中分成），并承担受托人处理委托事务的后果（获取约定部分的利润）。然而，委托合同作为历史悠久的民事合同类型，相比其他的有名合同，具有一定的人身属性，即委托合同之设，是为处理委托人自身的事务，受托人被视为委托人身体之延伸。以事务处理为本质的委托合同，和以财产管理为本质的产权式酒店，两者在本质方面的不同，便注定会存在种种不契合之处，这也成为了委托合同经营模式的潜在法律风险。一旦将产权式酒店的经营模式视为委托合同的关系，则套用合同法的规定必将带来种种不适，甚至造成业主与酒店经营者双方权利义务的失衡。具体而言，有如下数个方面：

第一，委托合同一般具有一次性、短期性的特征，而产权式酒店的经营则具有持续性、长期性的特征。如前所述，委托合同是以事务的处理为核心，因此一般以特定的事项为合同存续的期限。《合同法》第二十一章“委托合同”中的条文规定，也是基于特定事项的处理为模型而

---

① 林华伟、汪琳：《产权式酒店运营中的法律问题》，载《中国法律》2003 年第 12 期。

制定，委托人对受托人的授权、委托人对处理委托事务费用的预付、受托人的报告义务、结算义务等，都是如此。而产权式酒店的经营是一项商事营业活动，须持续经营多年，才能树立良好的市场口碑，经营者与业主之间一般也是采取会计年度的利润分配方式，前述《合同法》中关于委托合同的诸多规定，难以适用于产权式酒店的经营之中。

第二，对外营业的名义。产权式酒店完全按照酒店的模式进行经营，所以对外是以经营者的名义进行营业。而委托合同的典型形式是直接委托，即受托人以委托人的名义对外从事活动，其行为的后果直接归属于委托人。但如果要求产权式酒店的经营者也必须以数十甚至数百名业主的名义对外营业，其效果是难以想象的。即便是间接委托，《合同法》第 402 条①和第 403 条②的规定也是无法适用的，因为无论如何，业主都无法直接对入住酒店的顾客提供服务，因为业主根本没有参与酒店的运营，无法对顾客履行提供酒店住宿服务的义务。

第三，酒店经营者的自主权。在委托合同中，由于受托人是为委托人处理事务，旨在实现委托人的利益，所以受托人须听从委托人的指示从事，从而保证受托人的行为符合委托人对事务处理的要求。《合同法》第 399 条也规定："受托人应当按照委托人的指示处理委托事务。需要变更委托人指示的，应当经委托人同意；因情况紧急，难以和委托人取得联系的，受托人应当妥善处理委托事务，但事后应当将该情况及时报告委托人。"如果按照这一要求，则产权式酒店经营者的自主权将会受到较大限制，须随时听从业主的指示。然而，酒店管理是一项专业性极强的商事活动，不具有相应的资质和经验，不可能成功运营一家酒

---

① 即"受托人以自己的名义，在委托人的授权范围内与第三人订立的合同，第三人在订立合同时知道受托人与委托人之间的代理关系的，该合同直接约束委托人和第三人，但有确切证据证明该合同只约束受托人和第三人的除外"。

② 即"受托人以自己的名义与第三人订立合同时，第三人不知道受托人与委托人之间的代理关系的，受托人因第三人的原因对委托人不履行义务，受托人应当向委托人披露第三人，委托人因此可以行使受托人对第三人的权利，但第三人与受托人订立合同时如果知道该委托人就不会订立合同的除外。受托人因委托人的原因对第三人不履行义务，受托人应当向第三人披露委托人，第三人因此可以选择受托人或者委托人作为相对人主张其权利，但第三人不得变更选定的相对人。委托人行使受托人对第三人的权利的，第三人可以向委托人主张其对受托人的抗辩。第三人选定委托人作为其相对人的，委托人可以向第三人主张其对受托人的抗辩以及受托人对第三人的抗辩"。

店。如果业主能够随时对经营者发出指示,则酒店的管理必将陷入混乱。所以酒店经营者在酒店的经营管理上必须享有充分的自主决策权,不能适用合同法的该条规定。

第四,业主的解除权问题。我国《合同法》第410条规定:"委托人或者受托人可以随时解除委托合同。因解除合同给对方造成损失的,除不可归责于该当事人的事由以外,应当赔偿损失。"这一规定赋予了委托合同中委托人以任意解除权,委托人有权随时、任意解除委托合同。这一规定在实践中尤其是在商事交易关系中引起较多争议,因为十分不利于对受托人的保护。同样的,如果每个业主都有权任意、随时解除对产权式酒店经营者的委托,则酒店将完全无法正常经营下去。不过,考虑到《合同法》关于委托合同的规定多为任意性规定,委托人当然可以在合同中放弃这种解除权,故这一点似乎不会影响产权式酒店经营的稳定性。

第五,业主将其房间转让给第三人的问题。为了保证产权式酒店经营的稳定性,经营者并不希望酒店客房的业主频繁进行产权的转让。更为重要的是,产权式酒店客房的业主将产权转让给第三人之后,如果受让人不同意受到委托合同的约束,则意味着酒店经营者将失去对部分甚至全部客房的经营权。在委托合同的经营模式下,酒店的经营者无法有效限制业主对客房的转让,即便约定限制业主的对外转让权限,即处分禁止条款,也无法保证其与业主之间的委托合同得到交易第三人的承认和加入。因为在委托合同经营模式下,酒店经营者只是帮助业主处理管理客房的事务,业主行使所有权并不受此限制。而且委托合同尚未取得与租赁合同类似的优先效力,无法对抗买受人。如果买受人不愿与酒店经营者签订委托合同,或者想改变客房的性质进行长期自住、出租或营业使用,将会带来酒店整体管理的困难和价值的减损。所以在委托合同经营模式下,一旦出现业主将其房间转让给第三人,则经营者无法应对由此带来的法律风险。

第六,业主将房间抵押的问题。由于实践中许多产权式酒店投资者都选择按揭付款的方式,所以业主将房间办理抵押的情况十分常见。业主将设立抵押的房间作为产权式酒店交由经营者进行经营管理,此种方式并不是转让,而且不会导致抵押物价值减损,按照我国《物权法》

及《担保法》的规定,业主的此种行为无须经过抵押权人(通常是银行)的同意。但是,房间办理抵押之后,仍然存在一定的法律风险。因为一旦酒店经营不利,业主无法从利润中支付房屋贷款,则可能选择拒绝继续支付房屋贷款。此时抵押权人就可能要求就酒店客房实现其债权。在抵押权人实现抵押权时,委托经营合同无法约束抵押权人,因此仍得进行拍卖、变卖或折价。经过这一过程,同样会产生新的业主,酒店经营者将会面对和业主将其房间转让给第三人同样的问题。

**四、产权式酒店的租赁合同经营模式**

《合同法》第212条规定:“租赁合同是出租人将租赁物交付承租人使用、收益,承租人支付租金的合同。”产权式酒店的租赁合同经营模式,是指业主在取得酒店房间的产权之后,将其出租给专业的酒店经营者,酒店经营者以承租人的身份对酒店进行经营管理,向业主支付约定的租金以及提供一定期限的免费入住机会。业主是出租人,酒店经营者是承租人,酒店客房是租赁物。由于许多产权式酒店的经营者本身就是酒店的开发商,相当于开发商将酒店客房出售给各个业主之后,再租回来进行经营,所以产权式酒店的租赁合同经营模式也被称为回租经营模式。

与委托合同经营模式相比,租赁合同经营模式中酒店经营者的自主性较强,“如果酒店管理公司在租赁协议中没有为如何运营酒店设置任何限制,则酒店管理公司无须事事征求所有业主的同意或受到业主的过多干涉”。[①] 因为在租赁合同经营模式中,经营者不再是为业主处理事务,而是以承租人的身份为了自己的利益而对酒店客房进行占有、使用和收益,只需按约定支付租金即可。

同时,由于租赁合同受到“买卖不破租赁”原则的保护,酒店经营者无须担心业主将房屋转让给第三人而影响酒店经营的问题。《合同法》第229条规定:“租赁物在租赁期间发生所有权变动的,不影响租赁合同的效力。”此外,酒店经营者作为承租人,还享有优先购买权。《合同法》第230条规定:“出租人出卖租赁房屋的,应当在出卖之前的合理期限内通知承租人,承租人享有以同等条件优先购买的权利。”因此即便

① 林华伟、汪琳:《产权式酒店运营中的法律问题》,载《中国法律》2003年第12期。

出现业主出售客房的情况，经营者也得以以同等条件主张优先购买的权利，以维持酒店经营的持续性。

租赁合同经营模式虽然具有一定的优势，在实践中也被广泛采用，但仍然存在一定的法律风险，较为突出的是如下两个方面：

第一，租赁期限的问题。在酒店行业内，形成一家口碑良好、影响力广泛的酒店，需要几十年甚至上百年的时间。而在我国的实践中，产权式酒店的经营者与业主签订的租赁合同期限一般是五年，这表明双方的信任程度尚有待加强，因为五年的期限对于酒店经营而言仍嫌过短，未能将租赁合同经营模式带来的经营者的自主权优势发挥出来。当然，产权式酒店租赁合同的最长期限也不能超过法律的限制。《合同法》第 214 条规定："租赁期限不得超过二十年。超过二十年的，超过部分无效。租赁期间届满，当事人可以续订租赁合同，但约定的租赁期限自续订之日起不得超过二十年。"问题在于，即便以二十年为期，期满之后经营者又须与众多业主重新签订租赁合同，如果出现业主不愿续签的现象，则产权式酒店就难以再经营下去。

第二，业主将房间抵押的问题。《物权法》第 190 条规定："订立抵押合同前抵押财产已出租的，原租赁关系不受该抵押权的影响。抵押权设立后抵押财产出租的，该租赁关系不得对抗已登记的抵押权。"因此，如果酒店经营者与业主签订租赁合同之后，业主才将房间设定抵押权的，则与买卖不破租赁相类似，酒店经营者不受抵押权的影响，即便债权人实现抵押权，买受人也必须承认租赁合同的效力。但是，如果业主将房间以按揭贷款的方式抵押在前，与经营者签订的租赁合同生效在后，该租赁合同无法对抗抵押权人，一旦业主不能按期清偿债务，债权人有权随时实现抵押权，将酒店房间拍卖、变卖或折价，从而导致新的业主出现，如果新的业主不愿与酒店经营者签订租赁合同，则整个酒店的经营都将受到影响。

**五、产权式酒店的信托经营模式**

信托，是指委托人基于信任而将一定的财产权转让或设定给受托人，使受托人为了受益人的利益或特定的目的而对此财产权进行管理和处分。信托制度虽然发源于英国法，但由于其在财产管理和处分上的优势而逐渐得到越来越多的国家和地区的认同，不少大陆法系国家和地区也开始将这一发轫于英美法系的制度移植到本国,我国2001年也颁布了《信托法》。该法第2条规定:“本法所称信托,是指委托人基于对受托人的信任,将其财产权委托给受托人,由受托人按委托人的意愿以自己的名义,为受益人的利益或者特定目的,进行管理或者处分的行为。”

自诞生伊始,信托制度就是围绕信托财产的管理和处分以及受益而展开的,简言之,信托“是一种财产移转及管理的设计”。① 因此,信托制度可以运用于产权式酒店的经营之中。信托经营模式,是指业主作为委托人,将酒店房间作为信托财产设定信托,由酒店经营者作为信托受托人经营管理酒店,由业主自己或指定的人作为信托受益人,从酒店经营者的经营活动中获取利润,并在约定期限或约定情形出现时取得房间所有权的产权式酒店经营模式。

以业主与酒店经营者以设立信托的方式实现对产权式酒店的经营管理,符合产权式酒店自身的特征,也具有其他经营模式所不具备的制度优势,具体体现在:

第一,信托关系具有稳定性和长期性。虽然滥觞于英美法系的信托制度至今仍然难以在大陆法系传统的物权——债权两分体系中找到准确的定位,但无疑信托关系与债权关系相比具有更强的法律效力,因此也具有更多的稳定性和长期性。在信托经营模式中,业主将房间的所有权移转给酒店经营者;酒店经营者经登记成为房间的所有权人,但经营者只能在信托合同约定的范围内和信托目的之下对客房进行经营管理,不得越权行事;信托中的委托人与受益人可以重合,也可以分开,所以业主可以将自己设定为受益人,也可以指定其他人作为受益人;受益人有权按照信托合同的约定向经营者主张酒店经营的收益,在经营者超越权限处分房间(如出售给他人或作其他用途时),委托人和受益人有权撤销经营者的越权行为。② 可见在信托关系中,作为受托人的经

① 参见方嘉麟:《信托法之理论与实务》,中国政法大学出版社2004年版,第2页。

② 《信托法》第22条第1款规定:“受托人违反信托目的处分信托财产或者因违背管理职责、处理信托事务不当致使信托财产受到损失的,委托人有权申请人民法院撤销该处分行为,并有权要求受托人恢复信托财产的原状或者予以赔偿;该信托财产的受让人明知是违反信托目的而接受该财产的,应当予以返还或者予以赔偿。”该法第49条第1款规定:“受益人可以行使本法第二十条至第二十三条规定的委托人享有的权利。受益人行使上述权利,与委托人意见不一致时,可以申请人民法院作出裁定。”

营者和作为受益人的业主均具有法律所赋予的权利来保护自己的利益。在信托中,委托人不能像委托合同那样随时终止信托关系,而需要取得受益人的同意,而且委托人的死亡对于信托的存续也没有影响,例如我国《信托法》第52条就规定:"信托不因委托人或者受托人的死亡、丧失民事行为能力、依法解散、被依法撤销或者被宣告破产而终止,也不因受托人的辞任而终止。但本法或者信托文件另有规定的除外。"这样就使得产权式酒店能够不受部分业主的变动而长期经营下去。此外,《信托法》对于信托的存续期限并无任何限制,完全交由当事人自行约定。如此则可以避免委托合同经营模式和租赁合同经营模式的效力较弱、时间较短的劣势。

第二,经营者作为信托受托人直接以自己名义从事酒店的经营管理,并且直接承受相应的法律后果。在信托中,受托人是信托财产的所有人,有权直接以自己的名义对信托财产从事管理和处分活动,无须以委托人或受益人的名义行事。而且信托受托人所从事的法律活动其效果直接归属于受托人,受托人为权利义务的主体。[①] 所以产权式酒店的经营者便可以独立展开对酒店的经营管理,避免了委托合同经营模式中业主作为委托人却无法实际承受酒店业务所带来的法律后果的问题。

第三,经营者具有较大的自主性。如前所述,委托合同中的受托人在活动中必须按照委托人的指示行事,自主性较小。而在信托中,受托人对于信托财产的管理和处分除了遵守信托文件和信托目的的要求以外,其具体的行为并无限制,受托人享有较大的自由决定权。酒店经营者经过登记而成为客房的所有权人,只要不超出信托合同和信托目的的范围,完全可以展开自主经营管理,充分施展其酒店管理的专业水准而不至于受到部分业主的掣肘。

第四,信托财产具有独立性,业主无权将房间转让或抵押,有利于酒店营业的持续性。信托财产的独立性是信托制度的典型特征,是指在信托成立之后,信托财产便独立于委托人、受托人和受益人的财产而存在,并不受该信托的委托人、受托人及受益人的债权人追及。信托一

① 当然,受托人在进行信托财产的管理处分活动之后,必须按照信托文件的约定或信托目的的限定将信托财产的收益交付给受益人。

旦成立,信托财产便不会简单地受任何一方的完全控制和处分,这与某件物品之上的自物权不同。首先,委托人对自己的财产之上设立信托之后,其便不再对该财产享有所有权,不能转让或抵押。其次,受托人虽然从委托人处继受取得了信托财产的所有权,在名义上成为了信托财产的所有人,但是其对信托财产的权利要受到信托合同所设定的信托目的的约束,一般而言,受托人对信托财产的权利仅限于管理和处分该财产以使该财产升值的方面。最后,信托财产也不能被归结为受益人的个人财产。受益人并不直接占有和管理信托财产,而只能通过受托人对信托财产的管理而获取收益,因此受益人对信托财产的权利一般而言仅限于被动获取收益的权利。因此,产权式酒店中的信托关系一旦成立,业主便将房间的所有权移转给经营者,其不再有权将房间进行转让或抵押。即便是受益人,也只能将其受益权转让或抵押,而无权直接将房间转让或抵押。如此则避免了委托合同经营模式和租赁合同经营模式中难以避免的业主转让或抵押房间所带来的风险。

第五,业主作为委托人和受益人,在信托关系存续期间,虽然不能转移房间所有权,但是可以转移其信托受益权,从而可以在需要时从信托法律关系中脱离出来。如此既便于业主与该酒店房间的法律关系脱钩,又可以在第三人加入的情况下稳定经营状况。

当然,当前产权式酒店行业之所以较少采取信托经营模式,主要是我国信托登记制度尚未建立起来,从而导致信托制度的优势在我国难以充分发挥出来,无法得到广泛运用,“还没有关于房产信托的具体配套规定,如信托实施管理办法、信托登记制度和公示制度,难以明确登记和公示的内容、性质、范围、手续和主体”。[①] 信托登记制度是信托公示制度的核心。我国《信托法》第 10 条规定了信托登记生效主义,但是却未对信托登记做出更加详细的规定,而我国又面临着登记机构分散、登记规则模糊、登记系统电子化程度低、查询不易等诸多问题。《信托法》颁布至今已近二十年,《物权法》颁布也已十多年,但 2015 年颁布的《不动产登记暂行条例》对于信托登记制度仍然付之阙如,这给我国信托登记实践造成极大的负面影响。在现实生活中,“当事人以房地产、

① 黄健雄:《分时度假法律模式之研究》,载《中国法学》2006 年第 6 期。

股权、知识产权、船舶、民用航空器等依法必须登记、注册的财产或财产权设立信托而依法申请登记时，有关登记机构只能以没有登记规则为由拒绝办理信托登记手续，导致信托登记‘有法可依，无法操作’”。①

不过信托登记制度的缺失所造成的严重后果，已经为我国理论界和实务部门所认识到，各方已经展开积极的立法推动工作。例如，中国银行业监督管理委员会与住房和城乡建设部都在努力推动部门规章层面的信托财产登记立法工作，2016 年年初银监会在此前批准成立的“上海信托登记中心”的基础上，再次批准筹建“中国信托登记公司”，也是为了在操作层面上具体推动信托登记业务的实施，让越来越多的信托产品能够找到对应的登记机构。一旦具有可操作性的信托登记制度在我国建立起来，则产权式酒店便可以采取信托的经营模式，借助信托制度的优势，以充分发挥产权式酒店的多重功效。

“中国产权酒店数量已超过 1000 家，而同期分时酒店不到 100 家，与国外时权酒店为主、产权酒店为辅的情形截然相反。”②产权式酒店行业所追求的目标，是使酒店的经营获得成功，使业主获得丰厚的投资回报。因此，伴随着我国信托登记制度的建立和完善，产权式酒店也将获得更大的发展空间。

---

① 何宝玉：《信托登记：现实困境与理想选择》，载刘俊海主编：《中国资本市场法治评论》(第 2 卷)，法律出版社 2009 年版，第 150 ~ 151 页。

② 胡浩：《基于时权和产权相结合的旅游房地产发展的新模式》，载《社会科学战线》2014 年第 7 期。

# 《物权法》上物保与人保并存的法律问题研究*

**摘　要：**物保是以担保物权作为债权的担保方式，人保是以保证人作为债权的担保方式。《物权法》第176条集中规定了物保与人保并存时的处理规则，体现了尊重当事人意思自治、物保与人保平等的立法态度。由此，物保与人保并存时，一般保证的保证人不得以债权人未对物保先行受偿为由而主张先诉抗辩权；提供担保的第三人承担了担保责任之后得通过对债权的代位承受向其他担保人求偿；债权人放弃由第三人提供的物保或人保的，其他担保人在被放弃的担保人本应分担的范围内免除担保责任。

**关键词：**物保；人保；先诉抗辩权；代位承受；保证责任

**目　　次**



---

* 本文原载于《南都学坛》2008年第6期。

## 一、引言

市场经济得以良好运行,各方主体的信用须臾不可缺少,因为"支撑金融世界的是'信用'",①而"信用制度的核心是'担保'制度。"②担保可以分为物的担保和人的担保两种,前者以担保物权作为债权的担保,也称为物保,提供物保的主体被称为物上保证人;后者以保证人作为债权的担保,也称为人保。人保依照保证人承担保证责任方式的不同,还可以分为一般保证和连带责任保证两种,前者是双方当事人在合同中约定保证人只有在债务人客观上无法履行债务时才承担保证责任的保证形式,后者则是双方当事人在保证合同中约定保证人直接对债务人的债务承担连带责任的保证形式。

物保是以债务人自己或第三人的特定化或一定期间内可特定化的财产作为债务人履行债务的担保,人保则是以建立在第三人所拥有的全部财产的基础上的个人信誉作为债务人履行债务的担保。物保与人保在担保债务履行中各有其适用的场域,但在单一的担保形式无法为全部债务提供担保或债权人为加大其债权受偿的可能性而提出要求时,同一债权也可能同时存在物的担保和人的担保,此即物保与人保的并存,亦称为混合担保。在《物权法》颁布之前,根据《担保法》第28条的规定,在物保与人保并存的情形下,保证人只对物保之外的债权承担保证责任,即由物保优先承担保证责任。《担保法》司法解释第38条则规定,在第三人提供的物保与人保并存时,债权人可以自由选择由哪一方来承担担保责任,即物保与人保平等对待承担保证责任。相较而言,《担保法》司法解释的规定区分了第三人提供的物保和债务人自己提供的物保,并允许债权人自由选择担保责任的承担者,体现了尊重债权人意思自治、物保与人保平等的态度。《物权法》第176条延续了这一做法,并在此基础上又将尊重债权人的意思自治扩大到尊重债权人和债务人双方的意思自治,显得更为具体而合理,即首先按照双方的约定来实现债权人的债权,然后是以债务人自身提供的物保来实现债权,物保

---

① [日]近江幸治:《担保物权法》,祝娅、王卫军、房兆融译,法律出版社2000年版,第57页。

② [日]近江幸治:《担保物权法》,祝娅、王卫军、房兆融译,法律出版社2000年版,中文版序。

是第三人提供时，由债权人自由选择由物保或由人保来保障其债权实现。按照《物权法》第178条的规定："担保法与本法的规定不一致的，适用本法。"在物保与人保并存时的责任承担规则，应当适用《物权法》的规定而不再适用《担保法》的规定。

**二、保证人的先诉抗辩权问题**

先诉抗辩权是指保证人在债权人未就债务人的财产申请强制执行而仍不能受清偿前，得以拒绝承担保证责任的权利，又称为检索抗辩权。我国台湾地区的"民法"并未规定连带保证的类型，其所言"保证"即是指一般保证之类型；连带保证作为特殊保证的一种，在我国台湾地区只是获得了学界通说和实务见解上的承认而未成为法之明文。我国《担保法》在保证方式上严格区分了一般保证和连带保证这两种类型。因此，保证人的先诉抗辩权在我国大陆民法上仅为一般保证人所享有。一般保证的保证人除非自行放弃先诉抗辩权，否则均可要求债权人须先就债务人的财产主张受偿。

在物保与人保并存的情形下，一般保证的保证人能否以债权人未对物保先行受偿为由而进行抗辩？在当事人没有明确约定的情况下，如果物保是由债务人自己提供的，那么设定担保的物仍然属于债务人自身的责任财产，此时保证人当然可以向债权人主张先诉抗辩权。如果物保是由第三人提供的，按照以前物保优先承担保证责任的观点，保证人在债权人就物保先行受偿未果前可以主张先诉抗辩权。但是《物权法》第176条明确规定，当事人没有明确约定时，如果物保是由第三人提供的，则债权人对于物保和人保享有自由选择的权利，既可以主张就物的担保实现债权，也可以要求保证人承担保证责任。有人认为即便该条作出了如此规定，保证人仍然可以要求债权人先就物保受偿，因为"无论是从公平的角度，还是从防止日后追索权的烦琐，节约成本的角度，债权人应当先行使对债务人的物的担保，否则保证人可以有抗辩权"。[①] 此种观点实质仍是认为物保优先于人保。笔者认为，既然立法在此明确地采取了物保与人保平等的态度，并且将选择权赋予债权人一方，因此，保证人就不能以债权人未对物保先行受偿为由而主张先诉

① 胡康生主编：《中华人民共和国物权法释义》，法律出版社2007年版，第381页。

抗辩权。

笔者认为，立法及学说逐渐转向此物保与人保平等的观念，原因之一，是市场经济条件下权利人的意思自治重要性的凸显，因此需要在每项具体制度上逐步贯彻民法的意思自治之基本原则，尊重民事主体基于自身理性判断而做出的选择。在物保与人保并存时，应当尊重当事人的约定，尊重债权人的选择，因为在此情况下“自应探求债权人的真意……在主债务人不履行债务时，债权人自得选择其认为更便捷、更安全的方式行使权利，法律上无限制的必要”。① 原因之二，是现代社会分工的专业化、财产形式的多样化、登记制度的发展，促进了人保对于债权保障的力度，使人保在债的担保方式中的地位得到了上升。以往实务界偏向于信赖物保，很大程度上是因为债务人所提供的人保往往囿于其亲朋好友等熟人的范围，在财产的登记制度不发达时，债权人难以对这些保证人的责任财产状况进行比较准确的判断，而且担心出现债务人与保证人串通，共同欺骗债权人的情况；相比之下债权人会认为物保较为确定、可靠。但随着社会的进步，逐步出现了专业的信用担保机构和担保方式，它们良好的信誉本身就是一笔巨大的财产，其提供的保证担保比传统的抵押、质押等物保对债权的保障力度更大，而且登记制度的发展也使得查询保证人的责任财产状况更为便捷易行，这些都使得人保逐步适应者现代社会的要求并在债的担保中发挥着越来越大的作用。例如在日本，以往是人保的地位要远逊于物保，“但是最近，中小企业在筹借资金时，常使用以信用保证协会的信用担保（机关保证），或者银行根据企业发行的债券所作的银行保证等，可见人的担保制度已涉及多方面，其利用度在逐渐提高”。②

### 三、担保人之间的求偿问题

在债务人不履行到期债务时，如果提供担保的第三人承担了担保责任，其相当于在所担保的债权份额范围内代替债务人向债权人进行了清偿，基于担保人与债务人之间的内部关系，其有权向债务人进行追

① 高圣平：《混合担保之研究——以我国〈物权法〉第176条为分析对象》，载《法律科学》2008年第2期。

② ［日］近江幸治：《担保物权法》，祝娅、王卫军、房兆融译，法律出版社2000年版，第5～6页。

偿,对此,立法及学说皆明确无疑。问题在于,如果债务人清偿能力不足,承担了担保责任的担保人向债务人追偿时就无法得到清偿,那么在非连带关系的担保中,部分担保人(提供物保的第三人或保证人)代债务人向债权人履行了担保范围内的债务之后,能否向其他担保人求偿?《担保法》司法解释第38条后半段曾规定物保与人保并存时,承担了担保责任的担保人可以要求其他担保人清偿其应当分担的份额。但《物权法》对此并未做出明确规定,至今学理上仍存在着两种不同的解释:一种是认为物保与人保的担保人之间不得互相求偿,因为"除非当事人之间另有约定,各担保人之间没有任何法律关系的存在,要求各担保人之间相互追偿,实质上是法律强行在各担保人之间设定相互担保……既违背担保人的初衷,也不合法理……从程序上讲费时费力、不经济"。[①] 另一种则认为法不禁止即可为,即"物权法虽然只是规定了承担了责任的物上保证人或保证人可以向债务人追偿,但并没有否认其可以向其他保证人或物上保证人追偿"。[②] 而且在采取物保与人保平等的观点的前提下,如果不允许担保人之间可以互相求偿,则会导致"本可以在两者间分担的担保责任份额完全由一方自行承担,恰恰与公平原则相悖"。[③] 笔者认为,担保关系中,求偿权(或称追偿权)应专指担保人对债务人的追偿权利;当物保与人保并存时,除非各担保人之间事先已经约定彼此为连带担保关系,否则,他们之间并不存在一种叫做"求偿权"的权利,不然就会导致出现各担保人之间的强制连带关系。但是,在部分担保人承担了担保责任之后,依据他们对债权人地位的代位承受,确实可能发生向其他担保人求偿的法律效果。

大陆法系国家和地区的民法,一般在承认担保人对债务人的追偿权的同时,都会赋予担保人对债权人的地位承受的权利,"在罗马法,保证人对于主债务人有求偿权时,认有债权人之权利让与之利益。近世立法则以债权人之权利当然移转于有求偿权之保证人",[④]如《日本民

① 胡康生主编:《中华人民共和国物权法释义》,法律出版社2007年版,第381页。

② 王利明:《物权法研究》(下卷),中国人民大学出版社2007年版,第363页。

③ 高圣平:《混合担保之研究——以我国〈物权法〉第176条为分析对象》,载《法律科学》2008年第2期。

④ 史尚宽:《债法各论》,中国政法大学出版社2000年版,第928页。

法》第500条就规定:“就清偿享有正当利益的人,因清偿而当然代位债权人。”[①]此种权利在以往的学说著述中也被称为代位权,其效果与债权让与的效果较为类似。但此种代位权不同于合同法上债权人对债务人的代位权,“此之代位系取得债权人对主债务人之权利……与债之保全所称之债权人代位权,在作用上仅能代位行使债权人之权利,则尚有不同”。[②] 为避免混淆,我国台湾地区1999年修订的“民法”第312条已改为代位承受的用语,笔者在此也采用代位承受的表述以求准确。承担了担保责任的担保人对债务人的追偿权乃是法定的权利,但是当债务人清偿能力不足时,担保人的权利就陷于无保障之境地,为了保障担保人追偿权的实现,各国民法赋予保证人代位承受的权利,使担保人能够享有原债权人所享有的种种从权利包括担保,“债权之担保及其他从属之权利,均随同移转。虽在保证之承担后成立者,亦同”。[③] 这样,“如主债务人不清偿时,保证人可实行担保权”。[④] 如此,则承担了担保责任的担保人可以向债务人进行追偿,如果债务人不能清偿,则担保人在其代为清偿的范围内可以主张债权人地位的代位承受,从而要求其他的担保人承担其担保责任。又因为按此推理,每个担保人都可以要求其他担保人承担其全部的担保责任,所以最终各担保人之间会形成一种按份共同担保的关系,此时担保人因行使债权人的代位承受权而在相互间进行求偿时,各担保人应承担的部分,应在各自所担保的债权份额的基础上按照一定的比例进行计算。如我国台湾地区“民法”第879条第2款就规定,在此情形下“依保证人应负之履行责任与抵押物之价值或限定之金额比例定之。抵押物之担保债权额少于抵押物之价值者,应以该债权额为准”。[⑤] 用公式表示就是:被执行担保人实际应分担的数额=债权数额×[被执行担保额÷(物保数额+人保数额)]。

遗憾的是,我国仅在《物权法》中承认了担保人对债务人的追偿权,而在该法以及《合同法》《担保法》及其司法解释中均未规定担保人的代

① 渠涛编译:《最新日本民法》,法律出版社2006年版,第111页。

② 邱聪智:《新订债法各论》(下),中国人民大学出版社2006年版,第396页。

③ 史尚宽:《债法各论》,中国政法大学出版社2000年版,第929页。

④ 林诚二:《民法债编各论》(下),中国人民大学出版社2007年版,第249页。

⑤ 陈聪富主编:《月旦小六法》,元照出版公司2007年版,第123页。

位承受权，该项制度也许暂时只能交给《物权法》的相关司法解释来进行补充。在采取物保与人保平等的态度之后，再规定担保人的代位承受，则可以较好地解决担保人之间何以进行求偿的理论依据问题。当然，对于人保中的一般保证人而言，其享有先诉抗辩权，因此其他担保人在代位承受之后也只能先向债权人求偿，且只有在申请法院对债务人财产进行强制执行仍无法受偿时，才能向一般保证人求偿；而对于人保中的连带保证人和主动放弃先诉抗辩权的一般保证人，债权人在代位承受之后就可以直接向他们求偿。

**四、债权人放弃部分担保的后果**

债权人如果放弃部分担保的，被放弃的担保自然发生消灭，该放弃行为同时还会对并存的其他担保产生一定的影响。“物上保证人与保证人实质上均系以自己之财产担保他人之债务，晚近各立法例对普通保证自由主义色彩之干涉渐增，此亦包括保证人范围之干预及管制，使物上保证与普通保证不应有不同责任范围。”[①]首先，对于物保而言，根据《物权法》第 194 条和第 218 条的规定，如果债权人放弃由债务人自己提供的物保的，则其他担保人在债权人丧失优先受偿权益的范围内免除担保责任；如果债权人放弃由第三人提供的物保的，《物权法》则没有做出规定，《担保法》第 28 条不加区分地规定债权人放弃物的担保的，保证人在债权人放弃权利的范围内免除保证责任；但该条采取的物保优先于人保的立法态度与《物权法》有异，不能作为有效的依据。其次，对于人保而言，债权人放弃人保时对提供物保的第三人有何影响，《物权法》亦没有做出规定。

如前所述，债务人自身以外的任何担保人在承担担保责任之后都有可能代位承受债权并要求其他担保人分担相应的份额，所以债权人放弃任何一种担保，都可能对其他担保人产生消极的影响。在债务人自身提供物的担保时，由于债务人与物保人合二为一，如果债权人放弃债务人的物保，其他担保人就无法通过代位承受向其求偿，从而导致的分担的份额丧失，因此，其他担保人自然应当在债权人丧失优先受偿权益的范围内免除自己的担保责任。同其道理，债权人放弃第三人提供

---

① 《我国台湾地区“民法”物权编部分条文修正对照表(2007 年 3 月 5 日“立法院”三读通过条文)》，载《台湾法学杂志》2007 年第 4 期。

的物保的，同样会影响最终承担的担保责任份额的分担；对于人保，“债权人放弃保证也会使得物上保证人于债权人实行担保物权后无法代位行使债权人针对保证人的权利，进而造成物上保证人无法要求保证人分摊的局面”。[①] 在采纳物保与人保平等的立法态度后，债权人放弃物保或人保都会对其他担保人产生一定的消极影响，因此，今后在制定《物权法》司法解释时，对债权人放弃部分担保的后果应当加以明确，具体而言，债权人放弃由债务人自身提供的物保的，其他担保人在债权人丧失优先受偿权益的范围内免除担保责任；债权人放弃由第三人提供的物保或人保的，其他担保人在被放弃的担保人本应分担的范围内免除担保责任。

① 程啸：《保证合同研究》，法律出版社 2006 年版，第 627 页。

# 我国股权质押登记机关的演化及辨析*

**摘　要**：我国数部法律、法规和规章都对股权质押的登记机关做出了规定，但这些规定并不统一，而且存在冲突和抵牾，因此应当根据《物权法》的规定进行修改，对股权出质登记机关做出统一、明确的规定，以完善股权出质登记制度。

**关键词**：股权质押；登记机关；物权法

**目　次**



股权质押属于权利质押的一种，是指公司股东以自己持有的股权作为自己或他人履行债务的担保，当债务到期未得到履行或者发生当事人约定的实现质权的情形，债权人有权就该股权优先受偿的担保方式。在市场经济环境中，"股份的担保化，对于股东来说是一个补充性的回收投入资本的方法，而且股份比

---

* 本文原载于《暨南学报》(哲学社会科学版)2009 年第 1 期。

不动产、动产在设定担保方面更加迅速、简便，于是随时可以换价的上市股份作为金融交易中的有用的担保手段，广泛利用于实践中”。[①] 我国1995年施行的《担保法》第75条便已规定，在依法可以转让的股份之上可以设立权利质权。由于该法在第75条和第78条同时使用“股份”和“股票”二词，并且将“股份”一词仅适用于有限责任公司的股东出资份额，与我国《公司法》等法律所使用的概念产生了一定的偏差，[②]在学界和实务界引起了一些争议。因此，有学者认为《担保法》对股份的概念属于不规范使用，“股份与股票是两个不同层次上的概念，不应并列使用……对‘股份’和‘股票’应统一改称股权为宜，或至少应与公司法相统一”。[③] 我国《物权法》在“权利质权”一节中，第223条规定，债务人或者第三人可以将其有权处分的、可转让的股权出质，为债权人设立权利质权。不再按照有限责任公司或股份有限公司的标准来区分公司类型，而是统一采用“股权”出质的概念，明确了此种权利质权的标的就是股权。

国家工商总局正是依据《物权法》有关股权出质的规定，于2008年9月1日正式公布了《工商行政管理机关股权出质登记办法》(2016年修订)，以明确股权出质的登记事项。此前中国证券监督委员会等部门也曾就股权质押登记的有关事宜陆续出台过《证券公司股票质押贷款管理办法》(2004年)、《证券登记结算管理办法》(2006年发布，2018年修正)等规章，上海证券交易所、中国证券登记结算有限责任公司等单位也曾制定过各种股票质押登记业务的实施细则和业务指引。下文拟结合《担保法》《物权法》、证监会和工商总局的相关规定的，对股权出质的登记机关做一辨析。

**一、1995年《担保法》**

《担保法》第78条规定，以有限责任公司的股权出质的，应将股份出质情况记载于股东名册，作为公示方法；以股份有限公司的股权出质的，应在证券登记机构办理出质登记。由于非上市股份有限公司的股票无法在交易所交易，根据《担保法》司法解释第103条的规定，对于这

---

① [韩]李哲松：《韩国公司法》，吴日焕译，中国政法大学出版社2000年版，第302页。

② 我国《公司法》等法律法规中，对有限责任公司股东的出资一般称为“出资”，而不称为“股份”；只有在对股份有限公司的发起人、股东所持有公司资产份额时才使用“股份”的概念。

③ 阎天怀：《论股权质押》，载《中国法学》1999年第1期。

类公司的股权质押也是将股权出质情况记载于股东名册作为公示方法。所以根据《担保法》的规定,当时的股权出质登记机关是证券登记机构,其余的股权出质在公司股东名册上注明股权出质情况即可。

**二、2006 年《证券登记结算管理办法》**

《证券法》第 39 条规定:“依法公开发行的股票、公司债券及其他证券,应当在依法设立的证券交易所上市交易或者在国务院批准的其他证券交易场所转让。”因此,为贯彻《证券法》等法律的规定,中国证券监督委员会(以下简称证监会)于 2006 年 4 月 7 日发布了部门规章《证券登记结算管理办法》(以下简称《管理办法》),自 2006 年 7 月 1 日起施行,2009 年,2017 年、2018 年有微小变动。该办法第 2 条第 1 款规定:“在证券交易所上市的股票、债券、证券投资基金份额等证券及证券衍生品种(以下统称证券)的登记结算,适用本办法。”因此,在证券交易所上市的股份有限公司,其股权办理出质时必须在证券登记结算机构(中国证券登记结算有限责任公司)办理出质登记。

《管理办法》第 2 条第 2 款还规定:“非上市证券的登记结算业务,参照本办法执行。”即证监会意图将包括非上市股份有限公司在内的所有股份有限公司的证券登记结算业务都纳入证券登记结算机构来办理,而不仅限于上市公司。按照这一规定,非上市股份有限公司的股权出质也应在证券登记结算机构来办理。

**三、2007 年《物权法》**

《物权法》第 226 条[①]规定的股权质押的登记机关有两个,即以证券登记结算机构登记的股权出质的,应在证券登记结算机构办理出质登记;以其他股权出质的,应在工商行政管理部门办理出质登记。该规定一方面延续了证券登记结算机构作为主要的股权出质登记机关的做法,另一方面对于有限责任公司等公司股权的出质设定了更为严格的登记方式,不再是以公司股东名册作为登记方式,而是指明了专门的登记机关即工商行政管理部门。

从形式上看,《物权法》“把股权质押的情况简单化,分为在结算机

---

① 该条内容为:“以基金份额、股权出质的,当事人应当订立书面合同。以基金份额、证券登记结算机构登记的股权出质的,质权自证券登记结算机构办理出质登记时设立;以其他股权出质的,质权自工商行政管理部门办理出质登记时设立。”

构登记的股权和没有在结算机构登记的股权,不再区分有限责任公司和股份有限公司,也不再对上市和非上市加以区分,而且统一到法定的机关进行质押登记”。[①] 但在实践中还是有必要明确区分在不同登记机构进行登记的公司类型,以便对人们的行为进行指引。许多学者经分析认为,应当在证券登记结算机构进行股权出质登记的股权类型包括上市公司的股权、公开发行股份的公司的股权、非公开发行但股东在200人以上的公司的股权等。[②] 那么剩下的“其他股权”就是指不在证券登记结算机构登记的股权,包括“有限责任公司的股权、非公开发行且股东在200人以下的股份有限公司的股权等”,[③]这些股权应当在工商行政管理部门进行出质登记。

但根据对《物权法》第226条的文义解释,该条并未对哪些股权应在何种登记机关进行出质登记做出明确规定,而是一个授权条款,并且是首先授权证券登记结算机构优先规定自己受理出质登记的股权类型,然后将剩余的依法可转让的股权类型交由工商行政管理部门进行登记。而按照上文的分析,《管理办法》第2条第2款将非上市股份有限公司的股权出质登记也纳入了其业务范围,即股份有限公司的股权出质登记都应在证券登记结算机构办理。如此则留给工商行政管理部门进行登记的股权类型就只剩下有限责任公司的股权。

**四、2008年《工商行政管理机关股权出质登记办法》**

国家工商总局依据《物权法》第226条的授权,制定了《工商行政管理机关股权出质登记办法》(以下简称《登记办法》),在第2条规定:“以持有的有限责任公司和股份有限公司股权出质,办理出质登记的,适用本办法。已在证券登记结算机构登记的股份有限公司的股权除外。”该条首先将有限责任公司和股份有限公司的股权出质登记全部揽入自己业务范围之内,然后才采取排除法,将已经在证券登记结算机构登记了的股份有限公司的股权的出质登记业务让给证券登记结算机构。国家工商总局同日发布的《股权出质登记文书格式文本》中,也规

---

① 刘煜伟、赵文康:《浅议股票质押》,载《中国商界》2008年第3期。

② 参见申卫星:《物权法原理》,中国人民大学出版社2008年版,第380页。

③ 王胜明主编:《中华人民共和国物权法解读》,中国法制出版社2007年版,第488页。

定出质股权所在公司为有限责任公司或者股权未在证券登记结算机构登记的股份有限公司。这一做法与前文分析的《物权法》第226条的文义并不完全相符,不是遵守证监会界定的证券登记结算机构的登记范围,将剩下的股权出质类型纳入自己业务范围,而是采取了主动规定自己业务范围的立法方式。

尤其是《登记办法》第2条后半段的“已”字应是多余的文字,写入条文之后在文义上将股份有限公司的股权分为已在证券登记结算机构登记的和尚未在证券登记结算机构登记的两种,而《证券法》规定,只要是上市交易的证券都必须在证券登记结算机构进行登记,因此该条的“已”字只能说明工商行政管理部门意图将非上市股份有限公司的股权登记纳入自己业务范围,矛头直指证监会《管理办法》第2条第2款,由此可以看出国家工商总局有尽量扩大其登记事项范围的意图。此时,两个部门规章在调整范围上就发生了冲突,焦点就在于非上市公司的登记机关究竟应为何者。《立法法》第91条规定:“部门规章之间、部门规章与地方政府规章之间具有同等效力,在各自的权限范围内施行”。因此,这两个规章在效力上并无高下之分,仅有新旧之分,但其并非同一机关制定,所以不能适用“新法优于旧法”的规则,只能依照《立法法》第95条的规定:“部门规章之间、部门规章与地方政府规章之间对同一事项的规定不一致时,由国务院裁决。”

事实上,证监会的《管理办法》虽然将非上市公司的登记事项纳入其调整范围,但由于种种原因,在现实中一直未能付诸实践,证券登记结算机构的业务范围仍然还是围绕着上市公司展开。因此,工商总局的《登记办法》意图将非上市公司的股权出质登记纳入自己彀中,也只是在形式上与《管理办法》相冲突,对于证券登记结算机构已开展的业务范围并无实质影响,这也许就是《登记办法》得以顺利出台的原因。由此,我们可以清楚地看到两个部门在立法时都有尽量扩大自己职权范围的意图,这也说明部门规章立法总会带有意图扩大本部门职权范围和争取更多部门利益的痕迹,从而在彼此之间难免会造成调整范围的重合和冲突。实践中,由工商行政管理部门作为非上市公司股权出质登记机关的效果未必最佳,因为其作为公司登记机关,“原则上对发起人之外的股东的姓名或者名称不予登记,这在一定程度上限制了公司登记机关办理股权质权登记的公信力”。[1]

## 五、小结

从对上述法律、规章的辨析可以看出，目前我国股权质押的登记机关是证券登记结算机构和工商行政管理部门。前者登记的股权出质范围主要是上市公司的股权，后者主要是有限责任公司的股权，对于非上市股份有限公司的股权出质登记，在形式上尚存在争议。因此，建议证监会根据《物权法》的相关规定，对《管理办法》做出修改，运用《物权法》对其进行股权出质登记的授权，将证券登记结算机构负责登记的股权出质范围进行切实的、明确的规定，消除与《登记办法》之间的抵牾，从而进一步完善我国股权出质登记制度。

① 刘俊海：《现代公司法》，法律出版社2008年版，第304页。

# 《民法典物权编》应允许流质流抵*

**摘　要**:当前《民法典物权编》的几部草案对流质流抵允许与否的态度出现反复。流质流抵合法与否属于立法选择问题,禁止流质流抵与我国民商合一的立法理念相抵触。流质流抵与让与担保形异而质同,但司法实践倾向于否定流质流抵而认可让与担保,这种矛盾冲突说明了禁止流质流抵的不合理。现行担保物权法定实现方式存在成本过高的弊端,流质流抵能够降低担保物权的实现成本。流质流抵条款应进行公示,债务期满未清偿时债权人直接取得担保物的所有权,主张进行清算的举证责任由债务人或担保人负担。《民法总则》中民事法律行为可撤销的制度能够有效保障债务人和担保人的利益,《民法典物权编》应当对《物权法》中不合时宜的条款进行修改,允许流质流抵。

**关键词**:流质流抵;债权人保护;让与担保;担保物权的实现;公示与清算

## 目　次



---

* 本文原载《当代法学》2018 年第 4 期,此处进行了补充修改。中信证券股份有限公司合规总监、法律部负责人张国明博士为笔者提供了有关实务见解,谨致谢忱。

三、流质流抵与让与担保:司法实践中的不同命运
四、流质流抵对担保物权实现成本过高弊端之克服
五、流质流抵的公示与清算
六、结语

## 一、引　言

自2014年党的十八届四中全会做出编纂民法典的重大决定以来,沉寂多年的民法典的编纂工作便驶入快车道,立法机关不仅按照两步走的计划,于2017年3月15日颁布了作为民法典总则编的《民法总则》,而且全面了启动民法典分则各编的编纂工作。当前全国人大法工委民法室关于民法典的《合同编》《物权编》《侵权责任编》《人格权编》均已有草案面世,其中围绕《物权法编》更是召开了多场研讨会,民法室亦已二易其稿,在全国人大常委会法制工作委员会推出《民法典各分编(草案)》(征求意见稿)之后近五个月之后,《民法典各分编(草案》终于正式提交全国人大常委会进行一审,这表明民法典各分编的草案已经正式进入常委会"三读"的立法程序,民法典分编已经指日可待。

毋庸讳言,在短短两三年内要由法工委尤其是其民法室完成如此繁重的民法典分则各编的起草任务,在时间、人力、物力均极为有限的情况下,无疑是一项极为困难的事情,立法者也难免会采取较为保守的立法进路。就物权编所呈现的内容而言,明显是对2007年《物权法》略作修改而来,立法者旨在按时完成民法典物权编的立法任务,尽量避免大的改动带来的激烈争议。因此,"小修小改不大改"便成为民法典物权编的立法宗旨,而这一偏向务实的立法理念,也得到了学者的认同:"民法典物权编并不需要对《物权法》进行脱胎换骨式的修改,而应该在保持《物权法》的基本制度与基本规则不变的情况下,以问题为导向,进行必要的、适当的修改。"①

笔者曾将民法室的初稿与《物权法》进行详细对照,不免感到失望,因为绝大多数条文几乎雷同而缺乏新意,唯一让笔者略感欣慰的,是用益物权中新增加规定了居住权制度,担保物权中新增加了流质流抵制度。而时隔两

① 王利明:《我国民法典物权编的修改与完善》,载《清华法学》2018年第2期。

个月,民法室的二稿中,却将流质流抵制度删除,仅存居住权制度为新增加的制度,这一修改保留到了两个月之后的征求意见稿,并沿袭到一审稿。这导致流质流抵在物权编草案中的命运犹如过山车一般,昙花一现,稍纵即逝,令人扼腕!这说明面对流质流抵,立法者曾勇敢踏出一大步,却又旋即缩回。那么立法者背后的权衡与考量究竟为何,值得深思。笔者认为《民法典物权编》应当坚持面向未来、务实进取的立法态度,在担保物权中允许流质流抵制度,下文将阐述具体理由,以就教于方家(见表1)。

**表1 《民法典物权编》草案中流抵流质的立法态度变化(笔者自行整理)**

| | 《物权法》 | 《民法物权编(草案)》(室内稿)(2017年11月8日) | 《民法物权编(草案)》(室内稿)(2018年1月) | 《民法典物权编(草案)》(征求意见稿)(2018年3月15日) | 《民法典物权编(草案)》(一审稿)(2018年8月27日) |
|---|---|---|---|---|---|
| 关于流抵 | 第186条:"抵押权人在债务履行期届满前,不得与抵押人约定债务人不履行到期债务时抵押财产归债权人所有。" | 第191条:"抵押权人在债务履行期届满前,与抵押人约定债务人不履行到期债务时抵押财产归债权人所有的,未经登记,不得对抗善意第三人。" | 第186条:"抵押权人在债务履行期届满前,不得与抵押人约定债务人不履行到期债务时抵押财产归债权人所有。" | 第190条:"抵押权人在债务履行期届满前,不得与抵押人约定债务人不履行到期债务时抵押财产归债权人所有。" | 第192条:"抵押权人在债务履行期届满前,不得与抵押人约定债务人不履行到期债务时抵押财产归债权人所有。" |
| 关于流质 | 第211条:"质权人在债务履行期届满前,不得与出质人约定债务人不履行到期债务时质押财产归债权人所有。" | 删除《物权法》第211条。 | 第211条:"质权人在债务履行期届满前,不得与出质人约定债务人不履行到期债务时质押财产归债权人所有。" | 第216条:"质权人在债务履行期届满前,不得与出质人约定债务人不履行到期债务时质押财产归债权人所有。" | 第219条:"质权人在债务履行期届满前,不得与出质人约定债务人不履行到期债务时质押财产归债权人所有。" |
| 立法态度 | 全部禁止 | 全部允许 | 全部禁止 | 全部禁止 | 全部禁止 |

## 二、流质流抵与债务人保护：似是而非的问题

### （一）禁止流质流抵的渊源与流变

流质流抵，是指在担保物权设定时，担保人与担保权人关于当债务期限届满而债务人未能履行债务时，担保人便将质物或抵押物的所有权移转给质权人或抵押权人的约定。关于流质与流抵，也有不少学者和法官统称之为流质，因为“广义的质（Pignus；Pfand）泛指物的担保，包括质及抵押”。[①] 但在我国物权法上，质权、抵押权和留置权并列作为三大担保物权的规定影响已深，以流质统帅流质和流押难免存在概念不够准确之嫌，在司法实务中也容易引起混乱。[②] 此外，在各国立法与学理上，仅关于“流抵条款”就存在诸多指称，如流抵契约、流押契约、流抵约款、流质契约、抵押物代偿条款、绝押契约，同时流抵在日本又叫做直流抵押。有鉴于此，还有学者试图以“流担保契约”来概括流质与流抵两种情形，“舍‘流质契约’之用语，而尽量统一采用‘流担保契约’此语，似较能概括说明所有情形，以避免读者落入只讨论‘质权’部分的误解”。[③] 本文不追求流质的简称，亦无意创设新概念，而拟径以流质流抵的概念来并列进行表述。

---

① 史尚宽：《物权法论》，中国政法大学出版社2000年版，第338页。

② 我国司法实务中，既没有将流质和流抵统一称为流质，也没有严格区分流质和流抵，而是五花八门，毫无章法，完全由法官个人的概念偏好来决定。例如，对于以质押的股权偿债的约定，高级人民法院及最高人民法院有将之称为“流质条款”的[最高人民法院（2014）民提字第92号民事判决书、广东省高级人民法院（2015）粤高法民四终字第196号民事判决书、青海省高级人民法院（2015）青民一初字第40号民事判决书、辽宁省高级人民法院（2016）辽民终84号民事判决书]，也有将称之为“流质、流押”的[辽宁省高级人民法院（2016）辽民终517号民事判决书]；对于以房抵债的约定，高级人民法院及最高人民法院有称为“流押条款”的[湖南省高级人民法院（2015）湘高法民再一终字第9号民事判决书、福建省高级人民法院（2017）闽民再55号民事判决书]，也有称为“流质条款”的[最高人民法院（2013）民提字第135号民事判决书、贵州省高级人民法院（2016）黔民终144号民事判决书、江西省高级人民法院（2017）赣民终209号民事判决书、黑龙江省高级人民法院（2014）黑高商终字第30号民事判决书、云南省高级人民法院（2017）云民终128号民事判决书、辽宁省高级人民法院（2016）辽民终84号民事判决书、江苏省高级人民法院（2017）苏民终659号民事判决书、海南省高级人民法院（2016）琼民再11号民事判决书、重庆市高级人民法院（2016）渝民再5号民事判决书]，还有称为“流质抵押”的[新疆维吾尔自治区高级人民法院（2016）新民终421号民事判决书]。

③ 黄健彰：《流担保契约应否禁止？——兼评民法物权编第二次修正草案相关规定》，载《台湾本土法学杂志》2006年总第83期。

从表面上看，流质流抵条款无效的观念之所以深入人心，乃是因为其源自罗马法的悠久历史与传统。但在罗马法上，流质流抵也并非一开始就是无效的。就担保物权的形式而言，“在罗马法历史上，先后产生了信托、质权和抵押权三种物保”。[①] 其中，质权并未限制质权人在债权期满未受偿时直接取得质物所有权，因为罗马法上债权人对担保物享有出卖权，“根据一般契约规定，债务人于债务到期不清偿时，质权人可将质物收为己有，或作价后归其所有，或出卖质物而受偿。对于抵押物，抵押权人则以出卖标的物受偿的为多”。[②] 因此，罗马法并非一开始就禁止流质流抵，而是到了罗马法衰落的帝政后期才出现，且为《法国民法典》所采纳，并影响了《德国民法典》等众多大陆法系民法典，经年累月，从而成为了形根深蒂固的观念，即对流质流抵的态度并不宽松，持禁止态度者居多。

但大陆法系主要的民法典中，除少数如意大利民法典之外，很少同时禁止流质与流抵，不少是仅禁止流质而不禁止流抵，也有仅禁止流抵而不禁止流质的，或者两者都不禁止的。因此像我国《物权法》这样流质流抵同时禁止的立法例，很难说是典型的大陆法系立法例。

在亚洲地区，日本民法典虽然禁止流质，但对于抵押权的行使方法却并没有进行严格的限制，“即使根据偿还期到来之前当事人之间的特殊约定，作为偿还把标的不动产判归债权人所有；或者是用任意的方法进行折价，也不会对其造成妨害。这种特殊约定称为流抵押契约，判例很早就承认其有效性，此契约也被最高法院承袭，并得到一般学说的支持”。[③] 对于流抵可能产生的不利后果，日本民法的做法是将之交由民法典总则关于禁止暴利的规定进行处理和制衡。此外需留意的是，虽然在日本民法典上，“禁止流质契约是民法的一项原则。但是，值得注意的是，在其他的法律中，设立一些特殊质权的契约是允许流质的”。[④] 这些允许流质流抵的特殊规定范围其实甚为广泛，包括担保商行为的质权、典当公司的质权、公益典当的质权。因此，能解决很大一部分实

---

① 周枏：《罗马法原论》（上册），商务印书馆 1994 年版，第 423 页。

② 周枏：《罗马法原论》（上册），商务印书馆 1994 年版，第 432～433 页。

③ ［日］我妻荣：《新订担保物权法》，申政武、封涛、郑芙蓉译，中国法制出版社 2008 年版，第 277 页。

④ ［日］我妻荣：《新订担保物权法》，申政武、封涛、郑芙蓉译，中国法制出版社 2008 年版，第 135 页。

务中对于流质流抵的需求。

我国台湾地区的“民法”一开始也是严格禁止流质流抵，但学界逐渐认识到这一规定的弊端，“惟此项禁止之规定已过于僵化，有时反于债务人有害，更不利抵押权私实行程序之运用，有碍抵押物价值之极大化，故近世已备受检讨”。[①] 遂在2007年台湾地区“民法物权”修改时，便全面放开流质流抵，不再做无效之规定。

而《欧洲示范民法典草案》也采取了允许流质流抵的开明态度，只不过为保护消费者利益而设置了一些限制条件，即担保物是市场可得的可替代物及当事人约定了确定价格的合理方法的，就可以约定流质流抵条款，其他担保财产在债务人发生违约时才能约定流质流抵条款。

由此可见，在大陆法系国家和地区，一个明显的趋势便是不再僵硬地禁止流质流抵，而是在权衡各方利益之后采取开放的态度，允许流质流抵，此亦印证了学者所言：“我们应该改变流质契约一律无效的僵硬的态度。”[②]

(二)流质流抵是否合法属于立法选择问题

主张禁止流质流抵的理由，归纳起来主要有四种：保护债务人利益说、交易公平说、交换价值说、优先受偿权说。[③] 这四种理由之中，前两种本质上相同，即为了保护债务人利益，后两种主要是学者的理论担忧，不足过虑。因此，禁止流质与禁止流抵最为核心的理由如出一辙，皆为债务人利益之保护，“按债务人借债每多为急迫窘困之时，债权人乃利用此一机会，逼使订立流质契约，以价值甚高之抵押物担保小额之债权，希冀债务人届期不能偿债时，得取得其所有权，获非分之利益”。[④] 此种考虑将债务人设定为贫困窘迫的弱势群体，因急于融资用钱而在价值较大的担保物之上设立担保物权，在不能清偿债务时失去担保物的所有权，故将在流质流抵条款中承受债权人不当之剥削。因此，流质流抵制度似乎必然导致对债务人保护的严重不利。

---

① 谢在全：《民法物权论》(中册修订版第5版)，中国政法大学出版社2011年版，第783页。

② [日]我妻荣：《新订担保物权法》，申政武、封涛、郑芙蓉译，中国法制出版社2008年版，第135页。

③ 参见王明锁：《禁止流质约款之合理性反思》，载《法律科学》(西北政法学院学报)2006年第1期。

④ 谢在全：《民法物权论》(中册修订版第5版)，中国政法大学出版社2011年版，第783页。

然而，由比较法上的考察可知，大陆法系主要国家和地区对流质流抵的立法态度并不一致，绝少将两者同时一禁了之。这些国家或地区的民法皆较为完备成熟，亦都能够支撑一个较为发达的市场经济体制，因此难谓孰优孰劣。“由此可见，此问题似非法本质问题，而系各国和地区立法政策问题，故实难绝对论断其是非或妥当性，因为绝押契约是否绝对造成不公平，似难一概而论。”①（见表 2）

**表 2　大陆法系主要立法例对流抵流质的立法态度（笔者自行整理）**

| 立法态度 | 立法例 |
|---|---|
| 禁止流质 | 《法国民法典》第 2028 条第 2 款、第 2088 条② |
| | 《德国民法典》第 1229 条③ |
| | 《瑞士民法典》第 894 条④ |
| | 《韩国民法典》第 339 条⑤ |
| | 《日本民法典》第 349 条⑥ |

① 蔡明诚：《绝押契约禁止之问题》，载《台湾本土法学杂志》2001 年总第 21 期。

② 《法国民法典》有着关于禁止流质的明确规定，却没有关于流抵的规定，其第 2028 条第 2 款规定：“允许债权人不经任何手续、自行取得或处分出质物的任何条款，均无效。”其第 2088 条对于不动产质权规定：“债权人不得仅仅因为债务人在约定的期日仍没有清偿债务而取得该不动产的所有权，任何相反条款均无效。于此情形，债权人得经法律途径诉请剥夺债务人对该不动产的所有权。”参见《法国民法典》（下册），罗结珍译，法律出版社 2005 年版，第 1507 页、第 1511 页。

③ 《德国民法典》未规定流抵合同的效力，只有内容相似的“不准许的清偿约定”，而仅明文规定了流质契约的效力，并被国内译者译为失权协议的禁止。其第 1229 条规定：“根据在出卖权发生前达成的协议，在质权人不受清偿或者不及时受清偿时，物的所有权即应当归其享有或者向其移转的，其协议为无效。”译者对该条宗旨解释为：“本规范旨在宣告，禁止在出质人与质权人之间订立失权合同，以此阻止将质权作为担保质权或者变卖质权的法律体系，通过失权协议转变成为失权质权，从而使出质人提前放弃质权变价的利益。”参见杜景林、卢谌：《德国民法典——全条文注释》（下册），中国政法大学出版社 2015 年版，第 864 页。

④ 《瑞士民法典》仅明文禁止流质契约而未规定流抵契约，其第 894 条规定：“约定在债权已届清偿期而未为清偿时，质物的所有权移属质权人者，其约定无效。”参见《瑞士民法典》（修订截至 2016 年 1 月 1 日），戴永盛译，中国政法大学出版社 2016 年版，第 307 页。

⑤ 《韩国民法典》仅禁止流质而未规定流抵，其第 339 条规定：“出质人在债务清偿期前的契约中，不得约定质权人以取得质物的所有权代替清偿，或非依法律规定的方法处分质物。”参见《韩国最新民法典》，崔吉子译，北京大学出版社 2010 年版，第 177 页。

⑥ 《日本民法典》第 349 条“流质契约的禁止”：“出质人，不得以设定行为或债务清偿前的契约，使质权人取得作为清偿的质物的所有权，或使质权人不依法律所定方法处分质物。”

续表

| 立法态度 | 立法例 |
| --- | --- |
| 禁止流抵 | 《葡萄牙民法典》第694条① |
| 全部禁止 | 《意大利民法典》第2744条② |
| | 《中华人民共和国物权法》第186条、第211条 |
| 全部允许 | 《西班牙民法典》第1858条③ |
| | 我国台湾地区"民法"第873－1条、第893条④ |
| | 《欧洲示范民法典草案》第9－7:103条、第9－7:105条⑤ |

所以,允许流质流抵便会造成对债务人不利之论者,恐应三思。上述国家或地区的立法,均是权衡各方利益之后的结果,不存在完全不考

① 《葡萄牙民法典》第二卷债法第一编债之通则第694条"不容许之约定"规定:"如约定在债务人不履行给付时债权人可将抵押物据为己有者,不论该约定先于或后于抵押权之设定而订立,均属无效。"参见《葡萄牙民法典》,唐晓晴等译,北京大学出版社2009年版,第121页。

② 《意大利民法典》第2744条"债权未实现时取得担保物所有权的禁止"规定:"合意在规定的期限内债权未清偿的场合,作为抵押或质提供的物移转给债权人的特别约定无效。即使该特别约定是在抵押权或质权设定之后形成的场合亦无效。"参见《意大利民法典》,陈国柱译,中国人民大学出版社2010年版,第486页。

③ 《西班牙民法典》第1858条规定:"同样作为质押和抵押合同的构成要件的是,当债务到期时担保人可将作为担保的物交付其债权人。"参见《西班牙民法典》,潘灯、马琴译,中国政法大学出版社2013年版,第455页。

④ 我国台湾地区"民法"第873－1条第1款规定:"约定于债权已届清偿期而未为清偿时,抵押物之所有权移属于抵押权人者,非经登记,不得对抗第三人。"其第893条第2款规定:"约定于债权已届清偿期而未为清偿时,质物之所有权移属于质权人者,准用第八百七十三条之一之规定。"

⑤ 《欧洲示范民法典草案》第9－7:103条第1项规定:"除非另有约定,担保权人可以以非司法途径实现担保物权。其第9－7:105条"流质契约"规定:"(1)违约前所达成过的,在违约后由担保权人取得担保财产所有权的协议,或有类似效果的协议,均属无效。(2)本条第(1)款的规定不适用于以下情形:(a)担保财产是在公认的市场上以公开的价格进行交易的可替代物;(b)当事人事先约定了便于确定合理市场价格的其他方法。(3)本条第(2)款第(b)项规定对于消费者担保人不适用。(4)允许以物抵债的,担保权人也仅有权在以物抵债时公认的或同意的市场价格的范围内,取得担保财产的所有权。担保人有权要求返还超过担保债务的剩余部分。债务人对不足部分仍应承担清偿责任。(5)本条不适用于保留所有权交易。"参见欧洲民法典研究组、欧盟现行私法研究组编著:《欧洲示范民法典草案:欧洲私法的原则、定义和示范规则》,高圣平译,中国人民大学出版社2012年版,第386页、第387页。

虑债务人利益保护的现象。所以,面对流质流抵,究竟是允许还是禁止,更多的仅仅是一个立法选择的问题,“与民法问题中的事实判断问题存在有真假之分不同,民法中的立法技术问题既没有真假之分,也没有对错之别,民法中的立法技术问题关键是看立法者设定的所欲实现的立法目标是什么”。[①] 因此,是否允许流质流抵,仅仅只是一个立法者的选择决断问题,并不直接决定公正与否。这也就是学者所批评的:“从流质约款禁止立法方式看,与其说流质约款禁止是基于公平原因的考虑,不如说是立法技术的非科学性使然。”[②]

此外,不允许债务人在设清偿期届满前便约定期满不能清偿债务则担保物归债权人所有,但却允许期满后约定担保物以“折价”的方式归债权人所有,对于赞成禁止流质流抵者的这一保护债务人,避免“债务人急迫”而受债权人剥削的立论,有学者并不以为然,指出:“因为债务人如果订定时急迫,到还款前也都可能急迫,如果抵押契约订定时需要保护,债权清偿前也需要保护。”[③]所以禁止流质流抵并不能与债务人保护画等号,对这一制度的规定更多反映的是立法技术问题,而非是否保护债务人的价值选择问题。

(三)禁止流质流抵与我国民商合一的立法理念相抵触

“与民法相比,商法对私法自治的追求有过之而无不及。”[④]在我国民商合一的立法体例下,流质流抵是否合法,还涉及民事立法是否照应了商法特殊性的问题。立法者既然秉持民商合一的立法理念,在民法典中对民商事制度同样做出规定,那么在编纂民法典时,立法者必须时时谨记对商法独特性的照应,而不能将所有的法律行为模式皆以自然人之间的传统的交往方式为样本,否则必然会忽视实践中法律行为方式的多样性。

如果民法典过于保守而对于商事实践的需求照顾不足,那么商事实务届便会另辟蹊径,通过商法学者去推动商法典的编纂,为商事活动

① 王轶:《当前民法典编纂争议问题的讨论方法》,载《北京航空航天大学学报》(社会科学版)2018年第1期。

② 刘俊:《流质约款的再生》,载《中国法学》2006年第4期。

③ 谢哲胜:《流质(押)契约自由与限制》,载《台湾本土法学杂志》2005年总第73期。

④ 刘斌:《论我国民法总则对商事规范的抽象限度——以民法总则的立法技术衡量为视角》,载《当代法学》2016年第3期。

争取到必要的法律空间。例如,由中国法学会商法学研究会于 2015 年 6 月组织起草并发布的《中华人民共和国商事通则立法建议稿》第 26 条便规定:“在抵押、质押担保中,当事人可以约定债务人不履行债务的,抵押物、质物归抵押权人、质权人所有。”这一规定直接将民法学界存在较大争议的流质流抵制度予以了全面的合法化,而且根本不考虑任何公示与清算的条件。这一立法建议在民法学者看来过于激进,但却在很大程度上反映了商事实践的需求,“《商事通则立法建议稿》是商法学会集体劳动的产物,汇集了商法学界的集体智慧,也反映了商法学界最为关切、最为期盼的商事法律制度和理念,因此值得学界和立法机关在编纂民法典的过程中予以重视并进行参照、吸收”。①

如前文所述,与其他大陆法系国家和地区的民事立法相比,我国现行物权法体系中,对于流质流抵采取的是全面严格禁止的态度,不仅在《物权法》《担保法》及其司法解释中反复规定流质和流抵皆为无效,而且还未规定营业质权,对于典当行业的流质权限严格限制在人民币 3 万元以内。商务部、公安部 2005 年颁发的《典当管理办法》第 43 条第 2 项规定:“绝当物估价金额不足 3 万元的,典当行可以自行变卖或者折价处理,损溢自负。”而在典当行可以从事的动产质押、财产权利质押、房地产抵押等业务中,仅仅允许 3 万元以内的绝当额度,将导致绝大多数典当物品不能通过绝当的方式进行处理,而必须通过物权法规定的担保物权的实现方式来进行处理,这无疑是对典当行业的极大桎梏,因为“若不许流质,则需经质权之实行手续,当铺将不胜其繁而不愿从事,势将因此断绝社会大众资金筹措之源,自非大众之福。况此种营业质大抵受行政监督,理论上言应可防免流质所可能造成之弊害”。② 这也是学者一再呼吁民法典物权编应当增加规定营业质权的原因之所在。③ 而在日本,虽然其民法典禁止流质而仅默许流抵,但其商法典却允许为商行为发生的债权提供担保而设立质权时,可以约定流质,“作为立法

① 孟强:《经由编纂民法典实现民商合一——兼评〈民法总则专家建议稿〉与〈商事通则立法建议稿〉》,载《社会科学战线》2015 年第 12 期。

② 谢在全:《民法物权论》(下册修订版第 5 版),中国政法大学出版社 2011 年版,第 1002 ~ 1003 页。

③ 参见王利明:《我国民法典物权编的修改与完善》,载《清华法学》2018 年第 2 期。

理由，它基于商行为的当事人在经济地位上不会有过大的悬殊，因此尊重商人之间自由交易的意思为妥当的判断”。[①]

在民法典的制度设计上，立法者应该通过一项制度尽可能多维持和彰显一些基本价值，而不是仅兼顾其一，忽略其他。“流质禁止在维护法律的公平价值目标的同时，抛弃了法律的效率和自由价值目标；而流质许可却全面维护了法律的自由价值、效率价值，并兼顾了公平价值。”[②]在需要设立担保的法律关系中，大多数情形都属于商事交易，当事人都是理性的、工于计算的商事主体，对自身的利益和处境有着充分的认识，对于担保物的价值也有着理智的估量，能够预料正常的商业风险，因此并不需要立法者过多的介入。

因此，在我国既禁止流质又禁止流抵、不承认营业质权、对典当行业的绝当额度限制在 3 万元以内的背景下，法律无疑成为了市场主体意思自治和商事交易自由的极大的桎梏，而这既有违民法的自由和自治原则，也与民商合一的立法理念相冲突，因此亟须改变。

## 三、流质流抵与让与担保：司法实践中的不同命运

### （一）流质流抵与让与担保形异而质同

由于我国现行物权立法严格禁止流质流抵，在司法实践中，如果担保合同中直接做出了流质流抵的约定，则极有可能被法院认为是无效条款乃至无效合同。然而，如果流质流抵的约定是以让与担保等非典型担保形式出现的，却有可能被法院认定为有效。那么在大致相同的案情下，裁判结果出现了如此大的分野，就形成了同案不同判的结局。

当然，让与担保与流质流抵是否同其本质，为一回事，学界存在争议。有学者认为，让与担保与流质流抵是两种不同的担保方式，存在较大差别，因为“流担保与让与担保两者之差别最主要在于：让与担保是先移转所有权，流担保则是后移转所有权”。[③] 也有学者认为，让与担保以及回购协议以物抵债等都与流质流抵在实质上是一回事，“像流质合

---

① ［日］我妻荣：《新订担保物权法》，申政武、封涛、郑芙蓉译，中国法制出版社 2008 年版，第 135 页。

② 刘俊：《流质约款的再生》，载《中国法学》2006 年第 4 期。

③ 黄健彰：《流担保契约应否禁止？——兼评民法物权编第二次修正草案相关规定》，载《台湾本土法学杂志》2006 年总第 83 期。

同的禁止根据回赎而摆脱法律一样，让与担保使直流抵押产生了相同的法律结果。在其他方面，代物偿还预约（临时登记担保），回赎，再买卖预约也全部产生直流抵押的结果”。[①] 还有学者认为，让与担保可以分为清偿型让与担保和归属型让与担保两类，前者在债务不能清偿时，担保权人负有清算义务，后者则可以不经清算直接取得担保物，所以前者也被称为精算型让与担保，后者也被称为流质型让与担保。[②]

如果单从形式上看，让与担保确实与流质流抵存在差异，例如，让与担保是先将担保物的所有权移转到债权人名下，债务人能按期清偿的就可以主张担保物所有权的返还，不能清偿时就不归还，而流质流抵是先不移转担保物的所有权，只有当债务人不能清偿债务时才移转担保物所有权给债权人，两者移转担保物所有权的时间点不同。但如果从本质特征出发，就会发现让与担保在本质上其实是在债务人不能清偿债务时，特定的担保物要归债权人所有。那么从这一本质特征来看，其与流质流抵条款并无差异。

（二）司法实践倾向于否定流质流抵而认可让与担保

在司法实践中，如果当事人在合同中直接约定了流质流抵条款，则基本上都会被法院认定无效。但即便是认定流质流抵约定无效的理由，在高级人民法院以上的司法机关层面上亦不统一，法官在认定流质流抵条款无效时，作出裁判所援引的大前提呈现出多元化的面貌。笔者统计主要有如下几种：第一种，认为流质流抵条款违反了物权法和担保法关于禁止流质流抵的规定而无效。持这种立场的法院判决较多，而且最高人民法院亦有数份判决文书明确以此为由认定流质流抵条款无效。[③] 此外，在湖南省高级人民法院、[④]云南省高级人民法院、[⑤]海南

---

① ［日］近江幸治：《担保物权法》，祝娅、王卫军、房兆融译，法律出版社2000年版，第139页。

② 参见陈荣隆：《让与担保之法律构造（上）——“最高法院”九十一年台上字第一一八零号判例评析》，载《月旦法学杂志》2003年总第96期。

③ 中华人民共和国最高人民法院民事判决书（2013）民提字第135号。

④ 湖南省高级人民法院民事判决书（2015）湘高法民再一终字第9号。

⑤ 云南省高级人民法院民事判决书（2016）云民终629号。

省高级人民法院、[1]黑龙江省高级人民法院、[2]重庆市高级人民法院、[3]新疆维吾尔自治区高级人民法院、[4]辽宁省高级人民法院、[5]福建省高级人民法院[6]的判决文书中，均明确以流质流抵条款违反物权法、担保法关于禁止流质流抵的规定而认定条款甚至合同无效。第二种，认为流质流抵条款违反物权法定原则而无效。[7] 第三种，认为流质流抵条款属于以合法形式掩盖非法目的而无效。[8] 第四种，认为流质流抵约定属于虚假意思表示[9]或无真实法律关系[10]而无效。

但如果当事人让合同中的流质流抵条款披上让与担保的外衣，则其命运很可能会迎来转变，因为不少司法机关对于让与担保等非典型担保形式持较为开明的态度，并不似对直接的流质流抵条款那么严格。有学者研究发现，“司法实践中，回购协议的效力分歧在于是否被认定为流质契约。若回购协议被认定为流质契约，则被认定为无效，反之则有效”。[11] 对于让与担保形式下的流质流抵，广东高院一份判决书中的表述颇为典型，代表了不少省高级人民法院的类似态度：

“本院认为，长城担保公司、国融公司与港丰集团公司是通过合同方式设定让与担保，并非创设一种单独的担保物权，形成的是在受契约自由和担保的经济目的双重规范下的债权担保关系。故在合同项下的当事人约定的相关权利义务内容只要不违反法律强制性规定和民法中的公序良俗原则，应尊重当事人的该项约定。”[12]

“当认定动产的让与担保有效时，是无法贯彻禁止流质契约的原则

① 海南省高级人民法院民事判决书(2016)琼民再11号。
② 黑龙江省高级人民法院民事判决书(2015)黑高商终字第74号。
③ 重庆市高级人民法院民事判决书(2016)渝民再5号。
④ 新疆维吾尔自治区高级人民法院民事判决书(2016)新民终421号。
⑤ 辽宁省高级人民法院民事判决书(2015)辽民二终字第00223号。
⑥ 福建省高级人民法院民事判决书(2017)闽民再55号。
⑦ 浙江省高级人民法院民事判决书(2015)浙民提字第69号。
⑧ 云南省高级人民法院民事判决书(2016)云民终83号。
⑨ 江苏省高级人民法院民事判决书(2017)苏民终659号。
⑩ 广东省高级人民法院民事判决书(2017)粤民再6号。
⑪ 高圣平:《论流质契约的相对禁止》,载《政法论丛》2018年第1期。
⑫ 广东省高级人民法院(2015)粤高法民四终字第196号民事判决书。

的。”[①]对此，也有最高人民法院法官坦言：“实务中，规避流质契约的情形并不鲜见，而裁判者中与案例一持相同观点的也不在少数，导致我国法律对流质契约的禁止规定在实际民事交易活动中及相当部分的案件中流于形式，没有起到法律应有的效能。”[②]在世界范围内，不少国家的民事立法和司法实践都已承认让与担保的效力，我国学界对于让与担保合法化的呼吁也一直强劲，司法机关已经受到了较多的影响，认可让与担保有效的不在少数。

但认可让与担保就会影响禁止流质流抵规定的实际施行效果，甚至引发另一个更大的问题，即既然让与担保与流质流抵在本质上是相同的，甚至让与担保在成立之初就将担保物的所有权移转给债权人，而流质流抵只是在债务不履行时才将担保物的所有权移转给债权人，那么相比而言，让与担保显然对于债务人更为不利，但前者很可能被司法界允许而后者则绝不允许，如此绝非公平。所以，有学者一针见血地指出：“立法一方面禁止流质契约，实务见解却承认让与担保契约有效，二者显然矛盾。”[③]

因此，虽然物权法等法律禁止流质流抵条款的效力，但实务中流质流抵条款一旦披上让与担保等非典型担保的外衣出现，则可能被认定为有效。这不仅造成法律制度之间的不公正待遇，也再次说明禁止流质流抵的不合理性。而通过《民法典物权编》来解决这一问题正逢其时，因为“僵化的立法和现实的需求之间的断裂已经造成了司法裁判上的分歧，无法形成统一的解释结论，尚需经由立法解决——这也是此次民法典编纂所要面对的现实”。[④]

## 四、流质流抵对担保物权实现成本过高弊端之克服

### （一）担保物权法定实现方式的路径

允许流质流抵，最为突出的优势便是极大地节约了担保物权实现的成本。而担保物权实现的时间成本、人力成本、经济成本过高，是我

---

① [日]我妻荣：《新订担保物权法》，申政武、封涛、郑芙蓉译，中国法制出版社2008年版，第135页。

② 张爱珍：《对禁止流质契约必要性的现实考量》，载《人民司法·应用》2015年第11期。说明：引文中的“案例一”系指最高人民法院（2011）民提字第344号民事判决中的案例。

③ 谢哲胜：《流质（押）契约自由与限制》，载《台湾本土法学杂志》2005年总第73期。

④ 高圣平：《论流质契约的相对禁止》，载《政法论丛》2018年第1期。

国现行担保物权制度运行中最大的弊端。对于担保物权的实现方法，根据《物权法》第195条和第219条的规定，担保物权的法定实现方式是协议折价或拍卖变卖担保财产这两种。

一是协议折价。通过协议以抵押财产折价来清偿债务的方式表面上看起来有利于节省交易成本，能够较为快捷、便利地实现抵押权或质权，然而，欲实现协议折价，需要抵押人或出质人的高度配合才有可能，当债务人不能履行到期债务时，其往往会与债权人发生纠纷，此时债务人与担保物权人就担保物的价值确定就存在利益冲突，而且还有可能涉及其他债权人利益而被其他债权人向人民法院申请撤销折价协议，引发新的纠纷。因此，实践中协议折价的方式仅是“看上去很美”，实际运用其实并不多见。

二是拍卖变卖。实务中较多采用通过向法院申请强制执行担保物，以拍卖、变卖抵押质押财产所得的价款优先受偿。具体实现的路径主要有三种：第一，在担保合同办理了强制执行公证的情况下，先向公证机关申请强制执行证书，然后再依据该强制执行证书向人民法院申请担保合同的强制执行，由人民法院在执行程序中依法对担保物进行拍卖或变卖。第二，在有仲裁协议的情况下向仲裁机关申请仲裁，再持仲裁协议向人民法院申请强制执行，由人民法院在执行程序中依法拍卖、变卖抵质押物。第三，在没有强制执行公证和仲裁协议的情况下，根据《民事诉讼法》第196条、第197条的规定，担保物权人应当首先向担保财产所在地或者担保物权登记地基层人民法院提出实现担保物权的申请，人民法院受理申请后并裁定拍卖、变卖担保财产的，担保物权人再依据该裁定向人民法院申请执行，然后再由人民法院在执行程序中依法拍卖、变卖抵质押物。由此可见，以拍卖、变卖抵质押财产所得的价款优先受偿的方式实现抵押权或质权都要经过两个阶段，第一阶段是通过申请强制执行证书、申请仲裁或者申请实现担保物权法律诉讼程序取得执行依据，第二阶段是持执行依据向人民法院申请强制执行，由人民法院在执行程序中对担保物进行拍卖、变卖以获得价款。

通常情况下，担保物权法定实现方式需要经历的法律程序一般包括诉前保全、起诉、立案、文书送达、调解、判决、执行等，这一整套程序耗时可能长达两三年，当然具体情况需要结合各地区司法环境判断。

如果在个案中出现了地方保护主义、地方领导干预、区域司法效率低下、债务人故意拖延、跨省首封等情况的，对实现程序的时间还会有较大影响。对此，学者感叹："我国目前社会信用状况不佳，冗长的诉讼程序已令人望而却步。"①

(二)拍卖变卖方式的高额成本费用

如前所述，担保物权法定实现方式中运用较多的是拍卖变卖的方式。一般而言，以拍卖变卖的方式实现担保物权可能涉及的费用具体包括如下几方面：

第一，对于抵押权或质权人，需要先行垫付向公证机关申请强制执行证书的费用、申请仲裁的仲裁费或向人民法院申请实现担保物权的诉讼费，以及先行垫付委托评估的费用。虽然这些费用最终会由抵押人或出质人即执行案件中的被执行人承担，但对于债权人最重要的还是时间成本。其中，通过诉讼程序实现担保物权的，诉讼程序较为冗长，判决在相当程度上不具终局性且实际执行中往往也会遇到很多困难。

第二，对于抵押人或出质人，还需要承担：由抵押权人或质权人先行垫付的向公证机关申请强制执行证书的费用、申请仲裁的仲裁费和向人民法院申请实现担保物权的诉讼费；由抵押权人或质权人先行垫付委托评估的费用；拍卖未成交或者非因拍卖机构的原因撤回拍卖委托情况下拍卖机构为本次拍卖已经支出的合理费用，②人民法院的执行费，③以及加倍支付的迟延履行期间的债务利息。④

第三，对于抵押物或质押物拍卖的竞买人而言，实践中还需承担拍卖佣金。

第四，在常见的股权质押中，股权担保在实现时还会因为股权评估变价的困难而涉及一些特殊的交易成本。股权的价值在现实生活中往往具有波动性和不确定性，而我国目前对股权的评估作价缺乏明晰的

---

① 高圣平：《统一动产融资登记公示制度的建构》，载《环球法律评论》2017 年第 6 期。

② 最高人民法院《关于人民法院民事执行中拍卖、变卖财产的规定》第 32 条。

③ 最高人民法院《关于适用〈诉讼费用交纳办法〉的通知》第 4 条。

④ 《民事诉讼法》第 253 条、最高人民法院《关于执行程序中计算迟延履行期间的债务利息适用法律若干问题的解释》第 1 条。

规定，所以实践中一般需要委托有合法资格的专门机构进行评估作价，且可能涉及其他股东优先购买权的行使。在对有限责任公司股权进行处置时，由于标的公司的生产经营或者偿还债务能力可能状况不佳，往往寻找有意愿的股权买受人较为困难；涉及国有股权转让的需经审批，流程较长，为防止国有资产流失，对于竞买人、评估机构选择等审核均较为严格；涉及上市公司股权的，是否必须经过股权价值评估程序仍存在争议，非限售股等作为质押标的价值受到股票市场波动影响，限售股质押即便通过司法途径予以拍卖、变卖，竞买人竞买成功后仍需遵守相关限售期的限制，且证监会、交易所相关关于上市公司减持等行政法规、自律规则等规范性文件[①]对于时间、比例有较多限制性规定，在各地法院司法强制执行程序中对其效力的认定和适用在各地实践不一，存在争议，也为上市公司股权处置增加了难度和成本；涉及处置境外公司股权的由于法律、司法体系的跨境特点，代理成本高昂，情形较为复杂，实践中的成功案例更少，结果亦不确定性较大。

第五，债权人通过强制执行程序实现担保物权还需要缴纳国家法定的流转税和所得税（当然此项税费与流质流抵中债权人得以直接取得标的物所有权所需支出的税费并无差异）。按照我国税法规定，通过执行程序过户取得标的物所有权也需缴纳相关所得税和流转税。其中，流转税包括增值税，城市维护建设税，教育费附加和地方教育费附加，印花税，不动产变现过程中还涉及不动产交易产生的契税、土地增值税等；所得税包括个人所得税或企业所得税。

第六，对于全社会而言，采取以拍卖、变卖抵质押财产所得的价款优先受偿的方式实现抵押权或质权，实质上是将私主体之间的交易交由公权力机关去执行，这无疑需要占用较多的司法资源去参与到担保案件的受理与执行中去，这在当前案多人少的司法大环境下，也是一种本可避免的外部成本。

由上可见，采取以拍卖、变卖抵质押财产所得的价款优先受偿的方式实现抵押权或质权，不仅时间周期较长，而且要承担包括诉讼费、律师代理费以及时间成本，商业上机会成本、人力成本等在内的成本费

① 如证监会《上市公司股东、董监高减持股份的若干规定》（中国证监会公告〔2017〕9号）等。

用，而这种交易成本无疑是高昂的，会极大增加担保物权人的负担。

（三）流质流抵对担保物权实现成本的降低

从上述担保物权按照法定途径实现时的巨大成本可以看出，禁止流质流抵对于当事人的利益影响极大，且影响的不仅是债权人的利益，对于债务人的利益影响同样重大。允许流质流抵，在债务人无法清偿债务时直接将担保物移转给债权人，能够避免诸多的实现程序和繁杂环节，无须司法机关的介入就可以使担保物权人实现对担保物的优先受偿之目的，极大地节省了在各类烦琐环节上的时间，也极大地节省了诸如公证、评估之类的各类费用成本，能够以快捷、低成本的方式实现担保物权，自然也就节省了当事人的心理成本，同时将私主体之间的交易交由当事人自行执行，也就节约了司法资源，降低了社会成本。

因此，如果立法允许流质流抵，当债务人期满不履行债务时，债权人得以直接取得标的物的所有权，不仅能够极大地强化质权和抵押权的担保功能，更能够极大地节省担保物权法定实现方式的高额成本，包括时间成本、人力和物力的成本等。如此就能够促进交易的便捷高效，也能够更好地发挥担保物权的效用，这也符合市场经济的本质需求，能够促进市场经济的良性发展。

**五、流质流抵的公示与清算**

（一）流质流抵条款应进行公示

流质流抵的条款约定对于债务人的其他债权人利益影响重大，因此应当对流质流抵约定进行公示，让第三人能够知晓担保物之上的权利负担状况，这也是晚近认可流质流抵立法例的通行做法，我国也应遵循这一做法。

我国《物权法》第187条对于在不动产和不动产用益物权之上设立的抵押权采取登记生效主义，要求“抵押权自登记时设立”；《物权法》第188条对于在生产设备、原材料、半成品、产品、交通运输工具等动产之上设立的抵押权则采取登记对抗主义，“未经登记，不得对抗善意第三人”。对于动产质权，《物权法》第212条亦采取交付生效主义，“质权自出质人交付质押财产时设立”。可见，我国物权法重视对第三人利益的保护，要求担保物权的设立进行公示，否则不能取得对抗第三人的效力，甚至在当事人之间都无法生效。

在此背景下，如果《民法典物权编》沿袭《物权法》的上述立法宗旨，那么允许流质流抵约定时，也会相应地要求流质流抵条款进行公示。质权由于以移转占有为公示方式，对第三人而言较为直观，流质约定也同样伴随着质物的交付占有而进行了公示。抵押权既然以登记为公示方式，那么在当事人之间存在流抵约定时，也应当一并进行登记，才是有效的公示方式，否则无法取得对抗第三人的效力，“若流押契约未经登记，则仅于当事人间有其债权效力”。[①] 我国2017年11月的《民法物权编（草案）室内稿》正是基于此种思路，其第191条强调流抵的约定“未经登记，不得对抗善意第三人”。因此，在后续《民法典物权编》草案中若能允许流质流抵，则也应保留对于流质流抵条款进行公示的要求，以实现当事人意思自治与善意第三人保护之间的利益平衡。流质流抵条款应分别以移转占有和进行登记为公示方法，就流抵条款而言，在具体操作上，可以由负责抵押登记的机构在登记簿上除了抵押当事人、债务人的姓名或者名称、被担保债权的数额和登记时间的事项外，增加对流抵约定的记载。“我国目前的社会经济发展现状之下，构建基于互联网的完全电子化登记系统正合时宜。”[②]在登记系统电子化、互联网化的时代背景下，对于电子登记簿中内容的适量增加并不会造成登记成本的攀升，故在实践中是完全可行的。

（二）主张清算的举证责任应由担保人负担

流质流抵实现时债权人的清算义务，是在债务人期满不能清偿债务而由债权人取得担保物所有权时，债权人应当对担保物的价值进行评估清算，当担保物价值超过所担保债权的部分应退还给债务人，担保物价值不足以抵偿债务的，则债务人仍负有清偿责任。当债务人的债务期满未能清偿时，根据其与债权人之间的流质流抵约定，债权人有权取得担保物所有权。但债权人此时是否负有清算义务，则存在一些争议。

大多数学者认为在流质流抵实现时，债权人负有清算的义务，典型代表如谢在全教授就指出：“质权人与出质人在设定动产质权时，或于债权清偿期届满前，为届期未为清偿，质物之所有权移属于质权人之约

---

① 李兆环：《两岸抵押权之比较与立法建议》，载《财经法学》2017年第6期。

② 高圣平：《统一动产融资登记公示制度的建构》，载《环球法律评论》2017年第6期。

定者，为流质契约之约定，此项约定虽属有效，但质权人就质物之价值负有清算义务。”[①]但也有较为激进的观点，认为债权届期未获清偿的，债权人可以直接取得担保物所有权，并无须负担清算义务，同时直接消灭债务人的债务，因为“此时流质契约未必对债务人不利，因为债务人以流质契约换取有限责任，而担保物价值本有涨跌价的风险，担保契约订定时到债权届清偿日期间，担保物价值涨跌的风险，借由双方此一约定即由债务人移转到债权人”。[②] 笔者认为，完全取消债权人的清算义务未必妥当，因为如此可能导致流质流抵条款等同于营业质（典当）中的绝当。而典当行业受到特别法的调整，具有准入门槛限制、行业主管机关的严密监管等诸多方面的制约，相对较为规范，一般不存在对债务人严重不利的隐患，但普通债权债务人之间的担保约定则缺乏此类监管，一旦放任自流，免除所有流质流抵中债权人的清算义务，则难免出现滥用流质流抵条款而侵害债务人利益的情形，故流质流抵条款中的债权人清算义务还是应当保留。

对担保权人课以清算义务，无疑平衡债权人、债务人和第三人利益以取得公平效果的有益规则。但需要注意到的是，理论与实践往往存在落差，尤其是诸如公平、公正、自由等宏大法律原则，要想在实践中切实发挥作用，必须辅以合理且精细的制度，否则宏大的法律原则不仅无法落地生根，甚至还会给当事人带来实质负担。因此，担保物所有权如何移转、清算义务应当由谁承担、由何方进行举证，便应当仔细斟酌，不可大而化之。对此，笔者认为清算义务的具体履行应遵循如下两项规则：

规则一：在债务期满未清偿时，根据流质流抵条款的约定，债权人直接取得担保物的所有权，得以请求登记机构变更抵押物的权属登记，或直接对质物的占有由他主占有变为自主占有。亦即，当流质流抵条件成就时，债权人得以直接取得担保物的所有权，而非必须诉诸法院请求确认其对担保物的所有权，因为“流押条款本是为了减少抵押权实行的成本，如果流押条件成就抵押权人无法立即取得所有权，而仍须借由

---

① 谢在全：《民法物权论》（下册修订版第 5 版），中国政法大学出版社 2011 年版，第 1002 页。

② 谢哲胜：《流质（押）契约自由与限制》，载《台湾本土法学杂志》2005 年总第 73 期。

另次诉讼才能让债权人取得所有权，显然违反流押自由的立法意旨，也违反当事人订立抵押契约的本意”。[①] 只有当担保人不愿配合履行变更登记或持有异议的，债权人或有异议的担保人才有必要须诉请法院请求裁决。

规则二：债权人在流质流抵条件成就时虽然负有清算义务，但主张进行清算的举证责任应当由债务人或担保人负担。由于流质流抵设立时，债权人和债务人对于担保物的价值必然有相当之估量，所以一般情形下债权人无须主动进行清算，否则，又将陷入各种评估和争议的泥淖之中，徒增诉累，在时间、金钱和心理成本攀升的过程中，将流质流抵的制度优势消耗殆尽。因此，应当将主张清算的举证责任配置给债务人和担保人一方，“质权人仅须确保质物之估算价值系属合理即为以足，出质人、债务人或其他债权人若争执其偏低或有不合理之情事者，应由其负证明之责”。[②] 也就是说，一般情形下，债权人无须对担保物进行清算，但债务人、担保人等利益相关者认为担保物价值明显高于所担保债权数额时，由他们负担举证责任，提供初步证据，债权人不能反证时便对担保物进行清算，并将清算结果告知对方当事人，将清算金额与债权数额进行结算，多退少补。

此外需要强调的是，无论是流质流抵条款的磋商订立之时，还是在履行过程之中，一旦出现债权人欺诈、胁迫等导致债务人或担保人意思表示不真实的情形的，债务人和担保人均可依据《民法总则》第 147 条至第 152 条的规定，主张流质流抵条款的撤销。这也是民法典对于流质流抵条款的总体制约和监督，为流质流抵条款中合法权益不当受损的当事人提供充分、通畅的救济措施和救济渠道。

在我国台湾地区十余年前启动“民法物权编”修改时，学者就曾辛辣地指出：“对于不公平的流质契约，采取司法管制即可，不必在条文中为太多的限制，立法者自作聪明，但通常都不会比当事人聪明，其结果徒然影响契约的效率。”[③]因此，必须认识到民法典是一部有机整体，各

---

① 谢哲胜：《流押契约》，载《月旦法学教室》2010 年第 98 期。

② 谢在全：《民法物权论》（下册修订版第 5 版），中国政法大学出版社 2011 年版，第 1002 页。

③ 谢哲胜：《流质（押）契约自由与限制》，载《台湾本土法学杂志》2005 年总第 73 期。

个制度之间能够相互联系和制约，故立法者大可不必过于拘泥于流质流抵制度本身而忘了放眼整部民法典的条文，以至于忧心忡忡、举棋不定、踌躇不前，到最后错失对物权法进行改革的良机！

## 六、结语

“法律是市场经济一只可见的手，规范、引导、保障交易活动和竞争秩序。”①民法典作为市场经济的基本法，应当紧密服务于我国市场经济的实际需求，对于市场经济的良性发展起到推动和促进作用，而不能起到限制和束缚的反作用。正在加紧制定中的民法典应当是我国市场经济发展的助推器，而不是桎梏。

当前民法典分则各编的内容中，立法者对《物权法》的修改力度过小而导致物权编的内容过于保守，这也招来学者的严厉批评：“这个物权编草案出来我很不满意，往前推进得非常有限。”②诚如学者明察，“大陆法系诸国深受物权法定主义的影响，担保物权立法大多不能满足现实融资需要，在一定程度上限制了当事人的创新”。③ 前事不忘，后事之师，我们在编纂民法典时，对于外国法治的成果，应当取其精华，去其糟粕，更要铭记“取法于上，仅得为中，取法于中，故为其下”④的古训，要注意到晚近立法例的变化和发展趋势，结合我国实际情况，认真对《物权法》中不合时宜的条款进行修改，将《民法典物权编》打造成为一部能够切实保护产权、促进交易、充满活力、指导未来的财产法领域的好法。

---

① 王泽鉴：《民法学说与判例研究》（重排合订本），北京大学出版社 2015 年版，第 1512 页。

② 肖肖：《崔建远：中国首部〈民法典〉正在编写，我对物权编很不满意》，载凤凰网“凤凰文化综合”栏目：http://culture.ifeng.com/a/20180103/54787979_0.shtml，最后访问日期：2018 年 5 月 16 日。

③ 高圣平：《统一动产融资登记公示制度的建构》，载《环球法律评论》2017 年第 6 期。

④ 《帝范》卷四。

# 论我国《物权法》中的紧急留置权*

**摘　要**：我国《物权法》规定债权已届清偿期为留置权的成立要件之一，且规定《担保法》的规定与《物权法》不一致的，应适用后者，因此，紧急留置权制度便面临着形式法源缺失的困境。但是从比较法的经验和担保实践的需要来看，紧急留置权仍有其存在价值。通过对《物权法》相关条文的目的性扩张解释，紧急留置权符合留置权制度立法目的，仍应存在，但在行使该权利时应注意举证责任的负担和无支付能力的认定问题。

**关键词**：紧急留置权；目的性解释；无支付能力

目　　次



## 一、紧急留置权形式法源之缺失

根据我国《物权法》第230条的规定，债务人不履

* 本文原载于王利明、祝幼一主编：《〈物权法〉与证券投资者权益保护》，中国人民大学出版社2008年版，第98～107页。

行到期债务，债权人可以留置已经合法占有的债务人的动产，并有权就该动产优先受偿。由此，我国物权法上留置权的成立要件之一，即为债权已届清偿期，“如果债权人已占有债务人的动产，但其债权尚未到期而不能确定债务人是否构成违约，债权人就不能行使留置权”。① 在我国采纳物权法定主义的背景下，②物权的类型、内容、效力和公示方法都由法律规定，因此，留置权必须在债权已到期时才能成立，即“只有在债务履行期限届满，债务人仍不履行债务时，债权人才可以将其合法占有的债务人的动产留置”。③ 在《物权法》颁布之前就已存在的《担保法》同样将“债务人不按照合同约定的期限履行债务”作为留置权的成立要件之一。

但是在比较法上，不少国家都承认紧急留置权的存在。所谓紧急留置权，就是指在留置权所担保的债权尚未届清偿期时，如果债务人拒绝清偿债务，或者有证据表明债务人届期将无法清偿债务时，债权人可以提前行使的留置权。该种留置权突破了留置权的债权必须已届清偿期的成立要件，即“在例外情况下，因法律特别允许债权人在债权未届清偿期之前，即得主张留置权，这就是学说上所谓的紧急留置权”。④ 我国最高人民法院为了准确适用《担保法》而做出的《关于适用〈中华人民共和国担保法〉若干问题的解释》⑤中，亦承认了此种紧急留置权的存在，该司法解释第 112 条规定：“债权人的债权未届清偿期，其交付占有标的物的义务已届履行期的，不能行使留置权。但是，债权人能够证明债务人无支付能力的除外。”因此，在《物权法》颁布之前，我国的担保法律体系中，是存在紧急留置权这种留置权的扩张形式的。在两部主要的学者民法典草案建议稿中，也都保留了紧急留置权制度，例如王利明教授主持起草的《中国民法典草案建议稿》第 1096 条第 2 款就规定：“债权人的债权未届清偿期，其交付占有标的物的义务已届清偿期，债权人能够证明债务人无支付能力的，不受前款第（三）、（四）项的限

---

① 王利明：《物权法研究》（下卷修订版），中国人民大学出版社 2007 年版，第 656 页。

② 我国《物权法》第 5 条规定：“物权的种类和内容，由法律规定。”

③ 王胜明主编：《中华人民共和国物权法解读》，中国法制出版社 2007 年版，第 496 页。

④ 谢在全：《民法物权论》（下册），2003 年自版，第 400 页。

⑤ 以下简称《担保法》司法解释。

制。”[①]梁慧星教授负责的《中国民法典草案建议稿》第610条第1款也明确规定：“债务人丧失清偿能力而债权未届清偿期时，债权人对其占有的债务人的动产，可以行使留置权。”[②]

《物权法》颁布之后，关于《物权法》与《担保法》及其司法解释的关系，前者第178条规定：“担保法与本法的规定不一致的，适用本法。”那么按照《物权法》对留置权的定义来看，其要求债权已到期才能成立留置权，因此，《担保法》司法解释所规定的债权未届清偿期之前债权人亦得行使留置权，从语义分析的角度上讲，与物权法的规定是不一致的，它违反了《物权法》对留置权成立要件的规定。既然不一致，那么按照上位法优于下位法、后法优于先法的规则，《担保法》司法解释所确立的紧急留置权制度在我国担保物权法体系中便面临着形式法源的缺失这一困境。

**二、紧急留置权存在价值之分析**

《担保法》司法解释之所以规定紧急留置权，是因为考虑到“债务人已经没有清偿能力，若仅仅因为债权没有届期而否认债权人可以对其占有的债务人的财产发生留置权，不仅有悖于留置权担保债权受偿的立法宗旨，而且使债权人承担债权已经不能受完全清偿的确定风险，显失公平”。[③] 那么在《物权法》颁布之后，紧急留置权是否还有存在的价值？笔者认为其依然具有存在的价值，理由如下：

（一）比较法的经验借鉴

从比较法的角度看，各国和地区一般也都规定债权已届清偿期是留置权成立的要件之一，但是有不少国家和地区同时规定在例外情形下得有紧急留置权的存在余地。而所谓例外的情况，主要就是指出现了债务人无支付能力的情况。而“所谓无支付能力者，系依债务人之财产状况，包括其信用能力，已达不能清偿债务之情形而言，如仅一时之周转困难者，尚不包括在内”。[④] 例如，采用民商分立体例的德国于1900

---

① 王利明主编：《中国民法典学者建议稿及说明》，中国法制出版社2004年版，第151页。

② 梁慧星主编：《中国民法典建议稿附理由·物权编》，法律出版社2004年版，第409页。

③ 李国光主编：《担保法新释新解与适用——根据最高人民法院关于适用〈中华人民共和国担保法〉若干问题的解释》，新华出版社2001年版，第1076页。

④ 谢在全：《民法物权论》（下册），2003年自版，第400页。

年制定的《德国商法典》第370条规定:“(1)在下列情形,也可以因未到期的债权而主张留置权:1.债务人的财产已开始破产的,或债务人已停止其支付的;2.尝试强制执行债务人的财产无效果的。(2)债务人的指示,或以一定方式处分标的物的义务的承担,以第1项第1点和第2点所称的事实在标的物交付后或义务承担后始为债权人知悉为限,不妨碍留置权的主张。”①1912年施行的采用民商合一体例的《瑞士民法典》也有类似的规定,该法典第897条为:“(1)债务人无支付能力时,债权人,即使其债权未到期,亦享有留置权。(2)前款的无支付能力,发生在物已经交付之后,或发生在债权人知悉之时,即使与债权人已承担的义务或债务人的特别意思相抵触,亦可行使留置权。”②我国台湾地区“民法”更是于第931条第1款明确规定:“债务人无支付能力时,债权人纵于其债权未届清偿期前,亦有留置权。”③该条在我国台湾地区“民法”上也被称为留置权的扩张。由此可见,我国的《担保法》司法解释正是受到了大陆法系这些国家和地区立法例的影响而做出紧急留置权的规定的。这些国家和地区之所以以但书的形式规定紧急留置权,并且适用至今,是因为该项制度确有存在的价值。

(二)担保实践的需要

在将留置权界定为物权性权利的国家里,留置权的效力有两次,或曰双重效力:第一次效力是债权已届清偿期而未受偿时,可以扣留标的物不返还,使债务人无法占有和使用其标的物,给债务人造成精神上的压力,迫使其尽快偿还债务;第二次效力是在留置财产后的债务履行期间或宽限期届满之后债务人仍然未能偿还债务时,债权人可以通过将留置财产折价、拍卖或变卖的方式使自己的债权得以优先受偿。

那么在债权尚未届清偿期而债务人却已陷入无支付能力状态时,若是债务人已经进入破产程序,则债权人的债权在破产申请受理时被视为已到期,债权人尚可依据《企业破产法》第109条的规定,对留置的标的物享有优先受偿的权利;若是债务人尚未进入破产还债程序,或者债务人为自然人,或者非企业法人组织,那么在债权尚未届清偿期而债

① 《德国商法典》,杜景林、卢谌译,中国政法大学出版社2000年版,第175页。

② 《瑞士民法典》,殷生根、王燕译,中国政法大学出版社1999年版,第249~250页。

③ 陈聪富主编:《月旦小六法》,元照出版有限公司2007年版,民法类第130页。

务人陷入无支付能力的状况时，债权人无法行使别除权以保障自己的债权，而留置权又以债权人占有留置的标的物为成立要件，如果债务人在期限到来之前要求取回留置的财产，那么债权人一旦失去对留置财产的占有，则其债权将失去物权的担保，成为无担保的普通债权，而此时债务人“其现实财产及信用能力，已不能使债权人之债权获得清偿”，[①]这样对债权人而言，其债权明显将会落空，从而不利于交易的安全。例如，甲修车厂为乙合伙企业修理一辆轿车，约定乙企业在轿车修理好之后一个月之内向甲支付全部修理费用5000元。在甲即将把修理轿车修理完毕之际，恰好乙企业一笔重要交易意外失败，损失惨重，其合伙人均陷入重重债务之中，此时如果乙企业要求甲交付轿车，则甲本应按照合同约定交付轿车于乙，但是此种交付一旦付诸实施，则甲修车厂的债权将不能实现。此时，如果不赋予甲修车厂以紧急留置权，则甲修车厂的债权将无法得到保障直至彻底落空。但如果法律赋予甲修车厂以紧急留置权，则甲修车厂可以及时拒绝交付轿车，并督促乙企业及时清偿债务，在乙企业清偿不能时，通过将轿车折价、拍卖或者变卖，从而使自己的5000元债权得到实现。由此，紧急留置权在经济生活实践中仍有存在的必要，尤其在“为了债权的担保而奋斗”[②]的今天，紧急留置权在担保实践中仍有其存在的价值。

（三）不安抗辩权、同时履行抗辩权不能取代紧急留置权的功能

不安抗辩权也称先履行抗辩权，它“是指在异时履行的合同中，应当先履行的一方有确切的证据证明对方在履行期限到来之后，将不能或不会履行债务，则在对方没有履行或担保以前，有权暂时中止债务的履行”。[③] 按照《合同法》第68条的规定，“应当先履行债务的当事人，有确切证据证明对方有下列情形之一的，可以中止履行：（一）经营状况严重恶化；（二）转移财产、抽逃资金，以逃避债务；（三）丧失商业信誉；（四）有丧失或者可能丧失履行债务能力的其他情形。当事人没有确切证据中止履行的，应当承担违约责任”。并且依照《合同法》第69条后

---

① 杨与龄：《民法物权》，台湾五南图书出版公司1996年版，第289页。

② 王泽鉴：《动产担保制度与经济发展——台湾动产担保交易法制定施行30年的经验》，载梁慧星主编：《民商法论丛》（第2卷），法律出版社1994年版，第97页。

③ 王利明：《合同法研究》（第2卷），中国人民大学出版社2003年版，第104～105页。

半段,“中止履行后,对方在合理期限内未恢复履行能力并且未提供适当担保的,中止履行的一方可以解除合同”。因此,有学者认为不安抗辩权就可以替代紧急留置权,在合同债务人出现不能支付的前兆时,通过《合同法》的这两个条款就可以保障债权人的债权了,无须再规定紧急留置权。而所谓同时履行抗辩权,是指没有先后履行顺序的双务合同中的一方当事人在他方未对待履行以前,有权拒绝自己的履行。《合同法》第66条规定:“当事人互负债务,没有先后履行顺序的,应当同时履行,一方在对方履行之前有权拒绝其履行要求。一方在对方履行不符合约定时,有权拒绝其相应的履行要求。”不可否认,不安抗辩权、同时履行抗辩权这两种抗辩权与紧急留置权确有一定的相似之处,即两者都是在债务的履行期届满前,发生了一方当事人支付不能或者拒绝履行的情形,从而债权人可以合法中断合同的正常履行,但是不安抗辩权、同时履行抗辩权这两种抗辩权与紧急留置权存在以下两点重大区别:

第一,发生的时间点不同。不安抗辩权的发生,必须是在双务合同中先履行的一方当事人履行自己的义务之前,如果其已经履行了自己的义务,则并无不安抗辩权的适用余地。同时履行抗辩权也是对方未履行给付义务之前,可以拒绝履行自己的义务。而紧急留置权作为留置权的一种,其发生一般都是在留置权人已经履行了自己的义务之后,如果留置权人尚未履行自己的义务,则其留置债务人的财产的根据尚未发生。

第二,性质和效力不同。不安抗辩权乃是合同履行中的抗辩权的一种,其“在性质上仍然属于债权,抗辩权人不一定占有对方的财产,其行使的效力无非是中止履行合同、要求对方提供担保,以及在对方不提供担保时可以解除合同”[①],并主张赔偿损失等。同时履行抗辩权同样只是一种债权上的抗辩权,不具有物权效力,只能在合同当事人之间主张,履行抗辩权人只能对抗合同另一方的履行请求权而拒绝履行自己的给付义务,并不能占有对方的财产甚至优先受偿等。而紧急留置权作为担保物权的一种,其性质属于物权,债权人此时已经合法占有了债

① 崔建远:《合同法》(第4版),法律出版社2007年版,第141页。

务人的财产,在效力上其可以直接留置债务人的动产,剥夺其利用权,迫使对方履行债务,以至于可以将留置财产折价、拍卖、变卖以实现其债权。可见其效力明显强于不安抗辩权和同时履行抗辩权。

正是由于不安抗辩权、同时履行抗辩权这两种抗辩权与紧急留置权存在上述两点重大不同,所以笔者认为不安抗辩权、同时履行抗辩权不能取代紧急留置权的功能,作为担保物权而存在的紧急留置权在保护债权人的利益方面有其存在的独特价值,应当予以保留,从而可以对于债权人的权利进行更为周延的保护。

## 三、对紧急留置权的目的性解释

如前所述,单纯从语义分析的角度上讲,紧急留置权的成立将会违反《物权法》对留置权成立要件的规定,但是语义分析只是对法律进行解释的方法之一,在紧急留置权尚有较大的存在价值时,可以运用其他的解释方法如目的性解释方法来对《物权法》的相关规定进行解释,以证明紧急留置权的存在并非与物权法的规定在立法目的上完全“不一致”。

### (一)如何进行目的性解释

目的性解释是推测立法的目的,对法律进行解释,它既可以是推测立法的整体目的,也可以是推测某项制度或法律规范的具体立法目的,从而可以突破字面文义解释的局限,使法律在本质上更符合立法的本意,更能实现法律所追求的价值。即“在个别规定可能的字义,并且与法律之意义脉络一致的范围内,应以最能配合法律规整之目的及其阶层关系的方式,解释个别规定”。[①] 由于法条的具体表述与立法目的有时会有偏差,而这种偏差既可能是对立法目的的过宽表述,也可能是对立法目的的过窄表述。因此,目的性解释还可以细分为目的性限制解释与目的性扩张解释。对于紧急留置权的目的性解释,应当是对《物权法》规定的扩张性解释。经过目的性扩张解释之后的法律条文含义,将会有别于其明确的原初字面含义,是对法律条文原本含义的较大的、带有一定异质性的扩张,而不是通过简单的类推就可以得出的结论。之所以需要进行法律的目的性扩张解释,是因为立法的规定存在不足与

---

① [德]卡尔·拉伦茨:《法学方法论》,陈爱娥译,商务印书馆2003年版,第210页。

缺失，而造成法律规定的这种不足与缺失的原因是“立法上衡诸其立法意旨，所选取之类型太过具体（过度类型化）。因此，为贯彻该立法意旨，乃放松其类型，将之再予抽象化，以兼容其他适当案例”。①

需要指出的是，对于法律条文的目的性解释，并不是完全局限于对具体立法者当时想法的解释，有时还需要上升到自然法的高度，从法律自身的基本价值出发进行解释，尤其是在我国，立法者并不全都是由理性的、专家型的立法者所组成，并且官员常常可以介入立法过程。在这种背景下，基于法律自身的价值出发而对具体法律条文的解释确有其存在的必要。“法律的功能在伸张法律上的正义。亦即使法律上的正义透过其规范实现到人类的生活上来。”②在对法律条文进行目的性解释时，固然要考虑立法者在立法时的立法用意和政策考量，但是也要参照法律本身的价值和基本原则，以免发生解释结果上的偏差。也就是说，“解释者虽然以历史上的立法者所确定之目的为出发点，对此等目的的推论结果却必须深思熟虑……解释者事实上已经超越了历史事实上的‘立法者的意志’，而以法律固有的合理性来解释法律”。③ 法谚云：“拘泥文字，转失真意。”④在对《物权法》中的留置权构成要件、《物权法》与《担保法》的关系以及紧急留置权是否存在诸问题进行解释时，也应当参考担保物权制度尤其是留置权制度的基本立法目的与立法价值，以及紧急留置权的制度价值来进行。

（二）紧急留置权符合留置权制度的立法目的

担保物权制度都是为了担保债权的实现而设立，担保债权的实现就是担保物权这一他物权制度的存在价值和立法目的，而“留置权是以物的保留来保全因该物而产生的债权的一种债权保全制度，实际上发生物的移转拒绝权”。⑤ 由于留置权的发生以事先已经合法占有债务人的动产为条件，虽然物权法不再严格限制留置权发生的基础法律关系类型，但是在现实中，留置权仍然主要是基于修理、保管、运输等服务合

① 黄茂荣：《法学方法与现代民法》，中国政法大学出版社2001年版，第401页。
② 黄茂荣：《法学方法与现代民法》，中国政法大学出版社2001年版，第294页。
③ [德]卡尔·拉伦茨：《法学方法论》，陈爱娥译，商务印书馆2003年版，第210页。
④ 郑玉波：《法谚（一）》，法律出版社2007年版，第21页。
⑤ [日]近江幸治：《担保物权法》，祝娅等译，法律出版社2000年版，第17页。

同而产生，留置权所担保的债权多属因劳动而产生的债权，对于这些债权的保护，极大地有利于对劳动者的保护。并且留置权是法定发生的债权，债权人之前并不曾与债务人进行过设定担保的协商，在债权发生后，债权人所合法占有的债务人的动产将构成债权人债权的唯一担保。因此，留置权的唯一立法目的，就是保护留置权所发生的基础法律关系中的债权人的债权，使之能够受到清偿。

在债务人进入破产程序之前，或者陷入支付不能的境地时，如果债权人的债权尚未到期而交还留置财产的义务已到期，那么此时行使紧急留置权，提前留置债务人的财产并拒绝交还，迫使对方尽快清偿债务，或者在对方清偿不能时拍卖、变卖、折价留置的财产，则是保护债权人的债权的最佳途径：既无须增加债权人另行寻找担保的成本，也无须债务人另行提供其他的担保（当然双方另行协商同意的不在此限）。因此，对《物权法》中的留置权制度进行目的性解释，则紧急留置权完全有存在的空间和可能。而紧急留置权制度的存在，真正贯彻了担保物权的担保债权实现的基本价值理念，完全符合留置权制度的立法目的，应予保留。

**四、紧急留置权的行使**

在债务人无支付能力时，债权人在债权到期之前就可以行使此种紧急留置权，由此便产生了对紧急留置权制度的一种担心，即担心这种制度被滥用，因为紧急留置权被称为留置权的扩张，那么这种扩张如果没有较为明确的限度的话，确实容易造成权利的滥用。有学者担心债权人可能并不十分了解债务人的支付能力问题，因为债权人单方面就未来所作出的判断不一定准确，如果允许债权人可以随便留置债务人的财产，不仅损害了债务人的期限利益，而且必将使债务人蒙受损失。①应该说这种担心是很有道理的，在紧急留置权的行使上应当进行较为合理的设计，既要保障债权人的利益，又要防止权利被滥用，所以应当注意以下两方面的问题：

（一）举证责任的负担

依照《担保法》司法解释第112条的规定，债权人在行使紧急留置

① 参见王利明：《物权法研究》（下卷修订版），中国人民大学出版社2007年版，第657页。

权时，必须承担相应的举证责任，证明债务人无支付能力，否则，债权人随意行使紧急留置权，便会构成权利滥用，损害债务人的利益。债权人在发现债务人陷入无支付能力，决定留置债务人的动产之后，应当立即通知债务人，然后双方应当约定留置财产后的债务履行期间，没有约定或者约定不明确的，留置权人应当给债务人两个月以上履行债务的期间。如果债务人对债权人的行为存在异议并提起诉讼，则债权人应当在法庭上承担举证责任，证明债务人确已陷入无支付能力，行使紧急留置权是为了保障自己的债权。如果债权人的举证不被法院所采纳，则债权人须承担败诉后果，赔偿债务人的损失。因此，作为市场经济活动中的理性人，债权人在行使紧急留置权的时候应当先进行收益与风险的衡量，没有足够的理由和证据，不应贸然行使紧急留置权。

（二）债务人无支付能力的认定

行使紧急留置权的核心要件，便是债务人陷入无支付能力，或曰无清偿能力，从而迫使债权人采取行动，拒绝交付并提前留置标的物。那么债务人无支付能力究竟应当如何认定？从学理上讲，“所谓无支付能力者，系依债务人之财产状况，包括其信用能力，已达不能清偿债务之情形而言，如仅一时之周转困难者，尚不包括在内”。[①] 但在实践中一旦债权人和债务人发生纠纷，就会涉及无支付能力的事实认定问题。

其一，认定无支付能力的主体只能是司法机关。债权人只能提出债务人无支付能力的留置理由，如果债务人对此有异议，则最终认定债务人是否无支付能力的主体只能是司法机关，由司法机关针对当事人所提交的证据进行裁量认定。

其二，紧急留置权中无支付能力的认定标准应当较为宽松，无须达到企业法人进入破产程序的要求。《企业破产法》第 2 条规定：“企业法人不能清偿到期债务，并且资产不足以清偿全部债务或者明显缺乏清偿能力的，依照本法规定清理债务。”该条对于企业缺乏清偿能力的认定标准是从企业整体实力进行的，在司法实践中，“债务人是否具有清偿能力，与其财产状况、信用程度、知识产权拥有的情况等多种因素相

① 谢在全：《民法物权论》（下册），2003 年自版，第 400 页。

关,不能仅凭其拥有的财产数额来认定,而应对债务人进行综合评价”。[①] 但是对于紧急留置权的债务人无支付能力的认定则无须如此严格,因为此种留置权的行使具有紧急性,担保的也只是单个债权,债权人在行使权利时具有自主性,无须通过法院就能进入紧急留置权的行使程序。而且单个的债权人也无法准确认定债务人的整体资金、资产、资信等各方面的信息,如果对债务人无支付能力的认定标准过于严格的话,将会给债权人行使此种权利带来很大的障碍,最终导致此项权利沦为形式。因此,法院对于债务人无支付能力的认定,只要债务人在当时的情形下确实有现实的、不能清偿此笔债务的可能性,即可认为达到债权人行使紧急留置权的标准,使得债权人的单个债权能够得到有效的保障。

**五、结论**

与正常的留置权相比,紧急留置权只不过是将行使权利的时间点提前到债权清偿期到来之前,而条件是债务人陷入无支付能力。从《物权法》关于留置权的成立要件以及《物权法》与《担保法》关系的规定上来看,2000 年的《担保法》司法解释所确立的紧急留置权似乎不再有存在的空间。司法解释原本就是对司法实践第一手经验的提炼和升华,那么在《物权法》颁布之后紧急留置权制度是否依然存在,仅从字面上理解《物权法》的条文,似乎紧急留置权在形式上已经失去了法源。但是《物权法》颁布之后的许多物权法教材不加分析地沿袭以往讲解留置权的内容,在留置权的构成要件中简单地列出紧急留置权这一例外情形,而并不分析该种制度是否继续存在,何以继续存在。这种简单化的处理方法是不妥的。在立法完成之后,“共同迎接民法解释论的新时代”,[②]我们必须既尊重《物权法》的条文规定,又要探寻法条背后的真意,“切勿任意选择一种解释方法作为论证的依据,而应以实现正义为指标”。[③] 一方面是紧急留置权的形式法源缺失,另一方面是实践中该种担保制度仍有其存在的价值。例如在来料加工合同中,加工企业的债权没有其他形式担保的保障,就需要紧急留置权这种担保方式的保

---

① 李国光主编:《破产法司法解释的理解与适用》,人民法院出版社 2002 年版,第 62 页。

② 王利明、周友军:《民法典创制中的中国民法学》,载《中国法学》2008 年第 1 期。

③ 王泽鉴:《法律思维与民法实例》,中国政法大学出版社 2001 年版,第 243 页。

障。所以,此种担保物权制度在物权制度中的保留对于留置关系中的债权人的利益保障有着积极的意义,也正符合留置权制度之设立目的。因此,我们可以通过对《物权法》相关条文的目的性扩张解释,使得《担保法》司法解释所确立的紧急留置权制度得以继续存在并发挥其制度功用。

# 论我国《物权法》上的商事留置权*

**摘　要**：我国《物权法》第231条规定了商事留置权制度，该制度的成立要件在权利义务主体、债权的发生和动产的占有等方面与民事留置权相比有所不同。商事留置权可以适用善意取得制度。在去法典化的时代，我国采用民商合一的立法例有其合理性，商事留置权制度较好地协调了民商合一的立法例与商法的特殊需求，其立法理念和立法技术值得借鉴和发扬。

**关键词**：商事留置权；企业；营业关系；善意取得；民商合一

**目　次**



## 一、引言

我国《物权法》第四编"担保物权"第十八章名为"留置权"，其中第231条规定："债权人留置的动产，应当与债权属于同一法律关系，但企业之间留置的除

---

* 本文原载于《政治与法律》2008年第10期。

外。"该条以对一般留置权成立要件中"同一法律关系"做出例外规定的形式创制了我国法上的商事留置权。所谓商事留置权,就是指企业之间在经营关系中发生债权债务关系,当债务人不履行到期债务时,债权人得以留置其合法占有的债务人的动产并就该动产优先受偿的权利。留置权在沿革上就有民事留置权与商事留置权之分。据学界考证,民事留置权乃发轫于罗马法上的恶意抗辩和欺诈抗辩的拒绝给付权,"此种以公平原理为基础之拒绝给付权,仅系一种人之抗辩,乃对人之权利,且系分散规定,而无统一之制度。然此种原理其后深深影响大陆法系"。[①] 该种制度最终在大陆法系发展成为民法上的留置权制度。当然,关于民事留置权的效力,又有物权性效力与债权性效力之分。至于商事留置权,学界通说认为,其乃是源于中世纪意大利商人团体的习惯法,[②]不同于民事上一般留置权的起源与发展。

民事留置权与商事留置权最大的区别,就在于对留置的标的物与债权之间的牵连性的要求不同。反映在我国《物权法》上,便是对"同一法律关系"的例外规定。类似地,我国台湾地区"民法"第929条也以对牵连关系进行拟制的方式对商事留置权的牵连关系做出了宽松的规定,该条规定:"商人间因营业关系而占有之动产,与其因营业关系所生之债权,视为有前条所定之牵连关系。"[③]在我国《物权法》上,民事留置权的成立要件,分为积极要件和消极要件两个方面,前者一般包括留置权的主体须为债权人、占有的财产属于动产且该动产为债务人所有、占有的动产与债权之间属于同一法律关系、债权已届清偿期而债权人尚未受偿等条件,而后者则包括占有的取得不是出于侵权行为、留置不违背公序良俗和当事人的约定等。商事留置权的成立要件,在消极要件上与民事留置权无异,但在积极要件上,则有所不同:其一,是对留置权制度中权利义务主体的要求不同。在民事留置权制度中,其权利义务主体只要求是普通债权人债务人即可,而商事留置权制度中权利义务

---

① 谢在全:《民法物权论》(下册修订版第2版),2003年自版,第381页。

② 参见史尚宽:《物权法论》,中国政法大学出版社2000年版,第483页;谢在全:《民法物权论》(下册修订版第2版),2003年自版,第383页;王利明:《物权法研究》(下卷修订版),中国人民大学出版社2007年版,第673页;[日]近江幸治:《担保物权法》,祝娅、王卫军等译,法律出版社2000年版,第19页。

③ 陈聪富主编:《月旦小六法》,元照出版有限公司2007年版,民法类第130-2页。

的主体还要求债权人和债务人都是企业。其二,对占有的动产与债权之间的牵连关系要求不同,民事留置权要求必须是基于"同一法律关系"方可发生留置权,而商事留置权则没有必须基于"同一法律关系"的要求。

我国《物权法》上的商事留置权具有法定担保物权的效力,在实践中该制度具有较大的价值。首先,商事留置权的发生具有法定性,这就降低了各类企业在经济往来中寻找担保的成本。其次,商事留置权赋予债权人在债权不能受清偿时得以就留置的动产优先受偿的权利,这就可以及时弥补债权人未受清偿时的损失,从而可以鼓励企业积极从事交易。在此制度中,"立法者之所以赋予如此强大的保护,唯一可以合理化的论点就是以'现成'的工具压迫债务人履行,多少有简化诉讼或其他争议成本的功能"。① 正因如此,该制度有助于交易安全的保障和交易效率的维持。最后,商事留置权制度中的债务人如果进入破产程序,依照《企业破产法》第109条的规定,留置权人属于对破产人的特定财产享有担保权的权利人,因此其对所留置的动产享有优先受偿的权利,得以优先于《企业破产法》第113条的法定清偿顺序而受偿,大大提高其债权受偿的可能性。

## 二、商事留置权制度中的权利义务主体

《物权法》明确规定,商事留置权的发生只能是在"企业之间",即商事留置权制度中,权利义务的主体都只能是企业:留置权人和债务人都只能是企业。而企业原本是一个经济学上的概念,并不是一个严谨的法律概念。在经济学上,企业泛指一种以营利为目的的经济实体。然而在我国已有的民商事立法上,却曾多次采用"企业"的概念,它们既包括了法人类的企业,也包括了非法人类的企业,既包括公司制企业、合伙制企业,也包括个人独资企业。其结果导致"在我国似乎已经具有确定的内涵和外延的'企业'概念,其含义究竟如何,无论是在立法上还是在理论上,实际上都还是一个有待研究的未决问题"。② 和其他一些民商事立法相似,《物权法》在此也采用了"企业"的概念。与其他几个常见的商事主体概念相比较,我国立法上所采用的"企业"一词,其范围较

① 苏永钦:《私法自治中的经济理性》,中国人民大学出版社2004年版,第207页。

② 范健、王建文:《商法论》,高等教育出版社2003年版,第390页。

“商人”为窄，而较“公司”为宽。

在传统大陆法系商法上，“商人”就是商法的主体，例如，在采用主观主义立法模式的国家，其商法又被称为商人法。因此，“商人”的概念在某种意义上就等于商事主体，其所涵盖的主体类型远较企业为广。在我国民商事立法上，可以称为“商人”的主体类型有三大类，即商个人、商合伙和商法人。商个人又包括个体工商户、农村承包经营户和个人独资企业，商合伙又包括普通合伙企业、特殊的普通合伙企业和有限合伙企业，商法人则包括有限责任公司、股份有限公司、具有法人资格的各种合作社、中外合作经营企业和外商独资企业等。而我国民商事立法中所使用的“企业”，只包括“商人”中的某些组织形式，主要有个人独资企业、合伙企业（普通合伙企业、特殊的普通合伙企业和有限合伙企业）、公司企业（有限责任公司、股份有限公司）、三资企业（中外合资经营企业、中外合作经营企业和外商独资企业）等。因此，“企业是商人的下位概念，企业中的独资企业、合伙企业属于商法中的商事个人和商事合伙，而企业中的公司企业则属于商法中的商事法人”。① 所以在《物权法》上，有些商个人就不能成为商事留置权制度中的权利义务主体，如个体工商户、农村承包经营户等。除此之外的商合伙和商法人，其主体都符合商事留置权制度对权利义务主体的要求。

公司是最为典型的商法人类型，是现代市场经济最重要的主体。在我国法上，公司的基本分类为有限责任公司与股份有限公司，前者除一般有限责任公司外，还包括了一人有限责任公司和国有独资公司两种特殊的形式。从前述企业的范围可以得知，公司都是企业，而企业的范围比公司要广得多，有许多企业并没有采用公司的组织形式，如不符合法人条件的中外合作经营企业和外商独资企业等。所以，公司之间发生的留置关系，其主体都符合商事留置权制度对权利义务主体的要求。

事实上，我国《物权法》对商事留置权的规定采用的是一种主观主义的立法模式，即直接规定该制度所适用的权利义务主体，而非直接规定该制度所调整的行为类型。此种模式与我国台湾地区“民法”第929

① 赵中孚主编：《商法总论》（第2版），中国人民大学出版社2003年版，第134页。

条（着眼于“商人间”）相似，而与王利明教授、梁慧星研究员分别主持起草的两部主要的民法典草案学者建议稿（皆着眼于“营业关系”）相异。[①] 从德国商法和法国商法各自所采取的主观主义与客观主义的立法模式的比较中可以看出，两种模式都有一定的缺陷，或者说两者的界限并不是泾渭分明的，因为对商人的界定离不开商行为的概念，而对商行为的界定也会涉及商人的概念。例如，《法国商法典》第 1 条规定：“从事商活动，并以其作为经常性职业者，为商人。”[②]而《德国商法典》第 1 条关于商人的规定是：“本法典所称的商人是指经营营业的人。”[③] 因此，尽管我国对商事留置权的规定采用了主观主义的立法模式，但是在确定我国商事留置权的制度适用范围时，在考虑主体因素的同时，还应适当地考虑行为因素，即首先需要判断欲适用商事留置权制度的权利义务主体是否都是企业，然后还需判断企业间此种债权和留置的发生是否基于营业关系。只有企业间基于营业关系而发生的债权和动产留置才符合商事留置权制度的适用范围，才可以突破“同一法律关系”这一牵连性方面的严格限制。

### 三、商事留置权中债权的发生与动产的占有

留置权成立的积极要件之一，便是要求留置的动产与债权之间具有某种牵连性。作为法定担保物权的留置权，立法上之所以对其成立要件有此要求，是为了在债权人利益和债务人利益之间取得一种平衡以实现公正，“简言之，债权人如果可以留置任何在其占有之下属于债务人的动产，不仅对于债权关系的‘相对性’是一种逾越，对于债权间的‘平等’也是一种伤害（留置权的分配使该债权人优先于其他债权人）”。[④] 我国《物权法》第 231 条没有直接采用“牵连关系”的概念，而

---

① 王利明教授主持的《民法典草案学者建议稿》第 1095 条“留置权的成立条件”第 2 款规定：“因营业关系发生的债权与债权人因营业关系而占有的债务人的动产，视为有前款中规定的牵连关系。”（参见王利明主编：《中国民法典草案建议稿及说明》，中国法制出版社 2004 年版，第 151 页。）梁慧星研究员主持的《民法典草案学者建议稿》第 602 条留置权的“发生条件”第 2 款亦规定：“因为营业关系而发生的债权届清偿期时，债权人对因营业关系而占有的债务人的动产，可以留置。”（参见梁慧星主编：《中国民法典草案建议稿附理由物权编》，法律出版社 2004 年版，第 402 页。）

② 金邦贵译：《法国商法典》，中国法制出版社 2000 年版，第 1 页。

③ 《德国商法典》，杜景林、卢谌译，中国政法大学出版社 2000 年版，第 3 页。

④ 苏永钦：《私法自治中的经济理性》，中国人民大学出版社 2004 年版，第 210 页。

是采用了“同一法律关系”的概念,是因为我国立法者认为,“牵连关系的概念过于模糊,范围不确定,法律适用中容易产生分歧,不可取。”[①]以“同一法律关系”取代“牵连关系”,只是立法者为了求得判断标准的简化与明确,因为“‘同一法律关系’与牵连关系相比范围较窄。前者必须是与产生的债权完全属于同一个法律关系,而后者只需要具有一定的牵连性即可”。[②]

我国《物权法》上的商事留置权制度虽然以但书的形式对“同一法律关系”做了例外规定,不要求对标的物的留置和债权之间具有严格的同一法律关系,因为在商事留置权制度中,“没有像民事留置权一样‘有关其物而产生的债权’的这种限制,只要有类似商业行为上的债权即可。所以,物和债权的牵连关系是极为软弱的”。[③] 但是,笔者认为这并不意味着商事留置权制度中对于债权的发生和动产的留置就不做任何的限制,否则,如果只要是债权人在任何时间任何地点合法占有的债务人的一切动产,都允许债权人可以任意进行留置,则未免对债权人保护过周而有害于债务人利益的保护。笔者认为,商事留置权中,债权的发生与动产的留置须符合下列诸条件:

(一)债权须发生于营业关系之中

营业也称经营,是商法上的一个核心概念。学界一般认为营业的目的在于营利,而且其行为具有持续性、公开性等特征。德国著名商法学家卡纳里斯对营业的详细定义为:“一种独立的、有偿的,包括不特定的多种行为的、向外公示的行为,但是艺术、科学的活动和那些其成果需要高度人身性的自由职业不包括在内。”[④]从事营业活动是企业的存在目的,企业不可能像自然人一样,还有基于纯粹的生活关系而发生的留置。企业在正常经营过程中,符合法律和企业章程规定而发生的债权,均属于营业关系中发生的债权。当然,基于《物权法》第231条的限制,其债权的相对人即债务人也必须是企业。企业之间的营业关系,还必须是以企业的名义进行、由企业承担后果的商业关系,这就排除了企

---

① 王胜明主编:《中华人民共和国物权法解读》,中国法制出版社2007年版,第497页。

② 王利明:《物权法研究》(下卷修订版),中国人民大学出版社2007年版,第655页。

③ [日]近江幸治:《担保物权法》,祝娅、王卫军等译,法律出版社2000年版,第19页。

④ [德]C. W. 卡纳里斯:《德国商法》,杨继译,法律出版社2006年版,第36页。

业经营者或员工私人之间的商业往来。除非构成对企业的表见代理，否则企业成员间私人的商业关系并不能形成企业之间的营业关系。

此外，根据1995年的《担保法》和1999年的《合同法》的相关规定，留置权主要限于保管合同、运输合同、加工承揽合同等有限的几类合同关系之中，这一过狭的范围规定早已受到学者们的诟病。《物权法》第230条仅规定"债务人不履行到期债务"，在符合其他条件时即可发生留置权，并没有对留置权制度适用的范围做出明确的限定。因此，遵循"法不禁止即可为"的格言，我国《物权法》上留置权制度的适用范围不仅包括合同关系，而且包括不当得利、无因管理、侵权行为等引起的债权债务关系。所以，企业间在营业关系中因不当得利、无因管理而引起的债权债务关系，在符合其他条件时自然可以适用商事留置权制度。而且企业间发生商业侵权关系时，如诋毁他人商誉、盗取他人商业秘密时，亦有商事留置权适用的余地。

（二）债权须后于对动产的占有而发生

债权人的债权发生在前，而占有债务人的动产在后，此时债权人能否取得对债务人动产的留置权？对于这一问题，在我国台湾地区学界不无争议，长期存在肯定说与否定说两种不同的观点。史尚宽先生认为，对于商事留置权而言，其"债权只须因营业而发生，无须于动产之占有取得前即已成立"。[①] 但是，由于我国《物权法》第230条已经明确规定："债务人不履行到期债务，债权人可以留置已经合法占有的债务人的动产"。据此，债权人对动产的占有应发生于债权之前，或占有与债权同时发生，但不得后于债权的发生。商事留置权制度仅在牵连性方面对民事留置权制度有所突破，在其他方面则与民事留置权相同。因此，在商事留置权制度中，债权人的债权须后于对动产的占有而发生，即债权人对债务人对动产的占有发生在前，债权发生在后，或者两者同时发生。

（三）对动产的占有须发生于营业关系之中

在商事留置权中，债权人对债务人动产占有的取得，必须发生于债权人和债务人之间的营业关系之中。如前所述，我国两部主要的民法

---

① 史尚宽：《物权法论》，中国政法大学出版社2000年版，第500页。

典草案学者建议稿中,均明确要求商事留置权须发生于债权人与债务人之间的营业关系之中。虽然《物权法》第231条没有明确规定留置的发生应基于企业间的营业关系,但是基于商事留置权的制度价值主要在于保障企业间商事交易的安全与效率,因此应认为商事留置权的成立要求债权人对债务人动产的占有须发生于双方营业关系之中;非发生于营业关系中的占有,即便债权人已经取得对债务人动产的占有,也不符合商事留置权的条件,不能发生商事留置权的效力。例如,甲企业是一家汽车修理企业,而乙企业是一家汽车运输企业。本月因发生大地震,甲乙企业均位于地震灾区附近,因此均接到省抗震救灾指挥部的命令,派出企业的部分工作人员携带工具前往灾区参加救援工作。乙企业的留守人员在此期间因维修车辆而拖欠了甲企业一笔维修费用未清偿。此时,即使甲企业在地震灾区参加救援运输车辆维修工作时发现并占有了乙企业的派出车辆,而且甲乙均符合商事留置权制度的主体要求,债权亦是发生于营业关系之中,但由于此时债权人甲企业对债务人乙企业动产占有的取得,并非基于双方之间的营业关系,而是共同参加政府行使公权力而组织的救援活动,因此甲企业在此不能取得对乙企业车辆的商事留置权。

此外还需要强调的是,对动产占有的发生,必须是在债权人和债务人双方之间的营业关系之中,如果不是基于双方之间直接的营业关系而取得的占有,亦不能成立商事留置权,否则将构成对债权人的过度保护而给债务人带来莫测的商业风险。例如,甲企业为食品生产企业,乙企业和丙企业均为冷藏保管服务企业。现甲企业与乙企业签订了一份食品冷藏保管服务合同,乙企业在履行过程中仓库意外出现漏水危险,为了避免被储存的食品腐坏,乙企业临时有偿委托丙企业代为储藏保管一部分食品。而在此期间,甲企业也曾委托丙企业运输过一批食品尚未支付运费。在此,即便丙企业得知其受乙企业委托而保管的那批食品属于甲企业所有,其也不能对这批食品进行留置以行使商事留置权。因为虽然丙企业与乙企业之间属于营业关系,甲企业与乙企业之间也属于营业关系,但是就丙企业所占有的甲企业的那批食品而言,双方并没有直接的营业关系,丙企业是基于乙企业的委托才占有甲企业的动产。因此,丙企业虽然取得了对甲企业动产的占有,但此时的占有并非基于双方之间直接的营业关系，所以不能以其对甲企业的债权而主张对其所占有的食品行使商事留置权。

(四)占有动产的主体与债权人应具有同一性

在留置权中，占有动产的留置权人应当与债权人具有同一性，即留置权人与债权人是同一主体，当然，"至占有之方式，自不以直接占有为限，间接占有或利用占有辅助人而为占有，与第三人共同占有，均无不可"。[①] 商事留置权在这一方面与民事留置权并无二致。但由于商事留置权的主体是作为一种经济组织的企业，其与自然人相比又有一定的特殊性。具体而言，占有债务人动产的主体，如果是公司法人，则可以是公司本身，也可以公司的分公司，但不可以是子公司，即便是母公司的全资子公司亦是不可。因为子公司已经具有独立的法人资格，有自己独立的人格和意思机关，子公司占有了母公司债务人的动产，母公司并不因此而取得对债务人的商事留置权，否则将导致母子公司的人格混同，有违法人人格独立之精神，有害于商事经营之秩序。

在商事实践中，企业之间的收购、银行不良资产的剥离和处置等业务都是较为常见的商业现象，因此企业间的债权让与情况亦是经常发生。那么此处需要探讨的一个问题是，在债权转让中，受让人能否基于受让的债权而对自己所占有的债务人的动产主张留置权？史尚宽先生认为，"债权人不得基于受让之债权，主张留置权"。[②] 笔者认为，在债权让与时，如果原债权人转让的是无担保的债权，而受让人恰好占有债务人的动产，此时受让人仍不能取得对债务人动产的留置权。原因有三：其一，如果受让人先受让他人对债务人的债权，然后才取得对债务人动产的占有，那么按照留置权中债权须后于对动产的占有而发生的要求，受让人不能取得对其所占有的债务人的动产的留置权。其二，由于"债权让与使债务人需要向一个他从未同意与之交易的人承担债务，基于债权人对债权拥有自由处分权的公共政策的要求，债务人必须承受这种由债权让与带来的结果，但不能因此给债务人课以额外的不利益"。[③] 即便是受让人事先已经占有了债务人的动产，然后才受让他人对债务

---

① 谢在全：《民法物权论》(下册修订版第 2 版)，2003 年自版，第 394 页。

② 史尚宽：《物权法论》，中国政法大学出版社 2000 年版，第 500 页。

③ 杨明刚：《合同转让论》，中国人民大学出版社 2006 年版，第 169 页。

人的债权，但债权人的债权原本并没有留置权的担保，如果在转让债权之后，该债权因为受让人恰巧占有债务人的动产就变成有留置权担保的债权，这样会使得债务人的地位在债权让与之后骤然变得不利，有违法律的公平与安全价值，所以，受让人仍不能取得对债务人动产的留置权。其三，留置权原本是法定担保物权，如果允许受让人通过债权让与而取得对债务人的留置权，则有违留置权发生的法定性，因此需要限制债权让与中受让人对债务人留置权的取得，“这一限制的意义在于考虑到了人为制造留置权”。[①]

**四、商事留置权的善意取得**

是否可以适用善意取得制度，是留置权制度的一个共通性问题，而商事留置权对此尤为关注。因为商人之间的营业关系对灵活性、快捷性、简易性和保障性有着较高的要求，善意取得制度得以建立，就要归功于商事交易方面所提出的强烈需要。[②] 我国《物权法》第 230 条所规定的“债务人的动产”，究竟应解释为债务人所有的动产还是债务人交由债权人占有的动产，债权人能否善意取得留置权，值得思考。例如，甲货运公司接受乙企业的委托，运送一批货物到某地，货物运到之后乙企业未能支付运费，甲企业欲对货物进行留置，但事实上本批货物乃是乙企业接受丙企业的委托而代为保管，乙企业属于无权处分，此时丙企业向甲企业主张对货物的所有权，那么甲企业还能否取得对该批货物的留置权？笔者认为，甲企业可以取得对该批货物的留置权，《物权法》第 106 条第 3 款可以适用于留置权的取得，债权人所留置的动产，不一定必须为债务人所有，只要是债务人提交债权人占有的动产即可。商事留置权完全可以适用善意取得制度，原因如下：

首先，商事留置权符合《物权法》第 106 条的适用条件。

《物权法》第 106 条规定了适用善意取得制度的三个条件，即受让时出于善意，支付合理的价格，完成物权的公示。根据该条第 3 款的规定，当事人善意取得其他物权的，可以参照这些条件。对比这三个条件，商事留置权完全可以适用善意取得制度：

第一，留置权人在接受债务人交付的动产时，一般并不会追问动产

---

① [德]C. W. 卡纳里斯：《德国商法》，杨继译，法律出版社 2006 年版，第 670 页。

② [德]C. W. 卡纳里斯：《德国商法》，杨继译，法律出版社 2006 年版，第 8 ~ 10 页。

的真实所有权属状况，尤其是在营业关系中，债权人面对的是大量的、重复发生的类似交易，所以不会对某笔交易特别去询问其权属状况，只要交易符合商业惯例，债权人即已尽到了应有的注意义务，不能以恶意推定之。当然，在例外的情形下，如债权人通过其他途径已经知悉交易标的物的真实权属状况，或是债权债务人双方恶意串通，那么此时可以通过举证推翻的方式或适用法律行为的无效及可撤销制度来对真实权利人进行救济，但这并不能否认商事留置权本身可以适用善意取得制度。

第二，债权人对债务人的动产进行留置，是因为债务人不履行到期债务，而留置权制度本身就是为了担保债权人的债权得以实现而存在，那么债权人对债务人所享有的债权，可以视为债权人向债务人支付的合理对价，这就满足了善意取得制度对支付合理对价的要求。当然，如果债权人留置的动产价值超过债权本身甚多，会造成对价的不合理，此时应适用《物权法》第 233 条来进行矫正："留置财产为可分物的，留置财产的价值应当相当于债务的金额。"如果留置的动产为不可分物的，则债务人只能忍受此种形式上的不合理对价，因为强行将该动产分割再留置的话，只会给债务人带来更大的损失。法律绝非两全之策，而往往只是两难选择中较为合理公正的一种选择而已。

第三，善意取得制度的成立要件之一，是"转让的不动产或者动产依照法律规定应当登记的已经登记，不需要登记的已经交付给受让人"。而留置权的成立要件之一，便是债权人对债务人动产的占有，而且此种占有必须是合法的、非出于侵权或有违公序良俗的。债权人对债务人动产的占有还必须具有持续性，一旦非因他人侵权而丧失占有，依据《物权法》第 240 条的规定，债权人的留置权将会就此消灭。由此可见，商事留置权制度中，作为其成立要件之一，留置权人自始便必须对债务人的动产进行公开、和平、持续的占有，因此完全符合善意取得制度对完成物权公示方面的要求。

其次，适用善意取得符合商事留置权制度的立法目的。

善意是指当事人对对方行为人身份、意图或标的物性质等方面的一种不知情，而且此种不知情并非出于当事人的故意或重大过失。在现代工商社会，交通便利，资讯发达，每个人都可能与他人进行交易，而且随着分工的细化和社会生活节奏的加快，专业的企业和从业人员每日面对的是流水式作业的类似交易，如果要求当事人对每笔交易的当事人及标的物的真实情况都做到知情，那是不可能实现的任务。人们往往只能根据他人行为的外观进行简单的判断，而如果不保护这种善意，那么"其结果必造成交易各方努力'知情'，亦即使交易的'资讯成本'或'征信成本'(information cost)大幅增加，权衡的结果，保护善意（通常不保护咨询成本不高的重大过失而不知情）减省的社会成本往往还大于其增加的社会成本"。[①]

留置权作为一种法定担保物权，立法将此种权利的成立要件、效力等事项均加以法定化，其目的就在于减少债权人寻找担保的成本，减少当事人之间的磋商时间，从而使交易富有效率。商事实践向来重视交易中的外观主义，诸如票据上的签章、商业账簿上的登记、航海日志上的记载等，对于交易的性质与效力而言具有重要的意义。商事实践中人们很少去探寻当事人的真意，因为真意难以探寻清楚，而且费时费力，不符合商事交易快捷性的要求。因此，如果不允许债权人对债务人动产留置权的善意取得，则会导致债权人与债务人缔结合同之时，就要求债务人提交有关标的物权属的证据材料，否则不与之缔结合同。而这种要求在商事留置权大量发生的运输、承揽、保管等商事领域中是不可能达到的，除非以牺牲社会整体的交易效率为代价。

综上所述，商事留置权完全符合所有权以外其他物权善意取得的要件，而且符合商事留置权制度的立法目的，因此对于商事留置权适用善意取得制度应予以肯定。事实上，《物权法》颁布之后，许多学者经过分析也认为善意取得制度在留置权中有适用的余地。[②]"债权人在该留置财产之上付出了自己的劳动，如果将留置财产限于债务人所有的财产，对债权人有失公平。同时，从维护占有的动产物权表征功能的角度，债权人无从判断留置财产的权属关系，此时，也应肯定留置权的善意取得。"[③]由此，承认商事留置权可以适用善意取得制度，既符合《物权

① 苏永钦：《私法自治中的经济理性》，中国人民大学出版社2004年版，第208页。

② 代表性的观点，请参见王利明：《物权法研究》（下卷修订版），中国人民大学出版社2007年版，第648～649页。

③ 高圣平：《物权法担保物权编》，中国人民大学出版社2007年版，第408页。

法》的立法规定,又符合对该制度的学理解释。另外可资参考的是,我国台湾地区“民法”在修订前,仅从其立法规定上进行分析是难以明确判断留置权是否可以适用善意取得制度的,以致引起学界的长久争议。但2007年台湾地区“民法”经修订之后,已经明确地将此前的“债务人之动产”的表述修改为“他人之动产”的表述,①由此,其立法已经明确承认了留置权的善意取得,此亦表明将留置权适用善意取得制度更能适应现代工商社会的需求。

① 参见我国台湾地区“民法”第928条。

# 物权法占有制度与侵占罪的认定*

**摘　要:**物权法占有制度与侵占罪的认定具有密切的联系,侵占罪的规范判断必须考虑民法上的占有。不动产可以成为侵占罪的对象,占有的体素、心素要件可以为侵占罪相应的客观要件和主观要件提供参考。占有辅助人由于不能成立物权法上的占有,因此其行为不能构成侵占罪;行为人最初对于标的物是恶意占有的,也可以成立侵占罪。

**关键词:**占有;侵占罪;体素;心素;占有辅助;恶意占有

**目　　次**



占有在物权法上有两种含义,一是指所有权的占有、使用、收益、处分四项权能之一的占有权能;二是指作为一种主体对物进行控制的事实的占有,也就是我国《物权法》第五编专编规定的占有制度。刑法上

---

* 本文原载于《法学》2011 年第 10 期。

的侵占罪与物权法上的占有制度具有密切的联系。在刑法上,侵占罪是侵犯财产的犯罪之一,是“将代为保管的他人财物非法占为己有,数额较大,拒不退还的,或者将他人的遗忘物或者埋藏物非法占为己有,数额较大,拒不交出的行为”。[①] 其本质特征是“易‘占有’为‘不法所有’”。[②] 虽然我国《刑法》对于侵占罪的一般犯罪对象仅规定了代为保管的他人财物,但学界认为这种规定并不十分确切,因为“如此规定容易使人误解为,侵占的对象只是受他人之托代为保管的财物,然而事实上并不限于此。无论基于任何法律上或事实上的原因,以合法方式持有他人财物,应当交还而不交还,非法据为已有,都属于侵占行为”。[③] 所以,从总体上观察,侵占罪上行为人的行为可以分为两个步骤,首先是取得对他人财物的占有,此种占有应当属于民法上的占有;其次是行为人将这种占有转变为据为已有并拒绝返还。我国《物权法》和《刑法》分别用不同的方法和手段保护着市场主体合法的财产权益,分别在私法和公法两个领域规范着财产的归属和利用秩序。因此,《物权法》第5编所规定的占有制度及其民法理论,或许能够对刑法上侵占罪的认定提供某种借鉴和启示。

## 一、物权法占有制度与侵占罪认定之联系

占有是民事主体对有体物的一种事实控制状态。从历史发展上看,“欧陆民法上的占有制度历经2000年的发展,始自罗马法的possessio,融合日耳曼法的Gewere,而成文化于各国民法典”。[④] 我国以前颁布的《民法通则》等基本民事法律中并未规定占有制度,《物权法》首次对此作出了集中规定。该法第5编的占有制度包含5个条文,规定了有权占有的法律适用、恶意占有人的赔偿责任、权利人对无权占有的返还请求权、占有物毁损灭失时占有人的赔偿责任、占有的保护等内容。我国民事立法承认占有制度并对其进行保护,是因为“占有保护的理由在于,已经成立的事实状态,不应受私力而为的扰乱,而只能通过

① 张明楷:《刑法学》,法律出版社2007年版,第741页。

② 周光权:《侵占罪疑难问题研究》,载《法学研究》2002年第3期。

③ 高铭暄主编:《刑法专论》(下编),高等教育出版社2006年版,第748页。

④ 王泽鉴:《民法物权2·用益物权·占有》,中国政法大学出版社2001年版,第142页。

合法的方式排除,这是一般公共利益的要求"。[①] 占有究竟是一种得以占有的权利还是一种单纯对物取得控制和管领的事实,即占有是事实还是权利,学说和立法历来存在不同看法,但更多的是采纳事实说。例如在大陆法系国家和地区,日本民法将占有规定为权利,即占有权,但瑞士和我国台湾地区则将之规定为事实;德国民法虽未作界定,但其学界通说认为占有是一种事实,"占有就本质来说是事实,但存在与它相联系的法效果"。[②] 我国《物权法》也采纳了占有是事实而非权利的观点。但占有又与一般的单纯的事实不同,占有背后往往存在某种权利,占有制度之设立就是为了更好地保护占有背后的权利,同时,"占有虽为事实,但受法律保护,发生一定的法律效果,而为一种法律关系,得为让与或继承"。[③]《物权法》关于占有的规定采纳了大陆法系传统民法关于占有的基础理论,例如有权占有与无权占有的区分、善意占有与恶意占有赔偿责任的区分、权利人对占有人的返还请求权。

其中值得注意的是,我国《物权法》的这些条文将动产和不动产一并作出了规定,即在不动产之上也可以成立有权占有或无权占有。因为虽然不动产物权变动的公示方法是登记,但登记主要是针对交易第三人发生效力,而且在我国不动产登记制度尚未完善的情况下仍有大量的不动产如部分农村村民的住宅、承包地等尚未进行登记,因此,在直接当事人之间,一方对不动产的占有使用行为会对另一方权利的行使产生直接的影响,当事人对不动产的占有使用行为仍具有一定的法律效力。当事人对不动产的占有行为在某种程度上就具有权利外观的作用,所以占有制度适用于不动产就可以为不动产权利人提供更好的保护。在刑法上,侵占罪的对象能否包括不动产是一个存有争议的问题,那么《物权法》上占有制度适用于不动产之上的规定也许可以为之提供一些借鉴意见,即不动产同样可以成为侵占罪的对象。如前所述,侵占罪上的行为人首先必须取得对标的物的占有,此种占有应当属于民法上的占有,然后是拒不返还,因此其行为妨害了真实权利人财产权

---

① 王胜明主编:《中华人民共和国物权法解读》,中国法制出版社2007年版,第521页。

② [德]弗里德里希·卡尔·冯·萨维尼:《论占有》,朱虎、刘智慧译,法律出版社2007年版,第5页。

③ 王泽鉴:《民法物权2·用益物权·占有》,中国政法大学出版社2001年版,第169页。

益的正常行使。如果行为人先是以借住、租赁或无权占有的方式取得了对他人不动产的占有，随后行为人拒绝搬出该不动产，致使真实权利人无法正常使用其不动产，此时行为人的行为从一个民法上的占有变为了刑法规制下的侵占，因此在不动产之上同样可以成立侵占罪。

## 二、占有之体素、心素与侵占罪的构成要件

物权法上的占有制度，虽然强调占有是一种事实，是民事主体对物的一种控制力，但大陆法系民法理论通说认为要成立物权法上的占有，占有人必须同时具备体素和心素两方面的要件。所谓体素，就是指行为人在占有时要确实取得对占有物的事实上的物理控制。所谓心素，即是指行为人的主观心理状态，但是对于这种心理状态的具体样态却存在争议：一种观点认为，心素应当是行为人以所有权人的意思而进行占有；另一种观点认为，心素不需要行为人具备取得标的物所有权的意思，但需要具备为了自己对物进行占有的意思；还有一种观点认为，心素只需要行为人有对物进行占有的意思即可，至于是为自己占有还是为他人占有，均不影响心素的成立。我国《物权法》上的占有制度要求行为人必须具有占有的意思，该心素要件并不要求行为人是为了取得标的物的所有权，但要求行为人是为自己而进行占有，否则，“如果意识到或应当意识到是在为别人占有某物，则不具有占有意思。因此，占有辅助人的占有都不构成占有”。[①] 体素强调的是行为人对物进行控制的现实性，心素强调的是行为人对其控制某物的行为性质本身的知情。例如，某甲发现某乙走路时将钱包遗落在路上，于是快步上前悄悄捡起，某甲的行为便同时具备占有的体素和心素要件，于是成立民法上的占有。倘若某甲坐在草地上休息时，恰好有他人遗失的一串金项链遗落在此，尽管该项链被甲踏在脚下，但甲对此浑然不觉，此时尽管甲在物理上对金项链具有控制力，但是甲并不知道其已经控制该项链，因此甲缺乏心素要件，不能成立民法上的占有。

### （一）占有之体素与侵占罪的客观要件

民法上占有之体素要求行为人对标的物具有事实上的控制力，例如，“人类支配外界之物的最原始状态即为直接以手握取”。[②] 但是，随

---

① 王利明：《物权法研究》（下卷），中国人民大学出版社2007年版，第705页。

② 赵晓钧：《论占有效力》，法律出版社2010年版，第13页。

着社会的发展和科技的进步,人类对自然界的支配能力极大地增强,行为人对标的物的控制力并不仅限于简单的物理上的直接控制,而是只要行为人能够对标的物进行独立的控制、支配即可,“一般而言,对于物已有确定与继续之支配关系,或者已立于得排除他人干涉之状态者,均可谓对于物已有事实上之管领力”。[①] 对于体素的判断,应当结合具体情况下的时间、空间等诸多因素来进行,而且要结合社会上常人的判断标准。对于标的物虽然不能在物理上直接进行控制,但是通过法律关系能够进行控制的,也符合民法上占有制度的体素要件,即“基于法律地位之观点而有抽象的物之支配,即依支配媒介人(占有机关、直接占有人)而有占有或间接占有”。[②] 刑法上侵占罪的成立,也要求行为人对之前占有他人的财物继续进行占有,此种占有在行为表现上与民法上占有的体素相类似,都要求行为人依一般社会观念已经取得了对标的物的控制力。例如,行为人将代朋友保管的银行存折中的钱通过银行划到自己的账户上并拒绝返还,行为人虽然没有在物理上直接控制该笔钱款,但是其在法律上可以通过银行对其账户上的钱款进行控制,因此不影响其侵占行为的成立。又如,随着网络游戏的快速发展,不少游戏账号和虚拟世界的物品都可以在现实中以较高的价值出售,倘若某甲借用某乙高价购买的游戏账号玩游戏,之后便修改了账号密码并拒绝告诉某乙,导致某乙再也无法进入该账号,此时某甲的行为也可能成立侵占罪。民法上占有的体素与刑法上侵占罪的客观要件之所以具有相似性,是因为二者都要求行为人的行为现实地对标的物进行控制并可以排除他人包括原权利人的控制,而对此的判断标准则具有单一性。

(二)占有之心素与侵占罪的主观要件

如前所述,我国《物权法》上的占有之心素要求行为人具有为了自己而进行占有的意思,如果是接受他人指示而对物进行事实上的控制,则由于行为人缺乏为自己而占有的意思,只能构成辅助占有而不能成立占有。侵占罪的主观要件则要求行为人具有侵占他人财物的故意心理,“这里的侵占故意是指明知是代为保管的他人财物、遗忘物、埋藏物而非法占有的主观心理状态。在侵占故意中,非法占有的目的是重要

① 谢在全:《民法物权论》(下册修订版第2版),2003年自版,第511页。

② 史尚宽:《物权法论》,中国政法大学出版社2000年版,第533页。

内容之一”。[①] 由于侵占罪中行为人最初对于标的物的占有是符合民法上占有的条件的,只是后来心理状态发生了转化,产生了侵占的故意。刑法上侵占罪的主观要件并不仅限于常见的对标的物“据为己有”的故意,还包括为别人而进行占有的故意,即“无论是为了自己还是为了他人的利益而支配财物,都构成刑法中的占有”。[②] 因此,刑法上侵占罪的主观要件的认定比民法上占有制度的心素要件范围更为宽泛。例如,某甲借用他人的贵重仪器,到期之后拒不返还,其间某甲有事外出,指令对此知情的学徒某乙(已成年)继续看管仪器不予归还。在民法理论上,某乙是某甲的辅助占有人,其本身并不构成占有。而在刑法上,则某乙同样具有侵占的故意,构成侵占罪的共犯。两种制度上之所以有此种区别,是因为民法上的占有制度重在保护占有表象背后的所有权,因为占有往往为所有的表面证据,占有具有权利推定的功能,保护占有是为了更好地保护所有权;同时保护占有还具有维持社会秩序平和的功能。倘若行为人完全不具备为自己而进行占有的意思,已经说明其不可能是占有之原权源的享有者,因此不必赋予其占有人的地位而对其进行保护。

**三、占有辅助与侵占罪的成立**

占有辅助是与自己占有相对应的概念,“自己占有,指占有人自己对物为事实上的管领。占有辅助,指基于特定的从属关系,受他人之指示,而对于物为事实上的管领”。[③] 占有辅助人虽然对于标的物具有事实上的控制力,但由于其实施占有并非是为自己占有,而是接受他人指示进行的占有,缺乏占有的意思,其进行占有的行为依附于他人的占有意思之上,因此,在占有辅助关系中,指示占有辅助人进行占有的人才是占有人,占有辅助人仅是占有人的辅助者,其自身不能取得对物的占有。占有辅助关系常存在于雇佣、学徒等类似关系之中,甚至由于专业分工的细化,“在现代工商社会,大多数之人系基于雇佣关系而管领他人之物,皆为占有辅助人”。[④]

---

① 陈兴良、周光权:《刑法学的现代展开》,中国人民大学出版社 2006 年版,第 667 页。

② 童伟华:《论日本刑法中的占有》,载《太平洋学报》2007 年第 1 期。

③ 王泽鉴:《民法物权 2 · 用益物权 · 占有》,中国政法大学出版社 2001 年版,第 190 页。

④ 王泽鉴:《民法物权 2 · 用益物权 · 占有》,中国政法大学出版社 2001 年版,第 191 页。

如前所述,侵占罪中行为人对标的物的控制经历了两个步骤,其最初的步骤必须是取得对他人财物的民法上的占有,如果最初就没有取得民法上的占有,那么行为人的行为就不能构成侵占罪,而是要构成其他犯罪了。例如,“甲有台电视机坏了,雇三轮车工人乙拉到修理店去修理。乙在前面蹬车,甲骑自行车在后紧跟。中途甲遇一朋友丙,要与丙谈几句话,遂叫乙停下。在甲与丙谈话之时,乙趁甲不备,蹬起三轮车就跑掉了,将电视机非法据为己有”。① 对于类似的情形,刑法学者大多将其定性为盗窃罪而非侵占罪,其主张的理由主要是,在这种情形下甲在一般社会观念上并没有丧失对其财物的控制,“所有人将财物交到他人手中,并未移转占有权,财物并未脱离自己的控制”。② 也就是说,“上位者才享有专属占有权,属于从属地位者,是其主人的持有工具,不具有独立性,此时下位者非法占有财物的构成盗窃”。③ 事实上,对于这种案件,如果从民法上占有制度的角度来看,甲雇佣乙运送物品且一路跟随,显然甲是占有人,乙只是接受甲的指示而对标的物进行控制管领,乙的地位仅是占有辅助人而不是占有人,其并没有取得对标的物的占有。既然乙自始就没有取得对标的物的合法占有,那么当乙突然将标的物带跑并据为己有后,乙才第一次取得对标的物的占有,不符合侵占罪的移转占有为非法所有的行为特征,所以不能构成侵占罪。此外,由于乙第一次取得对标的物的占有就是通过非法的手段,而且是通过秘密窃取的手段获得非法占有,因此其行为构成盗窃罪。

### 四、恶意占有与侵占罪的认定

由于占有只是一种事实,因此根据占有是否具有法律上的原因可以将其分为有权占有与无权占有,前者是具有法律上的原因的占有,如所有权人、租赁人、质权人等对标的物的占有;后者是无法律上原因的占有,如行为人对于盗赃物的占有、对遗失物的占有及法律关系消灭后对标的物的继续占有等。“两者区别之实益,在其所受法律保护程度之不同。”④有权占有人具有占有的本权,其对标的物进行占有是行使正当

---

① 王作富主编:《刑法分则实务研究》(下册第2版),中国方正出版社2003年版,第1316页。

② 王作富主编:《刑法分则实务研究》(下册第2版),中国方正出版社2003年版,第1316页。

③ 周光权:《侵占罪疑难问题研究》,载《法学研究》2002年第3期。

④ 谢在全:《民法物权论》(下册修订版第2版),2003年自版,第530页。

权利,因此其可以对抗他人对标的物的权利主张,例如在正常租赁期间内,即便是所有权人也不得随意侵害承租人对租赁物的占有,即房东不得随意驱赶房客。而无权占有人缺乏占有的本权,因此不得对抗标的物的真正权利人,在标的物的权利人主张权利时,无权占有人负有返还标的物的义务。在无权占有中,根据无权占有人对其无占有的权利之事实是否知情还可以细分为善意占有和恶意占有。“善意占有,指误信为有占有的权利且无怀疑而占有而言。反之,恶意占有,指明知无占有的权利,或对有无占有的权利有怀疑而仍为占有。”①将无权占有区分为善意占有与恶意占有,从而使得占有制度与我国《物权法》上的善意取得制度相衔接,而且根据《物权法》第242条至第244条的规定,善意占有人与恶意占有人在占有的标的物受损失时的赔偿责任方面以及在向权利人返还原物及孳息时有无必要费用请求权方面是存在差异的。

侵占罪中的一个争议问题就是基于不法原因而取得占有的财物之上能否成立侵占罪。例如,某甲打算向某公务员行贿,因此将贿赂款项交给某乙,委托其代为转交,但某乙私自侵吞了该笔贿赂款,某乙的行为能否成立侵占罪?又如,某甲将盗窃所得的贵重物品暂借给某乙使用,某乙对此完全知情,之后某乙便拒绝返还该物品于某甲,并据为己有,某乙的行为能否成立侵占罪?对于这类情况,学界观点不一。否定说认为,“甲毕竟没有财物返还请求权,不能认定乙侵害了甲的财物;另一方面,由于财物由乙占有,也不能认为该财物已经属于国家财产”。②肯定说则认为这些非法财物可以成为侵占罪的客体,因为“实际上,这些非法财物是公私财物的一种特殊种类。因此,对于侵占非法财物的行为以侵占罪论处,并不是保护了非法财物获得者的所有权,而是保护了公私财物的所有权”。③ 对此,笔者认为是可以成立侵占罪的。实际上要判断基于不法原因而取得占有的财物之上能否成立侵占罪,关键点在于判断行为人最终占有不法财物能否成立民法上的占有,因为此后其据为己有的行为是明显的,那么判断第一步行为的性质便至关重要。在这类情况下,由于标的物本身的非法性质,行为人都不允许取得

① 王泽鉴:《民法物权2·用益物权·占有》,中国政法大学出版社2001年版,第178页。

② 张明楷:《刑法学》,法律出版社2007年版,第743页。

③ 陈兴良、周光权:《刑法学的现代展开》,中国人民大学出版社2006年版,第660页。

其占有的正当权源，而且其都属于知情者，根据前述的占有理论，行为人的行为应当属于无权占有中的恶意占有。但是恶意占有仍属于民法上的占有，虽然恶意占有人在标的物毁损、灭失时的赔偿责任较重，但此种占有仍为《物权法》所承认，他人除非是在有证据证明自己是真正权利人的情况下，不得随意剥夺和侵害恶意占有人的占有。也就是说，即便某人侵占了他人的财物，其他人也不得因此而随意对该财物实施新的侵夺，侵夺侵夺者也是不允许的。所以，基于不法原因而取得财物的占有仍然属于民法上的占有，其后据为己有的，可以成立侵占罪。笔者认为，这恰好表明在刑法的规范判断上，必须注意到相关部门法最新的发展动态，以对刑法进行更为稳妥和恰当的解释，从而实现刑法对相关法益的完善保护。

我国《物权法》之所以承认恶意占有并且赋予其一定程度的保护而禁止他人的随意剥夺，是因为就动产而言，行为人对该动产的占有就构成了其对该动产享有正当权利的外观证据，对于不动产而言，行为人对不动产的居住、使用等行为，在他人查阅登记之前，同样是其享有正当权利有力的表面证据。至于占有人知道自己没有占有的正当权源则是一种主观心理状态，外人难以知晓，因此，对于占有人，民法首先推定其是有权占有，其次推定其为善意占有，只有在他人提出相反证据的情况下，才可以推翻这种推定，即"占有之为善意抑或恶意，既系基于占有人之主观意思之知与不知，则殊难由外观证明，因而法律为保护占有人起见，对于占有则推定其为善意"。[①] 这也体现了占有制度的维护社会秩序平和的主要功能。否则，任何人在提出确切证据之前，仅凭自己的感觉或单方面的主张，就可以随意认定他人的占有是无权占有、恶意占有，从而剥夺他人的占有，如此一来，社会秩序将会大乱，人们的财产权利也就不能得到保障。所以占有具有权利推定的功能，对于占有人，首先推定其具有占有的权利，反对者须承担举证责任。如此才能更好地保护占有背后的权利，并维持社会秩序，保护交易安全。所以在刑法上，行为人由恶意占有转化为据为己有的，同样得以成立侵占罪。

**五、结语**

由上可知，物权法的占有制度与侵占罪的认定具有密切的联系，侵

---

① 郑玉波：《民法物权》，黄宗乐修订，三民书局股份有限公司2003年版，第409页。

占罪上行为人的行为是分为两个步骤完成的,其首先是取得对他人财物的民法上的占有,此种占有必须符合体素、心素的要件要求,其可以是自主占有也可以是他主占有,可以是有权占有也可以是恶意占有,但不能仅是占有辅助;随后,行为人将这种占有转变为自主占有并据为己有,拒绝返还,由此完成从物权法上的占有向侵占罪的过渡。可见,刑法与民法保护的法益在此是重合的,都是保护真实物权人的权利,但是行为人最初的占有只须依据民法上的占有制度便可解决当事人之间的纠纷,国家无须过多干预。“财产犯罪都具有双重性质,一是违反了刑法,二是违反了民法。侵犯财产的行为,只有不触犯刑法时,才仅依照民法处理。”①只有当行为人将民法上的占有转化为较为严重的侵占之后,才需要刑法以认定侵占罪的方式进行规制,以更好地保护真实权利人并惩戒行为人的行为。因此,物权法上的占有与侵占罪的认定息息相关。侵占罪的规范判断必须考虑民法上的占有。

---

① 张明楷:《不当得利与财产犯罪的关系》,载《人民检察》2008 年第 13 期。

# 第三章　人格权与侵权责任法疑难问题研究

# 论作为一般人格权的名誉权*

**摘　要**:一般人格权是指超脱于具体人格权利类型的抽象人格权,德国法上因不得已而创设的一般人格权理论,在我国学界受到重视并成为未来人格权立法的重要条款。一般认为一般人格权是指人格尊严、人身自由、人身安全、人身平等等高度抽象的权益。但由于我国民事立法既缺乏对具体人格权的详细规定,也缺乏一般人格权的概括规定,司法实践中的法外人格权如人格尊严、隐私权、信用权、营业权以及人格法益如死者的名誉、遗体和遗骨等,都以名誉权的名义进行保护,使名誉权发挥着一般人格权的功能和作用。由于中国人极为重视面子,而面子在很大程度上与名誉的功能相同,在中国人面子观的作用下,使得名誉权在我国实际上成为了一般人格权。

**关键词**:一般人格权;名誉权;法外人格权;人格法益;面子

**目　　次**



---

* 本文原载于《暨南学报》(哲学社会科学版)2012 年第 4 期,中国人民大学书报资料中心复印报刊资料《民商法学》2012 年第 9 期全文转载。

三、人格法益的名誉权保护

四、中国人的面子观与作为一般人格权的名誉权

## 一、一般人格权的名与实

所谓一般人格权，是指超脱于具体人格权利类型的抽象人格权。一般人格权与具体人格权之间，是抽象与具体、本源和派生、既定和补充、一般和特殊的关系；一般人格权具有权利创设功能、解释功能、补充功能和利益平衡功能。[①] 学界一般认为，一般人格权是"二战"后德国法院判决所创设的一种框架性权利。《德国民法典》第823条第1款规定："因故意或者过失不法侵害他人生命、身体、健康、自由、所有权或者其他权利者，对他人因此而产生的损害负赔偿义务。"面对一些需要保护的新型权利和法益，德国联邦最高法院在20世纪50年代，将《德国基本法》第1条和第2条中的"个人的要求尊重其个人之尊严和要求发展其个人人格的权利"解释为《德国民法典》第823条第1款中的"其他权利"，从而为这些权利寻找到了请求权基础，使之受到侵权法的保护。在德国的司法实践中，一般人格权起到了保护新型权利和发展人格权类型的作用，例如，"1954年德国联邦法院作出判决，认定对人格尊严、自治、隐私的权利是《德国民法典》第823条第1款中的'权利'"。[②]

在外国学者看来，德国民法上的一般人格权是一种理论创建，具有较高的借鉴价值，但是，一般人格权在德国却是一种紧急应变的灵活处理技术，是德国司法机关为了解决权利保护的实际需要而进行法律解释的产物，而不是理论上深思熟虑的结果。"德国民法理论受制于《德国民法典》第823条第1款的框架，在不得已的情况下，用'一般人格权'这件外衣来包装内容各异的人格性质的法益，使得其可以被纳入侵权行为法保护的框架中。"[③]因此，在一般人格权受到学术界的关注之

---

① 参见王利明：《人格权法研究》，中国人民大学出版社2005年版，第177~182页。

② [德]克里斯蒂安·冯·巴尔：《欧洲比较侵权行为法》(上卷)，张新宝译，法律出版社2001年版，第47页。

③ 薛军：《揭开"一般人格权"的面纱——兼论比较法研究中的"体系意识"》，载《比较法研究》2008年第5期。

后,学者们发现此种权利在理论上存在诸多不完善之处,其内涵和外延均不够明晰,而更像是一个兜底性权利,存在的目的就是为了实现对法律没有明确规定的人格权益的保护。德国学者指出,“从总体上看,在一般人格权这件大氅下面所聚集的保护地位呈现出不同的专属性程度;其中一些可以毫不困难地解释为权利,而另外一些就不行。在这种情况下,可取的是,把一般人格权作为所有上述保护地位的框架予以保留”。[①] 更有学者在仔细梳理一般人格权的来龙去脉之后,一针见血地指出:“一般人格权概念在德国民法上的出现,主要是德国独特的侵权行为法的结构(把侵权行为的客体限定在类型化的权利之上)所导致。它是一个有权利之名,但是无权利之实的概念,在实践上的意义无非是确认了‘各种人格性质的法益应该得到保护’这一原则。”[②]

然而,德国法上因不得已而创设的一般人格权理论被引介入我国法学界以后,却受到了学者们的极大欢迎,“为了克服法定主义的僵化,保持人格权的开放性,无论人格权法定主义的赞同者还是反对者均主张在法律规定具体人格权之余,宜建立一般人格权制度”。[③] 其原因在于,一般人格权符合德国潘德克吞式的法学思维方式,遵循了总与分、抽象与具体的划分与联系的思维模式,既有助于人格权理论体系的构建,又有利于应对未来新型人格权益保护的需求,缓和人格权立法之后的僵化性与滞后性。因此,有学者赞扬道:“一般人格权是由法律采取高度概括的方式,而赋予公民和法人享有的以具有集合性特点的人格利益为内容的人格权。它不仅具有兜底条款的作用,而且为法官判断何种人格利益应当受法律保护提供了标准。”[④]

在我国迈向民事立法法典化的进程中,目前看来,无论人格权法是否会独立成编,对一般人格权作出条文规定已成必然之势。因为无论

---

① [德]迪特尔·施瓦布:《民法导论》,郑冲译,法律出版社2006年版,第218页。

② 薛军:《揭开“一般人格权”的面纱——兼论比较法研究中的“体系意识”》,载《比较法研究》2008年第5期。

③ 易军:《论人格权法定、一般人格权与侵权责任构成》,载《法学》2011年第8期。

④ 王利明:《人格权制度在中国民法典中的地位》,载《法学研究》2003年第2期。

是王利明教授的民法典学者建议稿[①]，还是梁慧星教授的民法典学者建议稿[②]，甚至是全国人大常委会法工委2002年的《中华人民共和国民法（草案）》[③]，均规定了一般人格权的条款。

我国学者对于一般人格权的制度构建，大多是将一般人格权限定为人格尊严、人身自由、人身安全、人身平等等高度抽象的权益范围内。因为学者们对一般人格权预期的制度价值，便是填补立法空白，保护新型法益，“通过建立一般人格权这种框架性权利，将为随着社会发展而出现的需要法律保护的新型人格利益上升为独立的权利形态提供充分的空间，形成一种开放的人格权法体系，不断扩大人格权保障的范围”。[④]

自1986年《民法通则》颁布至今，我国经济社会状况在这三十多年间已经有了巨大的变化，人们的权利需求剧增，相对应的却是《民法通则》的粗线条立法以及数十年间人格权法立法的迟滞。[⑤] 在社会需求与立法供给不足的紧张局面之下，人们迫切需要一个能够发挥一般人格权功能的权利来保护不断涌现的新型人格权益，然而一般人格权在我国仍停留在理论层面。在这种情况下，事实上扮演着一般人格权角色，对其他应受保护的法益提供请求权基础的，正是我国《民法通则》所规

---

① 王利明教授主编的民法典建议稿第2编“人格权”第1章“一般规定”的第2条，即第292条“一般人格权”规定：“自然人的人格尊严、人格平等和人格自由受法律保护。”参见王利明主编：《中国民法典学者建议稿及立法理由：条文、立法理由、参考立法例》（人格权编、婚姻家庭编、继承编），法律出版社2005年版，第8页。

② 梁慧星教授主编的民法典建议稿第1编“总则”第2章“自然人”的第5节“人格权”的第1条，即第46条“一般人格权”规定：“自然人的自由、安全和人格尊严受法律保护。自然人的人格权不得转让，非基于法律规定，不得予以限制。”参见梁慧星主编：《中国民法典草案建议稿》，法律出版社2003年版，第9页。

③ 2002年法工委提交全国人大常委会审议的《中华人民共和国民法（草案）》，该草案第4编为“人格权法”，第一章“一般规定”在第1条列举了7项具体人格权类型之后，在第2条规定：“自然人、法人的人格尊严和人身自由不受侵犯。”

④ 王利明：《我国民法典中的人格权制度的构建》，载《法学家》2003年第4期。

⑤ 有学者将我国法律、司法解释规定的人格权做成表格进行分析，发现在《民法通则》中，只有生命权、健康权、姓名权、肖像权、名誉权、荣誉权这六种人格权益得到了立法的确认，而身体权、隐私权、人身自由、死者人格利益（姓名、肖像、名誉、荣誉）、死者遗体、遗骨等特定人格纪念意义物品之类的人格权益均未得到规定。参见张新宝：《我国人格权立法：体系、边界和保护》，载《法商研究》2012年第1期。

定的名誉权。

名誉权,就是民事主体对其名誉所享有的不受他人侵犯的权利。可见名誉权是关于名誉的权利,而名誉是社会对特定人的品行、道德、才干、情操等方面的综合评价。名誉是社会化的产物,是人作为群体性存在的副产品。"'名誉',也即一个人的声誉,是社会交际活动的产物,它并非仅只与这个人相关,而是同时也与其他人相关。"[①]如果人纯粹作为生物个体的存在,不与人类社会发生联系,如同鲁滨逊漂流在荒岛上,基本与世隔绝,也就不存在名誉的问题。

在 1986 年制定《民法通则》时,立法机关便对名誉权进行了专门规定。随后,在 1993 年和 1998 年,最高人民法院两次出台司法解释,专门针对审判实践中出现的名誉权问题进行详细解答。[②] 在 2009 年《侵权责任法》第 2 条所列举的权利类型中,也将名誉权列入其中。有学者在研究我国法院对名誉权案件的审理情况后发现,"名誉权纠纷是民法通则公布以来民事审判的热点与难点问题之一,侵权名誉权案件是最高人民法院公报刊登的最多的案件类别之一。在近 10 多年来,最高人民法院也对名誉权案件的审理做出过多次司法解释和批复"。[③] 名誉权的诉讼之所以如此之多,正是因为立法既缺乏对具体人格权的详细规定,也缺乏一般人格权的概括规定,导致人们在选择法律依据时出现困难,实践中当事人纷纷选择以名誉权作为诉由对自己的人格权益主张法律的保护,而法官在裁判中也以名誉权为由对诸多人格权益作出了保护。由此可见,名誉权在我国司法实践中事实上发挥着一般人格权的功能和作用。

**二、法外人格权的名誉权保护**

所谓法外人格权,是指尚未被民事法律明确予以承认的人格权。从理论上讲,权利本身就意味着是得到法律承认的利益,但是,如前所述,我国改革开放以来民事立法的粗线条和迟缓发展,导致许多在域外

---

① [德]迪特尔·施瓦布:《民法导论》,郑冲译,法律出版社 2006 年版,第 216 页。

② 即 1993 年的《最高人民法院关于审理名誉权案件若干问题的解答》和 1998 年《最高人民法院关于审理名誉权案件若干问题的解释》。

③ 张新宝:《最高人民法院公布的典型侵权百案类评(一)》,载中国民商法律网:http://www.civillaw.com.cn/article/default.asp? id = 15968,最后访问日期:2011 年 9 月 20 日。

早已明文确认为权利的利益,在我国却难以找到民事法律上的根据,与名誉权紧密相关的一些权利,未能被法律明确进行规定。由于法学研究的发展,这些权利虽未能被法律上明文规定,但在理论上的研究已经较为成熟,成为了法律人的基本知识,甚至成为一般社会公众所知悉的内容。因此,人们已经具有了主张这些法外人格权的权利意识和行动,但由于正式法源的缺失,当事人在提起诉讼时往往将这些权利冠以名誉权之名,法官在裁判中也可能将之纳入名誉权之中进行保护。

(一)实为人格尊严的名誉权诉讼

由于《民法通则》第 101 条在规定名誉权时,将人格尊严作为名誉权的内容进行了规定,使之依附于名誉权而存在。我国最高人民法院发布的《民事案件案由规定》中,也没有将人格尊严作为人格权纠纷的一个独立案由。但是,人格尊严和名誉权在学理上属于两种不同类型的人格权。由于我国目前缺乏一般人格权的规定,有学者认为,人格尊严属于一般人格权的内容之一,而名誉权的主体、内容、客体和责任形式等都与人格尊严存在明显区别。① 直到 2001 年,最高人民法院发布的《关于确定民事侵权精神损害赔偿责任若干问题的解释》第 1 条第 3 项中,才将"人格尊严权"列为法院受理精神损害赔偿的案件范围之内。虽然在理论学说上,人格尊严具有一般人格权的重要地位,最高人民法院也认识到人格尊严与名誉权是两种不同的权利,但毕竟司法解释的位阶较低,尚不足以赋予人格尊严以法定权利的地位。因此在司法实践中,许多当事人和法官仍然按照《民法通则》的规定,将人格尊严的侵害作为名誉权的侵权来起诉和判决。

案例 1:被人公正死亡——苏某诉某区公证处等名誉权纠纷案。②原告苏某与被告赵某系婆媳关系,与被告禹 A、禹 B 系祖孙关系,赵某与禹 A、禹 B 系母女关系。2004 年 10 月 5 日,原告之子禹甲意外事故死亡,其遗产有房产一处。被告赵某向某区公证处提交由禹甲生前工作单位出具的原告苏某先于禹甲死亡的证明,在被告禹 A、禹 B 均自愿放弃继承权的情况下,2006 年 3 月 26 日某区公证处出具公证书,载明原告苏某先于禹甲死亡。其后,被告赵某据此公证书到房管局办理了

① 参见王利明:《人格权法》,中国人民大学出版社 2009 年版,第 240 页。

② 参见洛阳市瀍河回族区人民法院民事判决书(2009)瀍民初字第 258 号。

该房屋产权过户登记手续。原告苏某得知公证书的内容后，即向某区公证处、司法局等机关反映，2009 年 4 月 9 日，某区公证处经复查做出复查决定，撤销之前所作出的公证书。苏某随后即起诉赵某与某区公证处等侵犯其名誉权。法院认为，被告赵某编造原告已死亡的行为违反了社会公德，侵犯了原告的人格权利，给原告的名誉造成损失，致使原告遭受一定的精神痛苦，原告要求其赔礼道歉的请求予以支持；被告某区公证处虽然据被告赵某提交的内容不真实的证明而给其办理了公证书，但发现错误后及时依法予以纠正并撤销了原公证书。因此判决赵某向原告苏某赔礼道歉并给付苏某精神抚慰金人民币 3 万元。

本案中，被告为了独占房产而虚构原告已经死亡的事实，办理原告已经死亡的公证文件，并据此将房产过户到自己名下。在这样一起纠纷中，原告作为一名老人，尚在人世便被儿媳虚构为已死亡，按照中国人的一般观念，原告必然遭受精神上的痛苦。但是，被告虚构事实仅是为了办理房屋过户的相关手续，并未向一般社会公众宣扬，难谓侮辱或诽谤，原告的社会评价也不会因此而降低。所以该案事实上并不符合名誉权侵权的构成要件，而是一起侵犯人格尊严的纠纷。但原告以名誉权受侵犯而起诉，法院也据此认定侵权成立，判决被告赔礼道歉并赔偿精神损失。

### （二）实为隐私权的名誉权诉讼

实为隐私权侵权，但却冠以名誉权的诉由，乃是实践中最为常见的一类名誉权的“误用”，而这则是由我国立法和司法解释的现实状况所决定的。因为 1986 年的《民法通则》遗漏了隐私权的规定，在民事基本立法层面上，直到 2009 年的《侵权责任法》才正式列明了隐私权的概念。但事实上，隐私权自我国改革开放以来，其重要地位日益凸显，实践中的纠纷层出不穷，法院必须正视此类纠纷。因此，早在 1988 年最高人民法院发布的《关于贯彻执行〈中华人民共和国民法通则〉若干问题的意见（试行）》第 140 条第 1 款便规定：“以书面、口头等形式宣扬他人的隐私，或者捏造事实公然丑化他人人格，以及用侮辱、诽谤等方式损害他人名誉，造成一定影响的，应当认定为侵害公民名誉权的行为。”由此开创了通过名誉权来保护隐私权的先河，这一具有中国特色的制度在此后的数部有关名誉权的司法解释中得到沿袭。

应当承认，在立法规定不足以保护人们的隐私权的情况下，司法机关通过司法解释的形式，将隐私权纳入到名誉权的保护之中，虽然有名不正言不顺的嫌疑，但对权利保护的需要远高于概念清晰的需要。因此，从1988年1月26日《民法通则》司法解释的发布到2010年7月1日《侵权责任法》的实施，这二十余年的时间内，人们因隐私权受到侵犯而主张法律保护的，法院以隐私权侵权的成立要件进行判断，但最终必须以名誉权侵权的名义进行判决，故实为隐私权的名誉权诉讼在实践中大量存在，并且可以理解。

但是隐私权和名誉权确实存在一定的相似性和关联性，当人们的隐私被揭露时，可能会带来名誉受损的后果。因此不能简单根据名誉受损而认定是名誉权受侵犯，因为名誉受损也可能是隐私权受侵犯的后果之一。在这样的情况下，即便是隐私权必须归入名誉权名下进行保护，也应当在成立要件上分清这两种不同的权利类型。

案例2：学生档案中记载精神病史——冯某与××理工大学名誉权纠纷上诉案。[①] 1982年冯某考入××理工大学科技外语系科技英语专业，后因病未予注册，保留入学资格1年。1983年9月，冯某进入英语831班就读。1984年，冯某因病被退学。1988年至1993年，冯某曾参加多场市局机关主办的招聘考试，但未被录用。1990年12月，区教育局曾至街道劳动服务所政审冯某档案材料。法院查明，××理工大学员工填写的学生退学申请表中申请理由中记载有："1983年10月间该班军训期间，该生神志反常，生活不能自理，不进食，并打人……"的内容。2010年2月25日，冯某诉至法院，称其原系××理工大学学生，2000年5月，冯某聘请律师查询冯某档案得知××理工大学在冯某档案中虚构事实，诽谤冯某打人，致使冯某屡次应聘落选。原告认为，××理工大学恶意侵犯冯某名誉权，情节恶劣，向社会及招聘单位扩散，影响冯某就业，存在因果关系，要求××理工大学赔偿冯某精神损害抚慰金50万元，登报道歉消除影响，并安排冯某力所能及的工作，永不下岗。案件审理中，双方当事人确认冯某患有精神分裂症（单纯型），曾于1981年至1984年先后三次住院治疗。一审法院认为，××理

① 参见上海市第二中级人民法院民事判决书（2010）沪二中民一（民）终字第803号。

工大学在学生退学申请表中的记载内容是不公开的，且文字描述主观上未借机侵害冯某的名誉权。原告也未能证明其应聘失利与上述记载间的因果关系，因此驳回原告诉讼请求。冯某不服，提起上诉，认为其在军训的时候被搜身夺药，不能服用药物，所以病情复发。××理工大学滥用职权，利用档案保密性，诽谤上诉人，虚构“武疯子”事实，吓退招聘单位。二审法院驳回上诉，维持原判。

本案中，学校在原告退学申请表中记载原告军训期间的异常反应，是客观描述，并且未向外界宣扬，因此不属于侵犯原告的名誉权。但由于原告已经病愈多年未复发，而且军训期间制度严苛，学校搜走原告随身携带的药物而导致原告出现异常，对于这一既往病史，应当认定为个人隐私，学校不是医疗机构，并不需要将既往病史详细记载，对于这一多年之前的病史隐私而导致原告一直难以被招聘单位接收，对于原告来说极为不公。因此，这一案件应当属于隐私权的纠纷，而非名誉权的纠纷，但法院以名誉权侵权的成立要件来进行判断，强调记载的客观性和名誉未受损，认定名誉权侵权不成立，因此导致原告的合法权益无法得到保护。

（三）实为信用权的名誉权诉讼

“信用权者，以在社会上应受经济的评价之利益为内容之权利，即就其给付能力及给付意思所享有之经济‘信誉权’。”[①]我国民法上并未规定信用权。有学者认为信用权属于名誉权，“信用就其本质而言，属于主体名誉的一部分，侵害公民的信用，可能构成对其名誉权的侵害，侵害公司的信用，可能构成对其名誉权或商誉权的侵害”。[②] 但也有学者认为信用权是一种独立的人格权，因为其兼具财产性和人身性，“所以不能单纯通过知识产权法或物权法加以保护，而应当作为一个独立的人格权受到保护”。[③]

信用权和名誉权确实存在极为密切的联系，因为信用也体现为一种名誉，虚构事实也会导致信用降低的后果。但是，信用一般是由银行的征信机构进行评定，而且也只有银行系统才能够查询，这和名誉作为

① 史尚宽：《债法总论》，中国政法大学出版社2000年版，第153页。

② 张新宝：《名誉权的法律保护》，中国政法大学出版社1997年版，第49页。

③ 王利明：《人格权法》，中国人民大学出版社2009年版，第240页。

社会一般评价不同。信用权,“其与名誉权的区别在于前者系经济上的评价,后者为社会上的评价。二者有时难以明确区分……惟信用权与名誉权的保护范畴究属不同,信用的侵害,不必同时为名誉的侵害”。[①]此外,信用权受到侵害的后果直接体现为经济利益的受损,即难以进行借贷等活动,而名誉权作为一种人格权,其受损之后并不直接体现为经济利益的损失。因此,史尚宽先生认为,“名誉权广义言之,包括信用权在内,然其中亦有不含侮辱或贬损人格之意者,不得一概以名誉律之。例如散布某商人非因其故意或过失而丧失其全部财产之流言。故不如认为一独立权利”。[②] 笔者赞同此种观点,认为信用权毕竟与名誉权存在诸多差别,应当为一种独立的人格权利。以下案例可以说明信用权受侵害与名誉权受侵害之间的区别。

案例3:银行违规放贷侵犯个人信用权——周某诉某银行名誉权损害赔偿纠纷案。[③] 2001年11月20日,以原告周某为借款人,被告某银行发放中长期贷款2000元,借款用途为“借新还旧”,到期日为2003年11月20日。贷款到期后无人偿还。2009年2月20日,原告周某与其丈夫购买一套房屋并到建设银行办理按揭手续时,被告知有不良信用记录,银行不能提供按揭贷款。经查,原告的贷款系村委会以其名义在某银行办理,用以解决农村抗旱打井问题,属于私贷公用,被告某银行在发放涉及本案贷款时,在明知原告并非借款人和担保人的情况下,仍以原告为借款人发放了贷款,属违规操作。法院认为,被告至今仍未能消除征信系统中原告的不良记录,侵害一直延续,不仅给原告带来了经济上的损失也给原告的精神造成了侵害,应当承担相应的赔偿责任。遂判决某银行在当地报纸上刊登道歉声明,消除原告周某在银行征信系统中的不良记录,并赔偿原告周某精神抚慰金3000元。

本案以名誉权为诉由起诉和判决,但事实上是信用权的纠纷,因为本案中并不存在对原告的一般社会评价,而是银行征信系统的记录,最终的责任形式除了登报道歉以外,还要求被告消除原告在银行征信系统中的不良记录,否则,仅仅赔礼道歉和赔偿损失是无法对信用权的侵

---

① 王泽鉴:《侵权行为》,北京大学出版社2009年版,第123~124页。
② 史尚宽:《债法总论》,中国政法大学出版社2000年版,第153页。
③ 参见河南省罗山县人民法院民事判决书(2009)罗民初字第895号。

害作出充分救济的，只要不良记录一直存在，信用权就一直受到侵害，所以消除不良记录其实是救济信用权的最重要方式。

（四）实为营业权的名誉权诉讼

《民法通则》第5条规定："公民、法人的合法的民事权益受法律保护，任何组织和个人不得侵犯。"同时该法第120条明确规定法人的名称权、名誉权、荣誉权受法律保护。《公司法》第5条第2款也规定："公司的合法权益受法律保护，不受侵犯。"虽然我国民商事法律并未明确规定法人的营业权，但是法人具有自主营业的权利，乃是设立法人的目的之一，也是法人维系其存在的基础。王泽鉴教授也指出："应否创设'营业权'以扩大权利的保护范畴，亦值研究。"[①]由于我国民商事法律缺乏对营业权的明确规定，因此实践中出现营业权受侵犯时以名誉权来请求保护的案例。

案例4：擅自闯入学校闹事——张某与宜昌中学名誉权纠纷上诉案。[②] 宜昌中学系一所民办学校，实行封闭式管理。2007年3月18日下午，张某未经原告宜昌中学保安人员允许，擅自进入该校并直入宜昌中学学生汪某所在的班级，与汪某发生争执进而互殴，导致被告与汪某均不同程度受伤。宜昌中学认为，张某未经其同意，闯入学校殴打学生，给学校和学生均造成不良影响，侵犯其名誉权。一审法院认为，张某未经校方允许，擅自闯入该校并与该校在校学生发生打架，该事件的发生影响了原告正常的教学管理秩序，对原告要求被告赔礼道歉，消除影响的诉请予以支持。遂判决被告张某的父亲张某某在被告宜昌中学门口张贴"道歉书"，公开向原告宜昌中学赔礼道歉。二审法院维持原判。

民办学校在我国的法律地位一直较为模糊，《民办教育促进法》第10条第3款规定："民办学校应当具备法人条件。"学界大多认为民办学校属于民法上的法人。本案中，被告闯入民办学校打架斗殴，扰乱正常教学秩序，侵犯的是原告的营业权，虽然其后果可能导致原告社会评价降低，但并不能因此而认定为名誉权受到侵犯，毕竟两者相去甚远。法院应当是在无法找到营业权的法律依据的情况下，以名誉权受侵害为

---

① 王泽鉴：《侵权行为法》（第一册），中国政法大学出版社2001年版，第98页。

② 参见河南省新乡市中级人民法院民事判决书（2009）新中民四终字第262号。

由进行判决，对原告进行了救济。

**三、人格法益的名誉权保护**

我国《侵权责任法》第2条第2款对民事权益作出了界定："本法所称民事权益，包括生命权、健康权、姓名权、名誉权、荣誉权、肖像权、隐私权、婚姻自主权、监护权、所有权、用益物权、担保物权、著作权、专利权、商标专用权、发现权、股权、继承权等人身、财产权益。"这表明立法者明确区分了民事权利和民事利益，而且将两者都纳入法律的保护范围之内，合称民事权益。

权利是已经得到法律承认的利益，而权利之外还存在大量的应受保护的利益，这些利益虽然不能像权利一样主动行使，但在受到他人侵害的时候，仍然能够主张法律的保护。因此，受到法律保护的利益也称法益。"法益（das Rechtsgut）是一个社会的法观念认为应予保护的利益，对它的保护乃是对违反法律基本理念行为的制止。而（法定）权利，则是通过实在法律明确规定或通过立法纲领、法律原则加以宣布，以规范形态存在的权利。"①在财产领域，纯粹经济损失便是典型的法益；而在人身领域，"死者的人身利益如姓名、肖像、名誉隐私、遗体、遗骨等，属于受到保护的人身利益。"②

在《侵权责任法》颁布之前，民事法律中缺乏对人格法益保护的抽象规定，因此，许多当事人在人格法益受到侵害之后，同样也选择以名誉权为由提起诉讼，因此名誉权在保护人格法益上同样发挥着一般人格权的作用。

*（一）死者名誉的名誉权之诉*

对于死者的名誉保护问题，人们一直存在矛盾的心态，一方面，人们认为，既然盖棺定论，那么应当"千秋功过任评说"，无需保护死者的名誉；但另一方面，人们又希望"留得美誉在人间"，因此要保护死者的名誉。在民法上，无论是学界还是司法机关，都认为应当保护死者的名誉，但究竟采取何种保护方式，则存在较多争议。

最高人民法院发布的数部司法解释都明确规定要保护死者的名誉。1993年最高人民法院《关于审理名誉权案件若干问题的解答》中规

---

① 易军：《论人格权法定、一般人格权与侵权责任构成》，载《法学》2011年第8期。

② 张新宝：《侵权责任法》（第2版），中国人民大学出版社2010年版，第5页。

定："死者名誉受到损害的，其近亲属有权向人民法院起诉。近亲属包括：配偶、父母、子女、兄弟姐妹、祖父母、外祖父母、孙子女、外孙子女。"2001年最高人民法院《关于确定民事侵权精神损害赔偿责任若干问题的解释》第3条规定："自然人死亡后，其近亲属因下列侵权行为遭受精神痛苦，向人民法院起诉请求赔偿精神损害的，人民法院应当依法予以受理：（一）以侮辱、诽谤、贬损、丑化或者违反社会公共利益、社会公德的其他方式，侵害死者姓名、肖像、名誉、荣誉……"由此可见，司法机关赋予死者近亲属诉权以保护死者名誉。

由于我国司法实践在处理死者名誉受损案件时，对于死者的名誉保护持肯定态度，因此导致不少学者认为死者享有名誉权。一种观点认为死者享有名誉权，首先，"基于名誉权的性质可知，名誉权是一种可以分离于法律主体生存或死亡状态的权利，只要作为人的法律主体存在过，其名誉权就将从其出生时起延续下去，不因死亡而终止。其次，死者的名誉权可与著作权中的署名权类比"。[①] 但是这种观点明显与民事主体法律制度相违背，因为民法上的主体，其权利能力始于出生，终于死亡。因此主张死者仍然享有权利，难以自圆其说。一种观点认为死者不享有名誉权，因为，"无论怎么说，也不能主张'死者的名誉权'或者说死者享有名誉权。这是一个常识性问题；民事权利是享有民事权利能力的主体才能享有的，而死者已经不再是享有民事权利能力的主体，当然不可能再作为民事权利的主体，当然也就不存在所谓的'死者名誉权'问题"。[②] 还有一种观点认为死者享有准名誉权，即，"死者虽不能享有名誉权，但为保护其生前的利益，使其生前的名誉免受损害，可以适当参考法律关于保护胎儿利益的规定，由法律明文规定，在名誉等方面，死者视同尚生存，享有准名誉权，其名誉不容损害"。[③] 此种观点创造出准名誉权的概念，实不必要。

笔者认为，民事主体一旦死亡，就不再享有任何权利，因此，死者并

① 王琦：《关于确立保护"死者名誉"之理论基础的再思考》，载《上海交通大学学报》（社会科学版）2001年第3期。

② 张新宝、康长庆：《名誉权案件审理的情况、问题及对策》，载《现代法学》1997年第3期。

③ 孙加锋：《依法保护死者名誉的原因及方式》，载《法律科学》1991年第3期。

不享有名誉权。但是,死者仍然存在名誉,此种名誉对于死者的近亲属、继承人等可能产生直接的影响,为了保护这些人的合法利益,所以法律通过保护死者名誉的方式来保护死者近亲属、继承人等主体的合法权益。“对于死者的名誉之保护,与其说是保护死者的利益,不如说是保护生者即死者的近亲属的利益。如果承认‘死者名誉’是一种‘法益’的话,那么这种法益不是死者的利益而是其近亲属的利益。”①

对于死者名誉的保护,前述司法解释虽然赋予死者近亲属以诉权,但并未明确表明此种“死者名誉”的诉讼应当以何种诉由提起。因此在实践中,当事人往往倾向于以名誉权为由提起诉讼。

案例5:烈士被错误报道——徐乙等诉广西某报社名誉侵权纠纷案。② 原告徐乙、谢丙系徐甲之父母,2000年5月,广西某县财贸综合贸易总公司在运送销售货物时,公司售货人员被几名歹徒持刀围攻殴打,抢走商品,徐甲为保护同事和国家财产,与歹徒奋勇搏斗,不幸被刺身亡。2001年,徐甲被追授为见义勇为先进分子和革命烈士。2000年6月2日,被告广西某报社主办的报纸上刊登题为《推销商品“推”掉命》一文,该文首段称:“某县财政贸易总公司副经理徐甲怎么也没料到,5月28日竟是他的末日。”该文发表后,原告徐乙、谢丙等以被告的行为侵犯死者徐甲的名誉权为由而提起诉讼。法院认为,“公民死亡后名誉权仍受法律保护,原告徐乙、谢丙系已故徐甲的父母,在其儿子名誉受到侵害的情况下,有权提起诉讼,请求法律保护”。因此判令被告广西某报社以书面形式刊登道歉声明,为徐甲恢复名誉,消除影响,并赔偿徐乙、谢丙精神损失费5000元。

“在死者名誉利益问题上,还不得不看到存在于中华民族当中的家族文化。”③在本案中,死者的行为原本是烈士行为,但被报社错误报道为市民争利的庸俗行为,因而死者近亲属认为死者名誉受辱,遂提起诉讼。原告以死者的名誉权受侵犯起诉,被告对此进行应诉,最终法院也认为死者的名誉权仍受法律保护,进而作出判决。这说明在对死者名誉这一人格法益进行保护时,无论是当事人还是裁判者,在无法准确选

---

① 张新宝:《名誉权的法律保护》,中国政法大学出版社1997年版,第37页。

② 参见广西壮族自治区南宁市新城区人民法院民事判决书(2002)新民初字第722号。

③ 翁静晶:《论中国死者名誉保护》,中国政法大学2006年博士学位论文,第74页。

择诉由时,只能求诸名誉权的保护。

（二）死者遗体、遗骨的名誉权之诉

中国人在传统上讲究“人死为大,入土为安”。因此,现实中因死者坟墓被迁移而引发的诉讼数量较多。从民法上讲,坟墓既涉及物权(棺木、碑石等),又涉及人格利益(死者的遗体、遗骨),其中最为核心的,便是死者的遗体、遗骨。在现实中,一旦涉及坟墓的损害,受害人往往选择以名誉权受侵害为由提起诉讼,而法院也倾向于认同这一诉由并进行保护。

案例6:擅自毁坏他人坟墓——桑甲等与卜某等名誉权纠纷上诉案。[①] 2008年3月,原告卜某、杨乙、杨丙将其已故亲人杨甲的坟墓移到A村桑树沟内。A村部分村民分别于2008年5月24日和26日当面通知杨乙移坟并表示帮助其移坟。原告杨乙没有移坟。2008年5月26日,被告桑甲、桑乙同他人一起将三原告所建坟墓挖掉。原告杨乙报案后,派出所在水库附近山坡上找到了棺材,棺材内无尸骨。一审法院认为,被告桑甲、桑乙将原告卜某、杨乙、杨丙亲属的坟墓挖掉,已对三原告的名誉权构成了侵害,故被告桑甲、桑乙应承担赔偿责任。判决被告赔偿原告精神损失费5000元。被告不服判决,提起上诉,二审法院认为,对于上诉人的行为,已对被上诉人的名誉权构成了侵害,故上诉人应承担赔偿责任,原判并无不当,遂驳回上诉,维持原判。

本案中,原告亲属的坟墓被他人毁坏,导致死者遗体、遗骨遗失,原告径直以名誉权受侵害为由起诉,一审和二审法院均对此予以认同,并判令被告承担精神损害赔偿责任。

## 四、中国人的面子观与作为一般人格权的名誉权

在《民法通则》所明确规定的生命权、健康权、姓名权、肖像权、名誉权、荣誉权这六种人格权之中,在司法实践中为何只有名誉权被为数众多的法外人格权和人格法益作为获得法律保护的外衣和诉由进行利用?笔者认为,之所以名誉权在我国司法实践中起到了一般人格权的作用,是中国人的面子观在起作用。在中国的环境下分析名誉权,就必须和中国人的面子观结合起来进行思考。

---

① 参见河南省安阳市中级人民法院民事判决书(2010)安民一终字第34号。

面子在汉语中,包含着一个以名声、名誉等为核心的一系列意义。面子"代表在中国广受重视的一种声誉,这是在人生历程中步步高升,借由成功和夸耀而获得的名声,也是借着个人努力或刻意经营而累积起来的声誉。要获得这种肯定,不论在任何时候自我都必须仰赖外界环境"。① 因为中国人自古便极为重视面子,面子在很大程度上与名誉的功能相同,这种传统思维仍然影响至今,嵌入每个中国人的心灵深处。

例如,在案例6中,原告亲属的坟墓被毁坏,与侮辱诽谤而侵犯名誉权的侵权行为相去甚远,虽然同样会导致受害人的内心痛苦,但却不至于降低社会对其自身品行方面的评价。但为什么原告要以名誉权受侵害为由提起诉讼,法院又何以照此予以判决?笔者认为,案件的背后,仍然是中国人的面子观在起作用。因为中国人在传统上重视家族观念,"如果一个人做的事符合家族众人的期待,那么他不但自己感到非常荣耀,他的家人也会为他感到骄傲,并因此使家人同他分享荣誉和资源;反之,如果他做的事情或选择违背了家人对他的期望或以失败而告终,他就感到羞耻,丢脸,不愿回到家人群体中,以免被家人羞辱或让家人在当地感到无地自容"。② 该案中,原告因亲属的坟墓被毁坏而感到自己愧对家族众人,在乡邻亲戚面前颜面扫地、面子受辱,进而借助于名誉权制度主张法律的保护,而原告的诉求也得到了当地司法机关的同情和支持。

在中国,隐私的泄露、人格的受辱等情况,都会导致面子的丧失。在送法下乡,公权力全面介入民间纠纷解决的当下,人们在遭受种种失去面子的难堪境遇时,只得诉诸法律,而能够请求司法保护的,似乎就只有借助于名誉权这一诉由了。因此,面对我国《民法通则》粗线条的立法,最高法院就自然而然地将名誉权作为了兜底性的权利,将大量的案件都以名誉权的名义进行审判,扩张保护了人格尊严、隐私权、信用权、营业权等权利,以及死者的名誉和遗体、遗骨等法益,从而使得名誉

① 黄光国、胡先缙等著,黄光国编订:《面子——中国人的权力游戏》,中国人民大学出版社2004年版,第40页。

② 翟学伟:《人情、面子与权力的再生产——情理社会中的社会交换方式》,载《社会学研究》2004年第5期。

权在中国实际上成为了一般人格权。这也是名誉权从法条中的具体人格权到实践中一般人格权的真实转化,而这一过程也形成了独具中国特色的法律现象。

中国人的面子观驱动着人们提起数量众多、内容各异的名誉权诉讼,这使得看似简单的名誉权在中国的司法实践中呈现出了缤纷斑斓的色彩。霍姆斯曾言:“所有的生活都是一场实验”,[①]我们通过名誉权转化为一般人格权的过程,也可以深刻洞察和感受中国人在当代社会中的具体生态。

① [美]安东尼·路易斯:《言论的边界——美国宪法第一修正案简史》,徐爽译,法律出版社2010年版,第36页。

# 论患者知情同意权*

**摘　要**：随着传统社会中医患双方之间信任关系在现代社会中的消解，患者在诊疗过程中的知情同意权逐渐成为一项重要的权利。我国《侵权责任法》第55条规定了患者的知情同意权，但在目前的立法与司法实践对该权利的保护仍然存在不足。患者知情同意权作为一种独立的人格利益，应当受到侵权法的保护，对患者知情同意权的侵害构成独立的侵权行为，可以通过对《侵权责任法》第55条第2款中的“损害”做扩张解释，将患者知情同意权纳入其保护范畴之内。

**关键词**：医患关系；知情同意权；自主决定权；说明义务

## 目　次



---

* 本文原载于《中国地质大学学报》(社会科学版)2013年第2期。

## 一、引言

### (一)医患关系的时代变迁

医疗水平随着时代的进步和科技的发展而不断提高,同样,医方与患者之间的关系也随着时代的进步和医疗结构的演变而呈现出不同的面貌。在远古社会,医学尚未发达,人们患病之后一般由法师运用法术或通过宗教仪式如驱逐恶灵、祈求神明保佑、给予符水等方式替人治病,如果能够使患者痊愈,则是神灵的庇佑;反之,则也可归咎于神意使然。因此,远古社会的医患关系充满了浓厚的神秘宗教色彩,法师也被称为巫医。在古希腊时代,科学知识开始形成,医学技术也逐渐成形,具有了一定的科学依据。这一时期的医患关系开始建立在患者对于医务人员专业技术的信赖之上。因此,基于患者的信赖,当时的医师如同“家长”的身份来从事诊疗活动行为。在这一时期,患者基于对医务人员在医疗行为上的权威的信任,并且感激医者救世济人的情怀,因此充分信赖医师凭借其专业知识所作出的诊断,患者完全服从医师所采取的诊疗措施,而医师一般也能够秉持职业伦理和专业良知,将治疗患者的疾病、解除患者的病痛视为其天职。在这一时期之内,医患之间的关系属于以相互信赖为基础的“父权式”的关系。在中国古代,神农氏“遍尝百草,以医民恙”的传说,使得医生带有悬壶济世的光环。而在人们传统的观念中,医生也具有较高的专业权威,中医通过望、闻、问、切四诊,便可知道患者的病症。患者对于医生也有存在较多的信任和信赖关系,对于医术高明的医生,更有“悬壶济世”“妙手回春”之类的高度评价。解放后,我国在全国范围建立了大量的公立医院,医务人员肩负治病救人的重任,人们更是用“白衣天使”来形容医务人员,用“鱼水情深”来形容医生和患者之间的信任关系。

但是,传统社会中医患双方之间的这种信任关系,到了现代社会中则逐渐开始消解。世界范围内,自 19 世纪末期开始,与医学相关的科学和技术得到了突飞猛进的发展,因此带动了现代医学的诞生,医疗技术水平得到大幅度的提升,医师对于各种疾病的治疗效果也明显改善。到了第二次世界大战之后,在外科医学领域内,医学科技的发展更为显著。此后,随着世界人口总数的不断增长,人民生活水平提高之后对于健康的需求日渐增加,同时医疗机构和医疗从业人员的数量也随之大

大增加。因此,在现代社会,诊疗活动出现了如下发展趋势和变化:

第一,医疗行为的复杂化和规模化。现代社会人口激增,且平均生活水平上升,为了应对全球人口总数日益增多及平均寿命增长所带来的日益增加的庞大就医人数,就必然要求医疗设备和诊断技术日趋精密和复杂化。同时,为了使医疗资源能够得到最大化的充分运用,就必然要求各国建立起完善的医疗体系。于是医疗机构逐渐扩展成为具备各种专科、各类先进的医疗设施和各种专业医务人员的大型综合医院;医疗任务也由传统的一位主治医师独当一面变成了由一组医务人员共同承担的工作结构,医疗工作在医师的主导下,还必须在护理、检验、药剂及其他专业医事技术人员的共同协助下才能顺利完成,体现了现代社会医疗行为专业分工的细化和复杂化。对于医疗机构而言,大型的综合医院由于其综合性而受到患者的欢迎,为了应对不断增长的就医需求,大型医院不断扩建增加病床数和增加医务人员数量,使得门诊量及住院病人逐年增加,使得医院的经营和管理逐渐规模化、大型化。

第二,医疗行为的机械化。随着科学技术日新月异的发展,医学也产生了日趋精细的分工,对于疾病发生原因和治疗方法,都必须按照专业的分工由不同的医师来负责,一位医师不可能精通所有的诊疗科目,因此,专攻某一科别或治疗某一类型疾病的专科医师制度应运而生。如前所述,传统医学尤其是中医惯于使用物理诊断方式即望、闻、问、切来观察或诊断病情,而现代社会的医学则随着医疗仪器、诊断器材的进步,而大量使用精密仪器进行检验以诊断疾病并加以有效治疗。例如传统医学的诊断方式最初只使用三根手指头对患者把脉,而现在已经逐渐进步到使用脉波仪、心电图、X 光照射、CT 扫描等各式各样的仪器。因此,现代医疗行为的一大特点便是医疗行为的机械化。

第三,医患关系的冷漠化。医疗机构的复杂化和规模化,以及诊疗行为的机械化,虽然极大地提升了医疗水平,提高了对疾病的治疗率,但是,随着医务人员与病患接触时间的减少,其对病患的个体关怀也相对降低,无形中扩大了医师与患者间的距离。而医疗分工的专业化与机械化,使得患者在诊疗行为中只是医生和仪器研究和诊断的客体,医务人员习惯于按照诊疗程序对患者进行一系列的诊疗操作,而减少了医患之间的互动时间,忽视了对患者个体的人文关怀,降低了医患关系的人性本位层面,使得医师与患者之间原本定位于信赖和和谐的关系日趋淡薄。患者不能理解医生所使用的专业词汇的具体含义,在面对冰冷的大型医疗器械时又难免产生恐惧之感,因此对于医师的专业技能也随之产生疑虑。这些因素使得传统的医患关系在现代社会逐渐冷漠化。患者其实渴望在面临与本身生命安危或身体健康息息相关的医疗决定事项上,能够及时获知有关自身病情和治疗方针、治愈可能性大小等信息,以便作为选择医疗模式的参考。经济条件较为优裕的人士,倾向于聘请私人医生,或与某些医师长期交往形成私人友好关系,也是为了形成医患之间的传统的信任和谐关系。因此,为了维持医患之间的合作与信任关系,现代法律必然要求医务人员对患者尽到必要的诊疗义务,对患者认真履行说明告知义务,使患者充分行使其知情同意权。

第四,消费者权利保护意识的加强。随着工商产品制造技术的大幅进步,市场行销手段的推陈出新,制造厂商与卖方利用合同条款预先排除自己的责任,使得消费者与企业者之间对于商品的认知与议价能力出现不对等的现象,消费者面对企业逐渐沦为弱势群体。为了保护消费者的权益,世界范围内逐渐兴起了消费者主义的运动,要求国家以立法方式对于消费合同进行适当管制,以确保消费者的知情权、选择权等权利得到切实的保障。我国也于1993年颁布了《消费者权益保护法》。最初人们并未将医疗行为作为一种消费合同关系进行考虑,消费者权益保护的主要规范的对象是产品制造商,而未包含医务人员。随着美国加大了对于医疗安全的重视,消费者运动开始打破了消费者、顾客与病患之间的区分,人们认为患者作为医疗合同的当事人,是医疗服务行为的消费者,在医疗活动中同样处于类似商品消费者一样的弱势地位,因此消费者的权利主张也逐渐被运用到了医疗关系之中。现在消费者的保护已经不限于产品的提供者,也包括了劳务和服务的提供者,因此,越来越多的国家认同医疗活动中应当对于患者施加消费者地位的保护。我国也有学者主张适用《消费者权益保护法》来处理医疗侵权纠纷案件,因为"医疗机构在此就是一个经营者,有《消费者权益保护法》所规定的经营者身份……《消费者权益保护法》并未将经营者及消费者的范围作限制性或排除性规定，明文医患关系排除在《消费者权益保护法》调整范围之外”。[①] 总之，受到消费者权利保护意识增强的影响，人们不断呼吁立法对于患者提供更多更细致的保护，而患者在认为自己受到不公正对待和受到侵害时，也开始倾向于通过诉讼等手段来主张自己的权利，追究医疗机构的违约或侵权责任。

（二）患者知情同意权的应运而生

如前所述，在现代社会中，医务人员与患者之间的信任关系逐渐消解，人们开始怀疑医务人员是否真的为了患者的利益而从事医疗执业。在此同时，随着医疗给付的形态及医疗组织的改变，医患关系的信赖基础日渐薄弱，患者对医务人员的信任感日渐破灭，病人自主权由此开始兴起，患者知情同意权因此也应运而生。

患者知情同意权是指患者享有知悉和了解医务人员计划对其采取的医疗措施及其后果并作出是否同意该措施的权利。患者知情同意权包含了患者的知情权和同意权，由于这两种权利关系密切，患者只有在知情的前提下才能做出是否同意的意思表示，其同意权的行使有赖于其知情权的实现，因此将两种权利合称知情同意权。医务人员应当先向患者履行说明义务，使患者在知情的基础上作出是否同意的意思表示，患者的同意才使得医务人员对患者采取医疗措施具有了合法性。患者知情同意权不能预先抛弃，因为“病人因医生的说明而为手术的同意，既系其基于人格权及自主权，应认此项同意不得预先抛弃。”[②]

患者知情同意权的理论基础在于患者不能被要求他所不愿意接受的治疗，无论此种医疗方式有无风险、是否痛苦以及拒绝治疗之后会有何种后果，这涉及对患者身体和生命健康的处分，因此属于患者的自我决定权或自主权的范围。由于各国宪法一般都将维护人的尊严作为宪法的基本价值之一，因此保护患者的知情同意权还具有宪法上的依据。宪法维护人的尊严，就必须保护人在行使其基本权利的正当范围内具有自治自决的机会。患者并不因为患有疾病，就导致其人格尊严的主体性地位因而被弱化或丧失，其在宪法上所享有的自我决定权不应受

① 廖秉静：《医疗侵权纠纷解决的现状分析及其完善》，载《广东医学院学报》2007年第1期。

② 王泽鉴：《侵权行为法》，2009年7月作者自版，三民书局经销，第296页。

到任何的限制或剥夺。[①] 患者的知情同意权密切关涉患者的生命和身体的处分事项，因此属于自我决定权的内涵之一，还应受到宪法的保护。在部门法上，侵害患者知情同意权的行为，如未得到患者同意而对其施行医疗行为，在刑事上将构成故意伤害罪，在民事上则构成对患者的侵权行为。

**二、患者知情同意权的构成要件**

第一，患者具备作出同意的意思能力。患者作出同意的意思能力与民事主体的行为能力相似但并不一定完全相同，前者侧重于判断患者的意识能力或称为辨识能力，当完全民事行为能力的患者暂时昏迷失去意识时，就不具有作出同意的意思能力。患者具有作出同意的意思能力，是指患者有能力理解该医疗措施的相关信息以及该医疗措施将产生的后果，并且具备可以作出决定的一种心理状况。在医疗现场，如果一个人通过医务人员的说明之后就能够了解相关的治疗程序，并且可以仔细考虑该医疗程序中的主要风险及利益，然后基于这些考虑作出决定，则其通常会被认为具有作出同意的意思能力；反之，如果患者缺乏这些能力的任何一项，则其可能就不具有作出决定（无论是同意还是拒绝）的能力。实践中，医务人员应该以何标准判断患者是否具有作出同意的意思能力常用的标准，是采用年龄作为判断标准，而不同的年龄则表明患者对于不同的危险程度和预期利益等事项会有不同的考虑，因此以年龄为标准基本可以实现保护未成年或容易作出错误决定的人，避免其做出无法追求其最佳利益的决定。也有人认为患者作出同意的意思能力主要是对自己权益的处分，而不是从事市场交易，因此意思能力并不需要适用民法有关行为能力的规定，而应以病人有无相应的识别能力为标准来进行判断。因此，学界通说皆采以有无识别能力为标准，即需视患者有无理解同意之内容、意义和效果之能力来判断。[②] 当患者被认定具有作出同意的意思能力时，则其所作出的医疗决定即被认为有效；如果患者欠缺此种作出同意的意思能力时，就需要借助于代理制度，由其近亲属代其做出是否同意医疗的决定。

---

① 参见 Daniel P. Sulmasy, Informed Consent Without Autonomy, 30 Fordham Urb. L. J. 211, 2002, p. 207。

② 参见黄丁全：《医事法》，元照出版有限公司 2000 年版，第 417 页。

第二,医务人员已经履行了说明义务。由于当今医疗专业的高度分工,医疗过程日趋复杂,即便是医务人员本身,除非是对于其专科领域内的治疗项目,否则对于其他医疗知识也未必能够完全掌握。那么一般的患者及其家属若未经专业医务人员对其所欲实施的医疗行为加以详细说明,自然是难以了解该医疗措施的利弊得失,因此也就无法就该医疗行为的实施作出同意或者拒绝的有效意思表示。因此,患者知情同意权必须以医务人员先履行其说明义务为前提,如此才能将医务人员的说明与患者的同意相结合,从而达到医疗服务合同的目的。从另一个角度来讲,医务人员的说明义务是患者行使知情同意权的基础,只有医务人员尽到了说明义务,并取得患者之同意,其实施之医疗行为才具有合法性。诚如王泽鉴教授所言:"侵害病人身体的医疗行为得因同意而阻却违法,此项同意须以医生的说明为必要,故医生未尽说明义务时,对其同意原则上不生效力,不阻却违法,纵其治疗行为并无过失,医生仍应就手术全部或一部失败所生损害,负赔偿责任。手术虽属成功,其违法性亦不因此而受影响,惟因无损害,故不成立侵权行为。"①未经患者同意而实施的医疗行为属于医务人员的专断医疗行为,一旦造成患者损害,不仅需要承担民事侵权的赔偿责任,还有可能构成刑事犯罪。

第三,患者自愿做出同意的意思表示。要求患者做出的决定的自愿性是为了保护患者在作出是否同意医疗措施的决定时,得以避免受到不当的操控或影响。因为医患关系之间存在权利和知识固有的不对等关系,医务人员揭露信息、进行说明的方式,会影响到患者对于不同医疗行为的重要性的判断,而且医务人员可能会带有倾向性地劝说患者去选择医务人员比较赞同的医疗方案。患者知情同意权是法律对于患者自主决定权的尊重,当患者在受到不正当影响下或是外力不正当介入下所做出的医疗决定,其有效性和合法性必将受到质疑。由于医疗行为特别是侵入性的医疗行为通常具有不可回复性,一旦实施,对患者身体健康所造成的影响就再也无法恢复,因此必须确保患者是在自愿的基础上作出的同意,才能保证患者在事前对于医疗行为的风险已

---

① 王泽鉴:《侵权行为法》,2009 年 7 月作者自版,三民书局经销,第 296 页。

有必要的认识，并且是在此基础上做出的理性选择。为了保证患者做出决定的自愿性，医务人员在履行说明义务时就应当尽可能不掺入自己个人的偏好和价值观，并且应当以尽可能合理评估患者利益的方式来进行说明、披露信息。此外，医务人员履行说明义务的时间点也很重要，当患者急切需要施行某项医疗程序时，可能因为时间过于急迫而妨碍患者作自愿性的决定。因为此时患者可能只有很少的时间去完全理解医务人员所提供的信息，而且患者可能因为具有紧张忧虑的情绪而会特别依赖医务人员为其做出决定。因此，对于一个任何时间都可以执行的非急迫性的医疗程序，医务人员如果没有事先为患者提供完整的信息，让患者有足够时间考虑是否接受医疗程序，就不能保证患者做出决定的自愿性。在说明信息的内容上，医务人员要告知患者重要的相关信息，并且提供替代治疗方案的建议，使患者了解医务人员所告知的信息内容和所建议的医疗方式，在此基础上再由患者决定是同意抑或拒绝该医疗措施。

## 三、我国对于患者知情同意权保护之不足

### （一）患者知情同意权的立法保护之不足

从立法层面来看，《侵权责任法》颁行之前，我国已经有一些法律、法规及其他规范性法律文件规定了患者的知情同意权。例如，《医疗机构管理条例》第 33 条规定：“医疗机构施行手术、特殊检查或者特殊治疗时，必须征得患者同意，并应当取得其家属或者关系人同意并签字；无法取得患者意见时，应当取得家属或者关系人同意并签字；无法取得患者意见又无家属或者关系人在场，或者遇到其他特殊情况时，经治医师应当提出医疗处置方案，在取得医疗机构负责人或者被授权负责人员的批准后实施。”《医疗机构管理条例实施细则》第 62 条规定：“医疗机构应当尊重患者对自己的病情、诊断、治疗的知情权利。在实施手术、特殊检查、特殊治疗时，应当向患者作必要的解释。因实施保护性医疗措施不宜向患者说明情况的，应当将有关情况通知患者家属。”《医疗事故处理条例》第 11 条规定：“在医疗活动中，医疗机构及其医务人员应当将患者的病情、医疗措施、医疗风险等如实告知患者，及时解答其咨询；但是，应当避免对患者产生不利后果。”《病历书写基本规范》第 10 条规定：“对需取得患者书面同意方可进行的医疗活动（如特殊检

查、特殊治疗、手术、实验性临床医疗等),应当由患者本人签署同意书。患者不具备完全民事行为能力时,应当由其法定代理人签字;患者因病无法签字时,应当由其授权的人员签字;为抢救患者,在法定代理人或被授权人无法及时签字的情况下,可由医疗机构负责人或者授权的负责人签字。因实施保护性医疗措施不宜向患者说明情况的,应当将有关情况通知患者近亲属,由患者近亲属签署知情同意书,并及时记录。患者无近亲属的或患者近亲属无法签署同意书的,由患者的法定代理人或者关系人签署同意书。"《执业医师法》第 26 条规定:"医师应当如实向患者或者其家属介绍病情,但应注意避免对患者产生不利后果。医师进行实验性临床医疗,应当经医院批准并征得患者本人或者其家属同意。"

从以上规定可以看出,上述保护患者知情同意权的规定大多停留在宣示性的层面,对于违反此等说明义务的法律后果及损害赔偿的范围,这些规定本身并不明确,医疗机构违反说明义务更多承担的是一种行政上的责任。《侵权责任法》第 55 条第 1 款规定了患者的知情同意权,并在第 2 款规定了医务人员未尽说明义务,侵害患者知情同意权的损害赔偿责任,这就将医疗机构未尽说明义务,侵害患者知情同意权的行为界定为一种侵权责任,这也是《侵权责任法》在保护患者知情同意权方面的最大贡献。①

根据《侵权责任法》第 55 条第 1 款的规定,患者享有知情同意权,医疗机构有义务向患者或者其近亲属说明病情和医疗措施,需要实施手术、特殊检查、特殊治疗的,医务人员有义务向患者说明相关医疗风险、替代医疗方案等情况,同时,对患者采取相关医疗措施,应当得到患者或者其近亲属的同意。根据该条第 2 款的规定,医疗机构未尽到前款规定的义务的,医疗机构应当承担赔偿责任。

根据《侵权责任法》的规定,医疗机构尽到前述义务,同时在诊疗过程中不存在医疗过失的,则不承担侵权责任;医疗机构未尽到前述义务造成患者损害的,医疗机构应当承担损害赔偿责任,关于损害赔偿的范围,《侵权责任法》的规定并不明确,根据立法者的观点,此处患者的损

① 参见赵西巨:《我国〈侵权责任法〉医疗损害责任一章之解读:比较法的视角》,载《私法研究》2011 年第 1 期(总第 10 卷)。

害主要与医疗机构诊疗义务相关的损害，即因医疗行为造成患者的人身损害以及因此而产生的精神损害，①而并不及于侵害患者知情同意权所造成的损害。可见，《侵权责任法》仅仅在违法阻却的意义上使用患者知情同意权，而没有将患者知情同意权作为一种独立的人格利益进行保护。

因此，从我国目前的立法情况来看，主要是从违法阻却的角度来理解患者知情同意权，对患者知情同意权的救济也主要是从这个意义上来理解的，而没有认识到患者的知情同意权本身也是一种独立的人格利益。

(二)患者知情同意权的司法保护之不足

近年来，围绕医疗机构的说明义务以及患者的知情同意权，发生了一系列医疗纠纷案件，人民法院在认定医疗机构的侵权责任时，有的法院将医疗机构侵害患者知情同意权作为发生不良治疗后果的原因对待。如在“郴州某医院与鲁某医疗损害赔偿纠纷上诉案”②中，一审法院认为，公民的生命健康权受法律保护，医疗机构在医疗活动中，必须严格遵守医疗规范，郴州医院为鲁某实施右眼视网膜脱离复位术后，鲁某右眼发生肿胀、疼痛的不适症状，其专科医师未及时针对治疗，致鲁某右眼淤血严重，郴州医院实施第二次“PPL + 前房冲洗”手术，未告知鲁某真实情况即摘除其晶体，对此，郴州医院存在医疗过错，鲁某终生失明的严重后果与郴州医院的医疗过错存在因果关系，故郴州医院应当承担相应的民事赔偿责任。显然将医疗机构侵害患者知情同意权作为不良治疗后果的原因对待。

有的法院认识到了患者知情同意在阻却医疗行为违法性方面的作用，但并没有认识到将患者知情同意权本身作为一种独立的人格利益进行保护，因此在确定医疗机构损害赔偿责任的范围时，往往将其限于因医疗机构未尽到说明义务而造成的不良治疗后果，即给患者造成的人身损害以及因此而产生的精神损害。如在“陈某诉上海某武警医院

---

① 参见王胜明：《中华人民共和国侵权责任法释义》，法律出版社 2009 年版，第 281 ~ 282 页。

② 参见湖南省衡阳市中级人民法院民事判决书(2011)衡中法民一终字第 138 号。

案”中[①],法院认为,关于术前告知行为,由于医疗机构对患者施行手术是在一定程度上“破坏”人体而达到治疗效果,所以医院实施手术前应在有条件的情况下取得患者的同意。患者对手术的同意及对手术后果的接受应当建立在对手术风险充分认识的基础之上,否则不能视为真正意义上的同意,医疗机构应当承担相应的责任。同时,在确定武警医院的损害赔偿责任时,法院认为受害人遭受的损害主要包括以下几个部分:医疗费、误工费、残疾者生活补助费、差旅费、精神损失费,关于精神损害赔偿的功能,法院认为其主要是补偿受害人因面容受损会给以后带来不良影响,因此需要精神损害赔偿来填补受害人精神上的伤害和痛苦。可见,此处的精神损害主要是填补受害人因身体权受损而遭受的精神痛苦,而非因自主决定权本身受到侵害而遭受的精神损害。

当然也有少数法院认识到了患者知情同意权属于独立的人格权益,应当受到法律保护,如在“袁某诉云南某医院医疗损害赔偿案”[②]中,法院经审理后认为,根据《执业医师法》等法律、法规的规定,医疗机构在实施手术、特殊检查、特殊治疗时,应当向患者作必要的解释。因实施保护性医疗措施不宜向患者说明情况的,应当将有关情况通知患者家属。所以根据上述法律、法规的规定,患者在医疗过程中依法享有知情权,患者知情权的内容不仅包括患者有权知悉自己的病情、诊断、治疗措施、医疗风险等,还包括患者有权在知悉基础上进行自主选择,表示同意或不同意手术、治疗方案等权利内容,这是患者的一项法定权利。同时,法律对患者知情权的确定在于体现对患者人格尊严的尊重,故对于医疗机构未尽告知义务的行为,失衡的是患者的精神利益,导致患者精神利益的减少或丧失。本案中,医院没有尊重袁某对手术施行与否的独立选择,使袁某丧失了选择手术与否的机会,给袁某造成精神上的损害,故该院应当承担袁某精神损害赔偿的民事责任。显然认可了患者享有自主决定是否采取某项医疗措施的权利。但二审法院改变了这一做法,并没有将患者自主决定权作为一项独立的人格利益予以保护。

从我国上述司法实践来看,法院在处理侵害患者知情同意权的医

---

① 参见上海市第一中级人民法院(2000)沪一中民终字第900号。

② 参见云南省高级人民法院(2005)云高民一终字第134号。

疗纠纷中，在认定侵权责任时，没有将患者知情同意权作为一项独立的人格利益予以保护，同时将损害赔偿的范围限于侵害患者人身权益以及因此产生的经济损失与精神损害，并没有将患者知情同意权的相关损害纳入其中。因此，总体而言，我国司法实践中只是将患者知情同意权作为医疗行为的违法阻却事由，而没有认识到患者知情同意权同样属于一种独立的人格利益，[①]因此，我国司法对患者权利的保护是不全面的。

## 四、患者知情同意权属于侵权法所保护的人格利益

在侵权法上，患者的知情同意权具有阻却违法的功能，医疗机构经患者同意而采取的医疗措施，虽然对患者的人身造成一定的损害和侵袭，但仍无须承担侵权责任，因为在受害人同意的前提下，加害人的行为并不具有违法性，[②]也就不成立侵权责任。例如，在 Schloendorff v. Society of New York Hospital 一案[③]中，原告 Mary Schloendorff 来到纽约州立医院接受检查，以确定其所患的肿瘤是否是恶性的，但并没有同意医院可以切除该肿瘤，医生在检查后，确定该肿瘤是恶性的，然后在没有经 Schloendorff 同意的情况下，将该肿瘤切除了。Schloendorff 起诉纽约州立医院，法院认为没有经过原告同意就对其进行手术，构成医疗侵权，法官本杰明 · N. 卡多佐(Benjamin N. Cardozo)认为，任何一个有理智的成年人都有权决定对其身体采取何种(医疗)行为，没有经过患者同意就对其进行手术，构成对患者的侵害，只有在紧急情况无法取得患者同意的情况下采取医疗措施才不构成侵权。

同时，患者的知情同意本身也包含着对患者人格的尊重，属于一种独立的人格利益，侵害患者知情同意权本身应当构成独立的侵权行为。

首先，患者的知情同意权具有独立的权利基础，不能被生命、健康、身体权等具体人格权所涵盖。在医疗损害中，医疗机构采取医疗措施不当，一般侵害了患者的生命、身体、健康权等，以及因侵害此类人身权益给患者所带来的精神痛苦，但这些权益并不能完全涵盖患者知情同

---

① 参见周江洪：《违反医疗说明义务损害赔偿范围的界定》，载《法学》2011 年第 5 期。

② 参见 Jean Limpens, *International Encyclopedia of Comparative Law*, *Torts*, *Vol.* XI *Chapter* 2, *Liability for one's Act*, Paris: International Association of Legal Science, 1983, p. 90。

③ Schloendorff v. Society of New York Hospital, 125, 105 N. E. 92 (211 N. Y. 1914).

意权本身,因为患者知情同意权在本质上属于个人自主决定权的范畴,患者自主决定权的客体是一种独立于健康利益的人格利益。[①] 因此,即使医方的诊疗行为没有对患者的生命、健康造成损害,甚至是治愈了疾病,但仍构成对患者知情同意权这一人格利益的侵害,仍应当承担相应的侵权责任。在"'耶和华证人'患者拒绝手术输血案"中,日本最高裁判所认为,当病人认为输血违反自己的宗教信仰,明确拒绝伴有输血的医疗行为时,病人的这种意思决定权属于人格权的内容之一,应当受到保护。该判决首次明确了患者的自主决定权应当作为人格权的内容之一受到法律保护,即如果医师没有尽到相应的说明义务,就侵害了患者的自主决定权,患者可以以人格利益受损害为由请求法律保护。[②] 在 Reibl v. Hughes 一案[③]中,加拿大最高法院认为患者就相关医疗措施有自主作出决定的权利。并且在该案之后,加拿大法院认为为了更好地保护患者自主决定的权利,应当进一步扩大医疗机构的说明义务。[④]

其次,侵害患者的知情同意权的过错判断标准具有特殊性。在一般的医疗损害中,医疗机构过失的判断通常是以其是否尽到诊疗义务为标准,即判断医疗机构及其医务人员的诊疗过失,主要参考的是医学专业标准。但是医疗风险与医疗风险的告知是不同的概念,医生的职责在于确定相关的医疗风险,而相关医疗风险应否告知,则应当从病人的角度出发来考虑,即医疗风险应否告知不再采用专业的医疗标准,而应当采用普通人标准。因此,患者知情同意权本身受到侵害,在判断医疗机构及其医务人员的过失时,其标准与普通的医疗侵权不同,将会包含更多非专业知识的介入,并非完全依赖专业知识和专业判断。[⑤]

再次,侵害患者知情同意权的免责事由具有特殊性。侵害患者自主决定权的免责事由不同于一般的医疗损害责任,在一般的医疗损害责任中,医疗机构的承担责任的原因往往在于医疗机构或者医务人员没有尽到相应的注意义务,导致了患者的损害,在没有造成患者生命、

---

① 参见赵西巨:《医事法研究》,法律出版社 2008 年版,第 61 页。

② 参见夏芸:《医疗事故赔偿法—来自日本法的启示》,法律出版社 2007 年版,第 535 页。

③ Reibl v. Hughes,[1980] 2 S.C.R. 880 .

④ 参见赵西巨:《医事法研究》,法律出版社 2008 年版,第 109 页。

⑤ 参见赵西巨:《我国〈侵权责任法〉医疗损害责任一章之解读:比较法的视角》,载《私法研究》第 10 卷。

身体、健康损害的情况下,即使医疗机构或者医务人员在采取医疗措施时没有尽到说明义务或者没有得到患者的同意,但由于没有造成患者的人身损害,所以并不构成医疗侵权,不用承担相应的侵权责任。正如有的学者所言,侵害病人身体的行为得因病人同意而阻却违法,若医生未尽说明义务,对其同意原则上不生效力,不阻却违法,即使医生的行为没有过失,医生仍应就手术全部或者部分失败所造成的损害承担赔偿责任,而在手术成功的情形,其违法性虽然不因此受影响,但由于没有损害,所以不成立侵权行为。① 但是,在侵害患者知情同意权的情形下,医务人员对患者采取手术等特殊的医疗行为时,除紧急情形外,应当依法向患者或者其近亲属进行相关的说明,并得到患者或者其近亲属的书面同意,医疗机构或者其医务人员未尽到相应的说明义务或者采取特殊医疗措施未得到患者或者其近亲属同意的,本身就构成对患者自主决定权的侵害,无论相关的疾病是否治愈,患者的自主决定权均受到了侵害,医疗机构应当承担相应的侵权责任。即使是医学上毫无瑕疵的治疗也不能阻却未充分履行告知义务的侵权责任。②

最后,侵害患者自主决定权的损害赔偿也具有特殊性。在发生一般的医疗损害时,医疗机构的赔偿责任主要包括与治疗有关的费用,这些费用包括医疗费、交通费、误工费、残疾生活辅助具费等为治疗和康复所支出的合理费用,虽然一般医疗损害中也对精神损害予以救济,但主要还是赔偿因医疗机构侵害患者身体权、健康权等所引起的财产损失。而在侵害患者自主决定权的情形,其主要救济方式是精神损害赔偿。③

## 五、结语

患者知情同意权是指在诊疗活动中具备意思表示能力的患者,在非强制状态下充分接受和理解各种与所患疾病相关的诊疗信息,在此

---

① 参见王泽鉴:《侵权行为》,北京大学出版社 2009 年版,第 232 页。

② 参见[德]克雷斯蒂安·冯·巴尔:《欧洲比较侵权行为法》(下卷),焦美华译,法律出版社 2004 年版,第 103 页。

③ 例如中国人民大学民商事法律科学研究中心起草的《中华人民共和国侵权责任法司法解释草案建议稿(草案)》第 98 条第 3 款即规定:“未尽告知义务,造成患者知情同意权损害的,应当依照侵权责任法第二十二条关于精神损害赔偿的规定,承担赔偿责任。”

基础上对医务人员制定的诊疗计划自愿做出选择的权利。① 患者知情同意权一方面具有阻却医疗行为违法性的作用，另一方面，患者知情同意权本身也是一种独立的人格利益。因此，医疗机构及其医务人员侵害患者知情同意权，将承担两种独立的侵权责任：一是医疗侵权责任，二是侵害患者知情同意权（患者自主决定权）的责任。相应地，医疗机构侵害患者知情同意权的侵权责任范围也应当进一步扩展，可以通过扩张解释《侵权责任法》第55条第2款中"损害"的概念，将侵权患者知情同意权本身的损害涵盖其中。

① 参见奚晓明主编：《〈中华人民共和国侵权责任法〉条文理解与适用》，人民法院出版社2010年版，第394页。

# 论我国《侵权责任法》上的患者隐私权*

**摘　要**：患者隐私权是隐私权的一种，诊疗行为的特殊性以及患者与医务人员之间的特殊关系决定了患者隐私权的重要性和特点。患者隐私权在性质上属于尊严型精神人格权，难以通过权利主体自身进行预防和保护，其内容具有书面性和客观性。我国《侵权责任法》承认患者隐私权，是我国首次在基本民事法律中承认了隐私权。患者隐私权在《侵权责任法》立法过程中具有逐步强化对患者保护的特色。医务人员的知情权与患者的隐私权是一种矛盾关系，患者的同意权无法保护患者的隐私权。侵犯患者隐私权的方式为泄露患者隐私和未经患者同意公开其病历资料；损害赔偿的范围包括了精神损害；侵犯患者隐私权的免责事由应当限定为公共利益和患者同意两种。

**关键词**：患者隐私权；《侵权责任法》；患者同意权；医方知情权；免责事由

"凡我所见所闻，无论有无业务关系，凡应保密者，我愿保守秘密，永不泄露。"

——希波克拉底誓言

(Hippocrates：The Oath of Medicine)

---

* 本文原载于《广东社会科学》2011 年第 1 期。

## 目　次



## 一、引言

### （一）患者隐私权的重要性

自1890年赛缪尔·沃伦（Samuel Warren）和路易斯·布兰代斯（Louis Brandieis）发表《论隐私权》一文，提出了隐私权的概念之后，隐私权便逐渐为人们所认可并重视，以至于“在世界范围内，隐私权都是一个意义重大而深远的问题”。[①] 在理论和司法判例上，各国法律界对于隐私权本质的探讨一直没有停止过。时至今日，人们对于隐私权的本质的理解，经历了一个由浅入深、由单纯民法上的权利到上升为宪法上的权利的过程。简言之，人们对于隐私权本质的理解，“由当初美国的‘不要别人管的权利’开始到今天的‘个人信息的自我控制权’，再发展到将其理解为‘自我决定权’”。[②] 世界各国通过立法或判例纷纷建立起了对隐私权进行保护的制度。

一般而言，人们区分不同的场合对自己的隐私采取不同程度的保护措施，越是公开的场合、陌生的人群，人们越是小心翼翼地保护自己的隐私；反之，越是私密的空间、亲密的人群，人们越是放松，不再刻意隐藏个人隐私。但是，当人们因患有或可能患有生理或心理疾病而以患者身份来到人来人往、充斥着陌生面孔的医院时，却无法再隐藏个人隐私，此时，矛盾和纠纷便频繁发生。于是，“在今天，患者隐私权是一

① Daniel J. Solove, *Understanding Privacy*, Boston, Harvard, Harvard University Press 2009, p. 2.

② ［日］五十岚清：《人格权法》，［日］铃木贤、葛敏译，北京大学出版社2009年版，第160页。

个受到公众密切关注的问题"。[①]

患者隐私权是隐私权的一种,也是隐私权的重要组成部分。患者隐私权,是指自然人作为患者在接受医疗机构及其医务人员诊疗行为的过程中,对于诊疗过程中所产生的以及与诊疗活动相关的其个人信息所享有的自主决定的权利。医务人员应当尊重患者的隐私权,不得非法侵犯、刺探、使用、披露和公开泄露患者的隐私。诊疗行为的特殊性以及患者与医务人员之间的特殊关系决定了患者隐私权的重要性,因此需要法律对其进行保护。患者隐私权的重要性尤其体现在如下两个方面:

1. 尊重患者隐私权是维系医患双方信任关系的基础

医方与患者之间的关系随着时代的进步和医疗结构的演变而呈现出不同的面貌,在远古社会,行医乃是一种法师施展法术的行为,彼时的医患关系充满了浓厚的宗教色彩。在古希腊时代,科学知识开始形成,医学技术也逐渐成形,具有一定的科学依据,这一时期的医患关系建立在患者对于医务人员专业技术的信赖之上,双方之间以相互信赖为基础。到了现代社会,随着医学的发达,诊疗行为日渐借助于越来越复杂的器械,诊疗活动日趋大规模化、复杂化、流水线化,医师与患者个人之间的交流日益减少,因此双方之间的关系逐渐出现了冷漠化的倾向。[②]

尽管在现代社会,医患之间的信任关系出现了一些消解的现象,但是,这并未从根本上动摇双方之间的信任关系。因为患者选择到医院就诊,将自身的病症交由医生去诊断和治疗,就本质上而言还是基于对医院的声誉、医生的专业技能的信任,如果完全没有这种信任关系,则患者不可能将自己的身体和健康交由不信任的人去处置。这也是为什么在条件允许的情况下人们更倾向于聘请私人医生,或至少争取与某些医师形成一定的私交友好关系的原因。这样无非也是为了在医患之间形成和强化传统的信任关系。

---

① Michael Frankel, "Do Doctors Have A Constitutional Right To Violate Their Patients' Privacy?:Ohio's Physician Disclosure Tort And The First Amendment", *Villanova Law Review*, 46 *Vill. L. Rev.* 141, 2001. p. 168.

② 参见孟强:《医疗损害责任:争点与案例》,法律出版社 2010 年版,第 56 ~ 58 页。

“医生与患者之间的关系是一种相互忠诚、相互信任的关系，……如果医生透露患者的健康医疗信息就是对这种相互信任、相互忠诚关系的破坏，也是对这种保密义务的违反。”①患者在就诊时，出于让医生能够顺利对自己诊治的目的，首先要向医生告知自己的个人信息、既往病史等情况，随后医生还将通过检查等方式获得患者更多的隐私。如果医务人员不尊重和保护患者的隐私，将患者的隐私或病情泄露出去，患者自然会认为其未能受到应有的尊重，进而会本能地对医务人员的医术和医德产生怀疑，在以后的诊疗活动中，患者很难再积极配合医务人员的行为，甚至因此而引发纠纷，产生医闹现象。

医务人员的医术高低会因人而异，但是尊重和保护患者的隐私权则是所有医务人员不可逾越的底线。一旦医务人员侵犯患者隐私权，则医患双方之间的信任关系将顿时冰消瓦解，不复存在，诊疗活动也就难以继续下去。因此，尊重患者隐私权是医务人员应尽的基本义务，是维系医患双方信任关系的基础。

2. 患者在诊疗活动中难以保护其隐私，必须受到法律的保护

在诊疗活动中，医方拥有专业的知识、先进的仪器、专属的场所，而患者则身患疾病，忧心忡忡，排队候诊。可见在整个诊疗过程中，患者相对医方而言，均处于被动和弱势地位。“患者在健康医疗保健过程中必须向医务人员裸露自己身体的一部分或接受医务人员必要的身体触摸和观察，这是进行体检、治疗、手术和护理必不可少的。……患者为了得到更好的健康医疗保障往往会自愿牺牲自己的某些隐私。”②在诊疗中，患者需要主动向医方提供个人信息、既往病史等可能与病症有关的信息，还将接受医方使用各种仪器和药物在自身进行的探测和诊断，因此，患者在诊疗活动中基本上无从保护其隐私，相反，患者还必须主动向医务人员公开其隐私，或者接受医务人员对其私人信息的询问，承受医务人员对其身体隐私的探测和查验。

虽然“在很多医务人员眼中，患者是没有性别区分的个体，每个部

---

① [美]阿丽塔·L. 艾伦、理查德·C. 托克音顿：《美国隐私法：学说、判例与立法》，冯建姝、石宏等译，中国民主法制出版社 2004 年版，第 156 页。

② [美]阿丽塔·L. 艾伦、理查德·C. 托克音顿：《美国隐私法：学说、判例与立法》，冯建姝、石宏等译，中国民主法制出版社 2004 年版，第 141 页。

位都是公开的。但是患者首先是人,其次才是病人"。① 患者向医务人员提供个人信息,接受检查,其目的是为了让医务人员能够尽快查明自己的病因和病症,对自己展开有效的治疗,对于权利受到抑制一事只能选择忍受,因此患者往往在是否保护自己的隐私上其实并没有选择的余地。为了保护处于弱势地位的患者一方,并对医务人员的特权形成制衡,法律必须对患者隐私权做出规定并进行保护。否则,任何人一旦成为患者,则其隐私权将顿时失去保障,任由医生处置,如此则将给整个隐私权制度带来巨大的缺口,并与现代法治强调和保护人的尊严的理念相违背。鉴于患者在诊疗活动中难以保护其隐私,所以由法律对患者隐私权进行保护。

（二）患者隐私权的特点

1. 在性质上属于尊严型精神人格权

患者隐私权作为隐私权的一种,属于具体人格权、精神性人格权。如果将精神性人格权进一步划分为自由型精神人格权、尊严型精神人格权和标表型精神人格权,则其属于尊严型精神人格权。尊严型精神人格权,"又称为评价性人格权,是指以名誉、信用、荣誉等对权利人的特定评价为内容的人格权"。②

相对于物质性人格权而言,精神性人格权并非是人类生存所须臾难以分离的。患者隐私权在受到侵害之后,并不会直接引起患者生命消亡、健康受损等严重后果。但是,人类文明的进程是一个从重视物质性人格权到重视精神性人格权的发展过程。人们在解决温饱、安全、秩序等基本生存问题之后,便开始追求个人价值的实现、尊严的捍卫和个性的释放。在这个过程中,核心内容是私人生活信息的隐私权的地位便越来越突出,因为其包含着每个主体生活轨迹和性格特征的核心内容。而患者隐私权,便是自然人在身心不适、问诊求医阶段的私人信息,其包含着个人在身心脆弱阶段的核心私密,一旦受到侵犯和泄露,则将给权利人的心理造成极大的打击和伤害,并会给权利人的社会评价和人际关系带来贬损和破坏的不利后果。尤其是在现代社会,由于物质趋于丰富、法制逐渐健全,对于大多数人而言,生命权、身体权、健

① 元虹、王薇:《"实名制"与患者隐私权的保护》,载《中国卫生法制》2004年第5期。

② 王利明:《人格权法研究》,中国人民大学出版社2005年版,第48页。

康权直接受到他人侵害的机会相对较少,相反,随着资讯的发达、交通的便捷、网络的普及,人们的隐私权、肖像权等权利则逐渐变得脆弱而容易遭受侵犯。因此,在这个人们追求个人尊严和自主决定的实现的时代,属于尊严型精神人格权的患者隐私权便格外需要受到法律的周密保护。

2. 难以通过权利主体自身进行预防和保护

一般而言,保护隐私权的最佳方式莫过于权利主体提高警惕,自己主动进行预防和保护。因为在隐私被侵犯之前,往往只有权利主体知悉和能够控制其自身隐私,此时如果权利主体采取一定的保护措施,例如为住宅窗户安装窗帘、将电子文件妥善保管等,在很大程度上就可以避免隐私权受到他人侵犯。

然而,在医疗领域,患者却无法通过自身的行为来对隐私进行保护。在诊疗时,“无论是中医还是西医,都少不了对病人肢体以及器官的接触和检查,都不可避免要涉及患者的一些不想为他人所知的信息,比如病情起因、既往病史、家族病史、病理生理上的缺陷等等”。[①] 因此,“有人甚至把医院称为最没有隐私权的地方”。[②] 患者隐私权既然难以通过权利主体自身来进行预防和保护,就表明此种权利十分脆弱,容易受到侵犯。

3. 内容具有书面性和客观性

患者隐私权的内容具有书面性,因为患者隐私的表现形式主要是书面形式,即主要通过形成于书面的病历资料等表现出来。病历是指医务人员在医疗活动过程中形成的文字、符号、图表、影像、切片等资料的总和,包括门(急)诊病历和住院病历,例如住院志、医嘱单、检验报告、手术及麻醉记录、病理资料、护理记录、医疗费用等。患者的病历资料是患者隐私权的主要内容,其书面性的特征决定了患者隐私能够较长时间地处于客观存在状态,并且随时可能受到他人的查阅和复制等。

病历资料还可以分为客观性病历资料和主观性病历资料两种,前者是指记录患者症状、生命体征、病史的病历资料,主要有门诊病历、住

① 林文学:《〈侵权责任法〉医疗损害责任规定若干问题探析》,载《法律适用》2010 年第 7 期。

② 元虹、王薇:《“实名制”与患者隐私权的保护》,载《中国卫生法制》2004 年第 5 期。

院志、体温单、医嘱单、化验单(检验报告)、医学影像检查资料、特殊检查同意书、手术同意书、手术及麻醉记录单、病理资料、护理记录等。这一类病历资料在内容上主要是对患者身体状况、病症情况的记载和检查记录,因此被称为客观性病历资料。后者是指医疗机构的医务人员对于患者病情的观察、病史的了解和掌握之后进行的综合分析记录,主要有死亡病历讨论记录、疑难病例讨论记录、上级医师查房记录、会诊意见、病程记录等。这一类病历资料在内容上主要是医师个人或多人对于患者病情的主观讨论和意见的记载,因此被称为主观性病历。就一般的患者而言,其病历资料主要是客观性病历资料,这就决定了患者隐私权的内容具有客观性。因此,一旦患者隐私权受到侵害,对其身体健康状况进行客观真实记载的病历资料一旦泄露,则权利人的真实身体健康状况将暴露在公众面前,无法采取解释、掩盖等补救措施,此种对患者的伤害是不可逆转的。

## 二、我国《侵权责任法》上的患者隐私权之特色

### (一)我国《侵权责任法》承认患者隐私权的意义

一百多年的历史发展,使得隐私权的观念至少在法学界深入人心,在法律人看来,对隐私权的承认和保护乃是现代法治的题中应有之义。因此,对于我国《侵权责任法》第 62 条规定的患者隐私权,有学者认为此乃多余之举。[①] 但是,回顾我国民事立法历史,笔者认为我国《侵权责任法》第 62 条对患者隐私权的明确规定具有重要的意义,因为这是我国首次在基本民事法律中承认了隐私权,为今后的人格权立法乃至民法典编纂中隐私权的确认和保护都起到了基础性的作用。

1. 改变了我国长期以来对于隐私权的立法保护较为落后的状况

从立法层面看,我国对于隐私权的保护立法时间较晚、法律位阶不高、条文不完善。我国《宪法》虽然规定了通信秘密受到法律保护,但是并没有对隐私权做出更为全面的规定和保护,理论界也尚未将隐私权提升到人的自主决定权的高度进行宪法解释。1986 年的《民法通则》也没有涉及隐私权的概念。1998 的《执业医师法》(2009 年修正)虽然在第 22 条规定:“医师在执业活动中履行下列义务:……(三)关心、爱护、

---

① 例如,尹志强教授便表示:“患者隐私权的规定,我个人认为不应规定。”参见《中国法学会民法学研究会 2010 年年会暨学术研讨会简报》(第 3 期),第 10 页。

尊重患者,保护患者的隐私……"该法带有浓厚的行业管理色彩,并未注重对民事权利的保护。而且该条并未设置法律后果,导致整个条文成为宣示性条文而缺乏救济和制裁措施。

上述原因导致我国对于隐私权的保护长期以来只能通过司法解释的形式来进行,而且由于长期缺乏法律层面的依据,对于隐私权的保护只能类推适用名誉权的规定。例如,最高人民法院1988年通过的《关于贯彻执行〈中华人民共和国民法通则〉若干问题的意见(试行)》第140条规定:"以书面、口头等形式宣扬他人的隐私,或者捏造事实公然丑化他人人格,以及用侮辱、诽谤等方式损害他人名誉,造成一定影响的,应当认定为侵害公民名誉权的行为。"

患者隐私权状况较之一般隐私权的状况更为落后,直到1998年,在最高人民法院制定的《关于审理名誉权案件若干问题的解释》中,仍然将患者隐私权视为患者名誉权。该司法解释规定,"医疗卫生单位的工作人员擅自公开患者患有淋病、梅毒、麻风病、艾滋病等病情,致使患者名誉受到损害的,应当认定为侵害患者名誉权。医疗卫生单位向患者或其家属通报病情,不应当认定为侵害患者名誉权"。

直到最高人民法院2001年通过的《关于确定民事侵权精神损害赔偿责任若干问题的解释》中,才首次将隐私权作为独立的权利类型加以保护。该司法解释第1条第2款规定:"违反社会公共利益、社会公德侵害他人隐私或者其他人格利益,受害人以侵权为由向人民法院起诉请求赔偿精神损害的,人民法院应当依法予以受理。"

2009年12月26日通过的《侵权责任法》中在第2条第2款中提出了隐私权的概念,但该条是关于民事权益的一个列举,表明在法律上正式承认了隐私权的概念。但是对于隐私权的制度构建,尚显不足。该法第62条中规定:"医疗机构及其医务人员应当对患者的隐私保密。泄露患者隐私或者未经患者同意公开其病历资料,造成患者损害的,应当承担侵权责任。"这一条文既有对患者隐私权的正面规定,又有对侵犯患者隐私权法律后果的规定,该条法律条文属于完全法条,不仅对于患者隐私权做出了正面确认,而且对于侵犯隐私权的行为方式、损害后果等构成要件以及侵权责任等都做出了具体的规定,该条完全可以作为具体案件中的裁判依据。该条对于患者隐私权甚至隐私权在我国基本民事法律上的制度构建都具有极为重要的意义。

由此可见，不仅是对于患者隐私权，而且是对于整个隐私权的立法，长期以来我国都处于较为落后的状态，不仅立法的层级较低、条文不完善，而且长期将隐私权混入名誉权之中进行保护，混淆了两种权利的性质，不利于隐私权的发展和完善。由于《侵权责任法》是未来民法典的一编，其在性质上属于基本民事法律，因此，《侵权责任法》第 62 条是我国首次在基本民事法律中对隐私权这一制度以专门条文的行使做出了规定，从而改变了我国长期以来对于隐私权的立法保护较为落后的状况，体现了我国民事立法的人文关怀和人本主义精神。

2. 在权利法缺位的情况下，作为救济法的《侵权责任法》首次明确规定了隐私权

“侵权责任法主要是救济法。”①因此，对于民事权利一般是由民法典中的其他部分进行正面确认，再由侵权法对侵犯这些权利的责任做出规定。确认权利的法律叫做权利法，救济权利的法律叫做救济法。民法典中，隐私权的权利法应当是人格权法，侵权责任法原本只应是救济法。但是，我国《民法通则》第 5 章“民事权利”中并未规定隐私权，而且人格权法的立法工作至今仍未完成。所以，如前所述，我国民事立法中对于隐私权的规定实际上是缺位的。

但是，法律的不完善并不能成为不保护权利的理由，权利法的缺位也使得救济法不得不临时担当起确认权利的重任。从比较法上看，作为救济法的侵权法也并非完全不能创设权利，但是其创设权利的方式一般是通过判例的积累而完成的，或者是通过对一般条款的解释来实现的。我国《侵权责任法》对于患者隐私权乃至隐私权的确认却并非通过这两种方式实现的，而是直接以一个条文进行正面明确规定的方式确认了患者隐私权。这是我国《侵权责任法》在创设权利、保护权利上的一个特色。在权利法缺位的情况下，只有这种方式才能尽快将隐私权纳入基本民事法律之中进行保护。当然，在将来制定人格权法之后，《侵权责任法》第 62 条的历史使命已经完成，那时便可以对该条进行修改，使《侵权责任法》回归到救济法的角色之中。

---

① 王利明：《侵权责任法研究》（上卷），中国人民大学出版社 2010 年版，第 67 页。

### (二)患者隐私权在《侵权责任法》立法中的特点:从历史解释的角度

历史解释是对法律进行解释的方法之一。通过历史解释,可以查明特定法律条文的发展轨迹,从而可以更加明晰地探明立法者的目的,加深对现行条文的理解。当然,由于历史解释要依赖于立法史料,因此时间越久远,历史资料越模糊,历史解释的价值便越低。所以立法越新,则对其进行历史解释的意义就越大。因此,对于《侵权责任法》这部施行七年的法律而言,进行历史解释尚具有较大的可行性,因为其立法路径尚清晰可见。表1是《侵权责任法》制定中历次草案中涉及患者隐私权的条文规定:

**表1 《侵权责任法》历次草案中涉及患者隐私权的条文**

| 序号 | 草案时间 | 涉及患者隐私权的条文内容 | 备注 |
| --- | --- | --- | --- |
| 1 | 2002年12月23日(一次审稿) | 无 | 该部草案中没有对医疗损害责任做出规定 |
| 2 | 2008年9月23日 | 医务人员应当保密患者的隐私。因科研、教学需要查阅医学文书及有关资料的,需经患者同意 | 该条未规定法律后果 |
| 3 | 2008年12月23日(二次审议稿) | 医务人员应当对患者的隐私保密。未经患者同意,公开患者医学文书及有关资料造成损害的,应当承担赔偿责任 | 该条责任主体为医务人员 |
| 4 | 2009年8月7日 | 医疗机构应当对患者的隐私保密。未经患者同意,公开患者医学文书及有关资料造成损害的,应当承担侵权责任 | 这三次草案的规定相同,将责任主体改为医疗机构 |
| 5 | 2009年8月20日 | | |
| 6 | 2009年11月6日(三次审议稿) | | |
| 7 | 2009年12月22日(四次审议稿) | 医疗机构及其医务人员应当对患者的隐私保密。泄露患者隐私或者未经患者同意公开其医学文书及有关资料,造成患者损害的,应当承担侵权责任 | 主体改为医疗机构及其医务人员 |

续表

| 序号 | 草案时间 | 涉及患者隐私权的条文内容 | 备注 |
| --- | --- | --- | --- |
| 8 | 2009年12月26日《侵权责任法》 | 医疗机构及其医务人员应当对患者的隐私保密。泄露患者隐私或者未经患者同意公开其病历资料,造成患者损害的,应当承担侵权责任 | 正式立法将"医学文书及有关资料"改为"病历资料" |

根据表1,从历史解释的角度,可以看出患者隐私权在《侵权责任法》立法中具有如下特点:

1. 权利从无到有

2002年12月23日,全国人大法工委提请第九届全国人大常委会第31次会议审议了《民法典草案》第八编,该编即为《侵权责任法草案》的一审稿,该编分为九章,分别为第一章"一般规定"、第二章"损害赔偿"、第三章"抗辩事由"、第四章"机动车肇事责任"、第五章"环境污染责任"、第六章"产品责任"、第七章"高度危险作业责任"、第八章"动物致人损害责任"、第九章"物件致人损害责任"和第十章"有关侵权责任主体的特殊规定"。因此,在该编中,并没有对医疗损害责任做出专章的规定,因此也就没有患者隐私权的规定。但是由于社会各界对医疗损害责任的广泛关注,立法机关在此后的《侵权责任法草案》中便以专章的形式对医疗损害责任进行了增加规定,其中便增加了患者隐私权的规定,并一直保留到最终通过的正式立法。

2. 责任主体不断扩大

我国《侵权责任法》在立法过程中提交全国人大常委会讨论的正式审议稿有四次,此间,全国人大法工委根据学届、司法实务界、政府部门以及人民群众的意见反馈,还对草案进行了数次修改。因此《侵权责任法》正式的审议稿虽然只有四部,但其实经历了八次修改方形成最终立法。在这写草案中,2008年9月23日和12月23日的草案将侵犯患者隐私权的责任主体规定为医务人员。随后从2009年8月7日到11月6日的三部草案中,都将责任主体规定为医疗机构。到了四次审议稿以及最终通过的立法中,则将责任主体修改为医疗机构及其医务人员。在这八次修改过程中,侵犯患者隐私权的主体从医务人员到医疗机构,再到医疗机构及其医务人员，呈现出扩大的趋势。这体现了《侵权责任法》立法不断加强对患者隐私权保护的努力。

3. 权利内容的范围不断扩大

前五次草案都将患者隐私权的权利内容限定为“医学文书及有关资料”，这一限定明显有较大的局限性，难以涵盖医学文书等之外的以口头形式表现出来的患者隐私，以及未记载在医学文书中的患者隐私。在四次审议稿中，将患者隐私权的权利内容扩大至隐私以及医学文书及有关资料。这一规定增加了“隐私”这一富有弹性和包容性、开放性的概念，极大地扩充了患者隐私权的权利内容。在最终通过的立法中，保留了隐私的内容，并将“医学文书及有关资料”修改为“病历资料”。从《执业医师法》《医疗机构病例管理规定》等行政法规和部门规章可以看出，“病历”是一个集合概念，是一系列医学文书资料的总和。[①] 因此，在《侵权责任法》的立法过程，立法机关不断扩充患者隐私权的权利内容范围，使之具有更强的包容性和开放性，从而能够通过解释不断适应新时代对患者隐私权保护的需要。

4. 侵权行为方式认定的不断放宽

对于医方侵犯患者隐私权的侵权行为方式，历次草案所使用的动词经历了“查阅→公开→泄露或公开”的变化。这一变化过程是对侵犯患者隐私权行为方式认定的不断放宽，在医患双方的利益权衡中，表现出了立法从保护医方利益逐渐偏向保护患者利益的趋势。

5. 对医方侵权责任的不断强化

在 2008 年 9 月 23 日的草案中，并未规定侵犯患者隐私权的法律后果，而只是规定查阅相关资料需经患者同意，因此该条文实质上仅是一个宣示性条文，难以作为具体的裁判规范适用。二次审议稿中便开始增加了医方的侵权责任，规定医方在侵犯患者隐私权之后应当承担赔偿责任。自三次审议稿以来，历次草案将医方侵权责任进一步强化为应当承担侵权责任。由于赔偿损失只是若干侵权责任承担方式的一种，因此从不规定侵权责任到承担赔偿责任，再到承担侵权责任，可见立法机关对于医方侵权责任不断进行了强化，从而逐步加大了对患者

① 参见王利明、周友军、高圣平：《中国侵权责任法教程》，人民法院出版社 2010 年版，第 628 页。

的保护力度。

## 三、患者隐私权与患者同意权、医方知情权

### （一）患者隐私权与医方知情权

医务人员在诊疗过程中，不仅对患者负有说明和告知义务，也享有一定的知情权。除非是患者失去知觉或者无法进行语言表达等情形，诊疗活动的启动都有赖于医方知情权的行使。医方知情权的行使是实现诊疗目的的必要方式，是诊疗活动的基础。医务人员只有知道患者的基本病症、可能病因、既往病史等基本信息之后，才能够对患者进行有针对性的观察和诊断。而在这一过程中，患者必须按照医务人员的要求，将自身的相关隐私进行告知。

因此，可以说医务人员的知情权与患者的隐私权是一种矛盾关系。而且，为了达到诊疗的目的，患者的隐私权必须让位于医务人员的知情权。所以，医务人员的知情权便揭掉了患者隐私权保护的外衣，使患者失去对其隐私的自我控制权，不得不与医务人员共同保持其部分个人隐私。

### （二）患者隐私权与患者同意权

从行为方式上来看，诊疗行为与一般侵权行为并无区别，因为都是对他人的身体进行接触甚至伤害，但两者最大的不同在于一般的侵权行为未获得受害人同意，而诊疗行为却经过了患者的允许。“医生从事医疗行为，小者如注射、拔牙、割双眼皮，大者如心脏手术、器官移植、连体婴儿分割，在法律上均构成对他人的权利（尤其是身体权）侵害，惟得因病患的允诺（在医疗关系多称为同意）而阻却违法。”①因此，患者的同意构成了医务人员对患者进行诊疗活动的正当性基础。

患者隐私权的一个特点便是医务人员获取患者的隐私经过了患者的同意。医务人员获取患者的隐私主要通过两种方式，一种方式是患者在就诊时通过口头表达或者书写的方式将自己的私人信息如姓名、住址、年龄、病因、病症等告诉医务人员；另一种方式是医务人员通过观察、检查、检测等方式发现患者的隐私。无论哪一种方式，实质上都是经过了患者同意权的行使，即患者是允许医务人员获取这些隐私的。

① 王泽鉴：《侵权行为》，北京大学出版社 2009 年版，第 231 页。

例如,“患者到医院挂号就诊,实际上已经默示地同意与诊疗有直接联系的医护人员对其个人隐私可以进行合理地察知。比如心理障碍患者、性病患者对于医生询问所作的如实陈述并接受检查等都属于患者默示同意的情形”。[①]

患者是否行使了同意权,决定着侵犯患者隐私权的形式不同。如果是经过患者同意而获取的患者隐私,那么医方侵犯患者隐私权的形式一般是非法泄露或公开。据学者归纳,实践中医疗机构和医务人员侵犯患者隐私权的常见形式有:(1)书面侵权。即未经患者同意公开病人的照片、病情、病史。(2)口头侵权。即将在诊疗护理过程中所知悉的患者的隐私在非本职工作场所有意或者无意地进行宣扬。(3)临床带教侵权。即未经患者同意,带教老师让同学观看操作过程甚至进行实际操作。(4)“床头卡”侵权。即在病床前的床头卡上记录患者的详细情况。(5)医院管理疏漏造成的侵权。如医院实行计算机管理,由于某种原因造成已有的病情记录被暴露。[②] 这些形式主要就是非法泄露或公开其经过患者同意而获取的患者隐私。

如果医方在未经患者同意的情况下获取患者的隐私,则表明医方获取患者隐私本身就属于违法行为,一般是通过非法刺探、非法检测、非法使用等方式。在此种情形下,医方无权知悉患者隐私,其获悉患者隐私已经超出了知情权的范围,因此医方如果再将患者隐私非法泄露或者公开,则表明其过错程度较重,一般是出于故意的心态。

由上可知,大多数情况下医方获取患者的隐私是经过患者同意权的行使,因此,在诊疗活动范围内,患者的同意权无法保护患者的隐私权。

**四、我国《侵权责任法》对患者隐私权的保护**

(一)侵犯患者隐私权的方式

根据《侵权责任法》第62条的规定,医疗机构及其医务人员侵犯患者隐私权的方式有两种,一种是泄露患者隐私,另一种是未经患者同意公开其病历资料。

第一,泄露患者隐私。此处的隐私是专指患者病历资料以外的私

---

① 邱韶玲:《论医院见习教学中患者隐私权的保护——兼谈我国隐私权立法》,载《中国医学伦理学》2008年第2期。

② 参见古津贤主编:《医疗侵权法论》,吉林大学出版社2008年版,第128页。

人信息。泄露即意味着向外透露的行为未得到患者本人的同意。医疗机构及其医务人员泄露患者隐私，常见的情形是将其所掌握的患者私人信息向外人或外界透露、公布，例如对外透露患者的病因病史等，使患者的隐私暴露于外，遭受他人非议。实践中还有未经患者同意而让其他人参与到诊疗过程中，观看到患者身体的隐秘部位，例如在妇科检查时组织实习医生观摩的行为，从而让患者的身体隐私暴露给外人而给患者造成精神痛苦和打击。

第二，未经患者同意公开其病历资料。病历资料是在诊疗过程中新形成的患者的隐私，里面可能详细记载了患者的病情、病史、症状以及治疗的进展和结果等情况。这些情况都属于患者是私人信息，只是出于诊疗的需要才由医疗机构及其医务人员合法持有和保管，如果未经患者同意而加以公开，无疑构成对当事人隐私权的侵犯，从而给其带来精神上的损害。例如，某女性因流产而住院，但其并不希望他人知道这一事实，如果医院不慎将病历资料泄露，则会给患者带来巨大的精神压力和伤害，甚至导致其社会评价的降低。

（二）损害赔偿的范围

医疗机构及其医务人员侵犯患者隐私权的后果，往往是导致当事人承受精神上的痛苦以及社会评价的降低，在严重的情形下当事人还可能因为此种精神上的痛苦而引发身体上的损害，例如头痛、失眠、精神失常等。

由于《侵权责任法》第22条规定了精神损害赔偿制度，即侵害他人人身权益，造成他人严重精神损害的，被侵权人可以请求精神损害赔偿。因此，医疗机构及其医务人员侵犯患者隐私权的行为造成了患者严重精神损害的，患者还可以请求医疗机构对其进行精神损害赔偿。由于隐私一旦被泄露为公众所知，就再也无法恢复到之前的秘密状态，所以隐私的侵犯具有不可逆转性。《侵权责任法》第15条规定的承担侵权责任的方式中的恢复原状、消除影响、恢复名誉等方式就难以适用到隐私权被侵犯的责任承担上，“因此金钱赔偿将成为对隐私权受到侵害的受害人的精神损害之最为主要的乃至唯一的救济方式”。[①]

① 张新宝：《隐私权的法律保护》（第2版），群众出版社2004年版，第386页。

对于患者精神损害之外的物质损害，例如因为隐私被泄露之后身体不适而发生的医疗费、误工费、诉讼费用等，也可以要求责任人进行赔偿，此种赔偿属于财产损失的赔偿，也以金钱赔偿为主。

（三）免责事由

如同隐私权一样，患者隐私权也要受到一定的限制，这些限制便成为侵犯患者隐私权的免责事由，行为人得以免除侵权责任的承担。

1. 公共利益

“隐私权并不禁止公开任何涉及公众利益的问题。”①公共利益是不特定多数人的共同的合法利益，当患者个人的隐私权与公共利益发生冲突时，患者隐私权要受到一定的限制，为了公共利益而披露患者隐私权具有其正当性，行为人应当免于承担侵权责任。公共利益的范围非常广泛，但就患者隐私权而言，构成免责事由的一般有如下几种：

第一，公法上的限制。公法包括宪法、刑法、行政法、各类程序法等，一般涉及国家公权力的运转，事关社会的整体秩序，因此当公法上对患者隐私权做出明确限制时，医疗机构及其医务人员根据公法上的要求而披露患者隐私权时，便免于承担侵权责任。例如，《禁毒法》第44条第2款规定：“强制隔离戒毒场所对有严重残疾或者疾病的戒毒人员，应当给予必要的看护和治疗；对患有传染病的戒毒人员，应当依法采取必要的隔离、治疗措施；对可能发生自伤、自残等情形的戒毒人员，可以采取相应的保护性约束措施。”因此医务人员在对戒毒人员进行诊疗后，对于这些人员的病患情况应当向强制隔离戒毒场所进行报告。又如，诉讼法要求证人如实称述，那么在涉及患者的诉讼程序中，医务人员也可能需要按照法院庭审的要求而对患者某些隐私进行说明。“只有在法庭上基于合法的理由（例如处于必须揭露的情况下）或为了患者的利益这两种情况下，医生才能揭露患者的医疗秘密。”②这些都是因公法上的限制而可以对侵犯患者隐私权免责的事由。

第二，传染病的预防和控制。在出现突发性传染病时，为了预防和

---

① ［美］塞缪尔·D. 沃伦、［美］路易斯·D. 布兰代斯：《论隐私权》，李丹译，载徐爱国组织编译：《哈佛法律评论·侵权法学精粹》，法律出版社2005年版，第25页。

② Gert Brüggemeier, Aurelia Colombi Ciacchi and Patrick O' Callaghan, *Personality Rights in European Tort Law*, Cambridge University Press2010, p. 231.

控制传染病的大规模扩散,有必要将患者的个人信息报告上级机关,“比如传染病、职业病以及一些可能涉及刑事犯罪的伤病情,医疗单位不应当以保护隐私的名义帮助患者隐瞒相关病情。为保护社会公共利益和公共安全,国家可以且应当采取干预措施”。[①] 我国《传染病防治法》也要求任何人在发现传染病人或者疑似传染病人时,都要及时报告,不得隐瞒或者授意他人隐瞒。

第三,促进医学的进步。患者的病历资料不仅对于其自身具有重要的价值,有些疑难病症治疗的病历资料对于医学界而言也具有极大的参考价值。如果就此公开则侵犯患者隐私权,如果一律不允许公开则又不利于医学科学的发展。对此,较为妥善的做法是,在将某病历资料作为医学范例研究讨论时,应当隐去患者个人特征的身份标识,使外人无法通过阅读来判断当事人的身份,这样尽可能在患者隐私权的保护和促进医学进步之间取得某种平衡,从而造福大众。

2. 患者同意

患者不仅有权向医务人员告知其隐私,而且有权同意医务人员泄露或使用其隐私。这属于患者隐私权的内容之一,因为患者是其隐私权的权利主体,有权行使其隐私权,而对隐私权的使用或授权他人使用正是隐私权行使的一种方式。例如,当患者所患病症为极为罕见的疑难病症时,主治医师为了在更大范围内集思广益,寻找治疗方案,可以在征得患者同意后,将病症在网上公布,向全世界寻求治疗方案。

在此需要探讨的一个问题是实习医生侵犯患者隐私权的问题。实践中经常有主治医师在为患者进行诊疗时,组织或允许实习医生进行观摩,从而引发了关于患者隐私权的纠纷。一种观点认为,实习医生参与诊疗活动、侵犯患者隐私具有正当性,因为“如果患者不能配合学生的见习或实习,学生的实习机会将越来越少,这已成为近年来青年临床医生基本技能整体水平滑坡的主要原因。而最终受害的还是患者。再有经验的医生都是从毫无经验开始的”。[②] 另一种观点认为,实习医生

---

① 林文学:《〈侵权责任法〉医疗损害责任规定若干问题探析》,载《法律适用》2010年第7期。

② 张殿龙、曹铭谦、王海霞:《医学教学与保护患者的隐私权》,载《大连大学学报》2005年第6期。

不得侵犯患者隐私权,“患者和他们的律师都认为,在进行治疗时,医疗机构未经许可让一些与治疗无关的人员(包括无关的医务人员)在旁边观察治疗的行为侵犯了患者的身体隐私”。①

笔者认为,侵权人为实习医生本身并不能构成免责事由。其一,“实习生显然不具备医师资格,并不是法律上所称的医生。因此,实习医生并不享有上面提到的医生探知或接触患者隐私的特权。医方允许与治疗活动无关的实习医生侵入患者隐私,应认定构成对患者隐私权的侵犯”。② 其二,虽然从长远来看,实习医生参与诊疗活动有利于医生的培养和医学的发展,但是这与公共利益的联系毕竟过于间接,实习医生能否顺利成为医师、能否促进医学的发展,还取决于诸多因素。而且实习医生在诊疗室这样狭小的空间内直接查看、观摩甚至接触患者的身体,是对患者隐私权的一种直接的侵害,将会给患者带来较为严重的损害后果。“患者准许见习生检查、触摸自己的身体部位,了解相关的病情等,正是患者行使个人隐私支配权的一种表现形式,前提是必须事先得到患者或其家属明示的同意,因为患者并没有担当教学标本的义务。”在这两种权利之间,我们不能因为一点遥远的公共利益就牺牲民事主体的合法权利,况且实习医生的实习可以通过制作教学模具、招收临床志愿者等多种方式来完成。医务人员是为了诊疗患者的疾病才有权知悉患者的隐私,而其他人员则并不存在这一正当性基础。所以,在实习医生参与诊疗活动之前,必须取得患者的同意,否则将构成对患者隐私权的侵犯。

---

① [美]阿丽塔·L.艾伦、理查德·C.托克音顿:《美国隐私法:学说、判例与立法》,冯建妹、石宏等译,中国民主法制出版社2004年版,第141页。

② 张殿龙、曹铭谦、王海霞:《医学教学与保护患者的隐私权》,载《大连大学学报》2005年第6期。

# 论医疗侵权损害赔偿双轨制的统一*

**摘　要**：对于医疗侵权的损害赔偿，我国《医疗事故处理条例》与《民法通则》《侵权责任法》及最高人民法院关于人身损害赔偿等事项的司法解释存在较多差异，具体表现为损害赔偿的范围、鉴定方式、赔偿标准等都有着不同的规定，由此形成了医疗侵权损害赔偿的双轨制。这一局面不利于患者的权利保护和维护法制的权威。在《侵权责任法》颁布之后，这些问题依然未能解决。因此，《民法典侵权责任编》应当对医疗侵权损害赔偿做出更为详细而明确的规定，以彻底解决双轨制所带来的问题。

**关键词**：医疗侵权；双轨制；赔偿范围；鉴定方式；赔偿标准

目　次



医疗侵权属于现代侵权法所调整的侵权行为类

---

* 本文原载于《法学杂志》2009年第6期，收录时进行了修订。

型之一，而且“一般认为，医疗事故损害赔偿是现代侵权行为法须处理的最棘手的问题”。[①]《侵权责任法》在第七章也以专章形式规定了“医疗损害责任”，对于医疗损害责任的归责原则、患者的知情同意权、医务人员的说明义务和注意义务、医疗机构的过错推定及免责事由等内容都做出了较为合理的规定。但该章对于医疗侵权类型的规定毕竟只有11个条文，对于目前法律适用上存在的医疗侵权损害赔偿的双轨制并未制定明确、细致的解决方案。因此，在我国当前正在起草并审议《民法典》各分编草案的过程中，仍有必要对这种双轨制现象进行分析并力图找到解决的方案。

**一、医疗侵权损害赔偿双轨制的由来**

《民法通则》第119条规定了侵害公民身体造成伤害或死亡的民事责任，这成为法院处理此类纠纷的基础性依据。1987年6月29日，国务院发布了专门处理医疗侵权纠纷的行政法规《医疗事故处理办法》，2002年4月4日，国务院公布了《医疗事故处理条例》（以下简称《条例》），并将1987年的《医疗事故处理办法》废止。该《条例》是我国处理医疗纠纷的重要行政法规，其第49条第2款规定：“不属于医疗事故的，医疗机构不承担赔偿责任。”由此形成了双轨制的根源。2003年1月6日，最高人民法院发布了《关于参照〈医疗事故处理条例〉审理医疗纠纷民事案件的通知》，该通知明确规定了《条例》对司法机关的适用效力。2003年12月4日最高人民法院公布了《关于审理人身损害赔偿案件适用法律若干问题的解释》（以下简称《人身损害解释》），详细规定了人身伤害侵权赔偿的相关内容，其中关于人身伤害的赔偿标准要高于《条例》的标准。

上述法律、法规和司法解释在涉及医疗侵权损害赔偿时，对于医疗侵权损害赔偿的范围、鉴定性质、鉴定机构、鉴定标准、赔偿标准、纠纷解决机制等方面都存在两套不同的规定。[②] 对于同一个问题，有人主张

---

① 夏芸：《医疗事故赔偿法——来自日本法的启示》，法律出版社2007年版，[日]新美育文：“序”。

② 参见曹勇：《医疗侵权赔偿纠纷案件审理的法律误区——兼议最高法院的通知及答记者问》，载中国法院网：http://www.chinacourt.org/public/detail.php? id = 171738，最后访问日期：2009年6月20日。

适用《条例》的规定,有人主张适用《民法通则》及其司法解释的规定,甚至还有人主张适用《消费者权益保护法》来处理医疗侵权纠纷案件,因为"医疗机构在此就是一个经营者,有《消费者权益保护法》所规定的经营者身份……《消费者权益保护法》并未将经营者及消费者的范围作限制性或排除性规定,明文将医患关系排除在《消费者权益保护法》调整范围之外"。[①] 当然,大多数学者还是倾向于在《条例》和《民法通则》而不是《消费者权益保护法》中寻找法律依据,因为"医疗行为乃以治疗为目的,非以消费为目的……难以将产品与医疗行为相提并论,因为两者在性质上存有甚大差异,救济方法亦大不相同,尤其是从保护消费者一方而言,很难证明医师犯错"。[②] 总之,正是这些规定之间存在的诸多差异,形成了在医疗侵权案件上适用法律的双轨制,从而引发了司法实践和社会生活中的诸多困扰和纠纷。

## 二、医疗侵权损害赔偿的范围

《条例》第 49 条将医疗机构的赔偿责任限定在医疗事故的范围内,即不属于医疗事故的,医疗机构不承担赔偿责任。对于《条例》规定的医疗侵权损害赔偿的范围,即对于非医疗事故的医疗侵权行为造成的损害后果,医疗机构是否应当承担赔偿责任的问题,社会各界一直存有不同看法。有人认为,《条例》中将医疗事故细分为 1 ~ 4 级,包括了所有医疗机构在医疗行为中可能产生的过失、过错及相应的损害后果,事实上"已经囊括了所有的因医疗诊疗过失行为所引发的损害后果责任内容,医疗事故已经成为确定医疗机构诊疗行为是否存在过错,是否应当承担相应的赔偿责任的专用名词,因此不应当在医疗事故之外还存在因医疗过错行为承担民事侵权责任的问题"。[③] 但司法界一般倾向于将医疗侵权行为区分为医疗事故和非医疗事故的医疗侵权。笔者认为,医疗机构的赔偿责任不应仅限于医疗事故,而应包括所有医疗侵权行为所造成的后果,原因如下:

第一,《民法通则》与《条例》的关系属于上位法与下位法的关系,后

---

① 廖秉静:《医疗侵权纠纷解决的现状分析及其完善》,载《广东医学院学报》2007 年第 1 期。

② 冯文莊:《浅论医疗及医事法之若干问题》,载《法学论丛》(第 6 期),澳门大学法学院 2007 年版,第 92 ~ 94 页。

③ 付敏:《对医疗纠纷诉讼现状的分析与思考》,载《现代医院》2008 年第 10 期。

者的规定不能与前者相冲突。对于《民法通则》与《条例》的关系,有两种不同的观点。最高人民法院认为《条例》和《民法通则》构成了特别法和一般法的关系,因为在医疗服务过程中因过失致患者人身损害引起的赔偿纠纷,本质上属于民事侵权损害赔偿纠纷,原则上应当适用我国的《民法通则》处理,《条例》属于行政法规,其法律位阶低于《民法通则》;但由于《条例》是专门处理医疗事故的行政法规,体现了国家对医疗事故处理及其损害赔偿的特殊立法政策,因此,人民法院处理医疗事故引起的人身损害赔偿纠纷时应当以《条例》为依据。但是,对不构成医疗事故的其他医疗侵权纠纷应当按照《民法通则》第 106 条和第 109 条规定处理。[①] 有学者认为在法律适用上,《条例》和《民法通则》并不构成特别法与一般法的关系,而是上位法与下位法的关系。《民法通则》是由全国人民代表大会发布的,而《医疗事故处理条例》是由国务院发布的,显然前者是上位法,效力上优于后者。[②] 笔者认为,在适用法律上,《民法通则》是全国人大制定的基本民事法律,《条例》是国务院制定的行政法规,两者确实是上位法与下位法的关系,而不是一般法与特别法的关系,特别法与一般法的关系只能产生于同一立法机关制定的同一效力层级的法律法规之上。根据《民法通则》第 106 条规定,基于违约或者过错行为侵犯他人人身权和财产权的,都应当承担民事责任,这是对侵权责任的一般规定。因此,无论是否属于医疗事故,只要是医务人员基于违约或者过错侵犯了患者的人身权和财产权,都应当承担侵权责任。《条例》在效力层级上只属于行政法规,不能改变作为基本民事法律的《民法通则》第 106 条的规定,其试图免去医疗机构的非医疗事故类侵权责任的规定是无效的。

第二,医疗事故的概念并不等同于民法上医疗侵权的概念。《条例》第 2 条医疗事故的概念明显是从行政管理的角度做出的,“实际上是对行政责任的界定……在民事法律领域应当用医疗事故损害来描述医疗事故所界定的对象,因为在民事领域注重的不是对行为人所施加

① 参见王连印:《最高人民法院民一庭负责人就审理医疗纠纷案件的法律适用问题答记者问》,载《人民法院报》,2004 年 4 月 12 日,第 3 版。

② 参见马军、温勇等:《医疗侵权案件认定与处理实务》,中国检察出版社 2006 年版,第 34 页。

的行政管理，而是要求行为人应当尽到法律要求的相应义务以免给他人造成损害"。[①] 其将医务人员违反各种卫生法律和规范作为医疗事故的重要构成要件，并将医疗侵权行为限定为过失行为，这些都与民法上侵权行为的概念有所偏差，体现了较浓的部门行政立法的色彩，因此不足以作为民法上医疗侵权的概念。

第三，医疗侵权的范围除了医疗事故以外，还包括诸多非医疗事故的侵权行为。事实上，即使不属于《条例》规定的医疗事故，只要医务人员的医治行为造成了患者的权利受损害而没有合法的免责事由，都属于侵权行为，都应当承担民事责任。因为"医疗损害不只是患者生命健康的损害，它是指因医疗行为引起的对患者不利的一切后果和事实"。[②] 只要是实施医疗行为的过程中构成了对患者的侵权，医疗机构都必须承担侵权责任，而不管侵权行为是否构成医疗事故，因为构成医疗侵权的行为除了医疗事故以外，还包括虽然没有直接侵害患者的生命健康权，但却对其自我决定权、隐私权和名誉权等造成了侵害的情况，以及造成患者发生错误受孕、错误出生等情况，[③]这些侵权行为同样足以致使患者承受财产损失和精神痛苦，医疗机构都应当承担侵权责任，不能根据《条例》的规定而自我免责。

**三、医疗侵权损害赔偿的鉴定方式**

医疗行为是一种高度专业化的职业行为，医务人员都是经过职业化训练的人员，不少学者都将医疗侵权归入到专家责任的侵权类型之中，因为"专家主要指律师、公证人、医师、会计师、建筑师等"。[④] 在医疗侵权纠纷发生时，对于医疗过程中注意义务的判断、侵权行为的发生、过错的认定、因果关系的判断等，都需要由专门机构和专业人员进行认定和判断，因为"当案件所涉及的科学知识高度专业化甚至是深奥难懂时，专家证人便将扮演重要角色，对此并无多少争议"。[⑤] 所以，在医疗

---

① 杨立新主编：《类型侵权行为法研究》，人民法院出版社 2006 年版，第 886 页。

② 龚赛红：《论医疗损害赔偿的法律依据——从民法的角度看〈医疗事故处理条例〉》，载张新宝主编：《侵权法评论》（第 1 辑），人民法院出版社 2003 年版，第 96 页。

③ 参见龚赛红：《医疗损害赔偿立法研究》，法律出版社 2001 年版，第 128 ~ 140 页。

④ 张新宝：《侵权责任法的法典化程度研究》，载《中国法学》2006 年第 2 期。

⑤ Alan Merry and Alexander McCall Smith, *Errors, medicine and the law*, Cambridge, Cambridge University Press, 2001, p. 177.

侵权纠纷中,进行鉴定是有必要的。

医疗侵权行为被《条例》区分为医疗事故和非医疗事故两类,对于前者,《条例》规定在发生纠纷之后,需要进行医疗事故技术鉴定的,应当交由负责医疗事故技术鉴定工作的医学会组织鉴定。而对于非医疗事故的医疗侵权行为,当事人要求鉴定的,其方式为申请法院进行司法鉴定。司法鉴定按照全国人民代表大会常务委员会《关于司法鉴定管理问题的决定》和最高人民法院《人民法院对外委托司法鉴定管理规定》的规定来进行,其鉴定机构和鉴定人员的组成与医学会的鉴定都不尽相同。

由此,对于医疗侵权行为便存在医学鉴定(医疗事故鉴定)和司法鉴定(医疗过错鉴定)的双轨制。而这两种鉴定方式在鉴定的启动、鉴定人员的组成、鉴定的方式、鉴定的内容、鉴定的监督等方面都不尽相同。从实践来看,医学鉴定是认定医疗纠纷是否属于医疗事故的必经程序,也是卫生行政机关处理医疗事故必经的环节;但是从诉讼的角度来看,司法鉴定又确实优于医学鉴定。① 这些差异一直造成医疗侵权鉴定实践的混乱。一方面,当医疗机构希望尽量减少赔偿费用时,“无论其医疗过错行为是否构成医疗事故,均会极力主张医疗事故技术鉴定,并要求适用《条例》处理以追求最低限度的赔偿或不予赔偿”;②另一方面,当医疗机构希望避免卫生行政部门的行政处罚时,又希望法院对纠纷采取司法鉴定的方式,以避免医疗事故的认定。而与此同时,医学会组织鉴定的专家都是医疗行业的专家,存在行业庇护的可能性,其做出的鉴定结论对于患者而言公信力不足,而且患者为了得到最大范围的赔偿,往往不愿意接受医学鉴定的结论而申请法院进行司法鉴定,以便要求按照《人身损害赔偿解释》确定的赔偿标准进行赔偿。如此,医学鉴定在现实生活中便处于尴尬的境地,经常成为当事人力图回避的鉴定方式,其存在的价值便大打折扣了。

在医疗侵权损害赔偿的纠纷中,专业鉴定的重要性毋庸置疑,“一

---

① 参见马军、温勇等:《医疗侵权案件认定与处理实务》,中国检察出版社 2006 年版,第 215 页。

② 钱矛锐:《医疗侵权损害赔偿“双轨制”法律适用原则的困惑与反思》,载《中国医院管理》2007 年第 9 期。

般情况下,责任认定和因果关系认定方面的专家鉴定,对于医疗事故诉讼的结果将起到关键性的作用”。[①] 因此必须改变目前鉴定双轨制的状况,建立统一的、具有高度中立性和公信力的鉴定制度,科学设计鉴定人选和监督制度。鉴于目前《条例》规定的由医学会组织医学专家进行鉴定的方式在公信力上遭到了人们的质疑,所以对于医疗侵权纠纷统一由法院来组织司法鉴定的方式更为合理一些。在司法鉴定中,鉴定人作为专家证人主要是对案件中的成因与结果之间的关系做出专业判断,其应当在鉴定结论上签字,对于鉴定结论有不同意见的专家应当在鉴定结论上注明其不同意见。鉴定人员在必要时应当出庭参加庭审质证,并对其做出的鉴定结论承担法律责任。

日益增多的医疗损害纠纷也引起了国务院的重视,2018 年 6 月 20 日国务院颁布了《医疗纠纷预防和处理条例》,该条例规定医患双方可以通过自愿协商、申请人民调解、申请行政调解和向法院起诉等方式解决医疗纠纷,同时该条例第 34 条还规定:“医疗纠纷人民调解委员会调解医疗纠纷,需要进行医疗损害鉴定以明确责任的,由医患双方共同委托医学会或者司法鉴定机构进行鉴定,也可以经医患双方同意,由医疗纠纷人民调解委员会委托鉴定。”这一规定明确了调解中的医疗损害鉴定相关问题,意图在诉前淡化医疗事故与医疗过错的二元划分,使用了医疗损害的统一概念。国家卫生健康委员会和司法部基于规范医疗损害鉴定工作的目的,随即于 2018 年 10 月 11 日发布了两部委联合起草的《医疗损害鉴定管理办法(征求意见稿)》,两部委在起草说明中指出,《医疗纠纷预防和处理条例》规定的医疗损害鉴定,作为诉讼前鉴定,不属于司法鉴定,也不同于医疗事故技术鉴定。[②] 如此一来,医疗纠纷鉴定就从二元化变为三元化了,即为了诉前调解的医疗损害鉴定、进行行政处罚决定的医疗事故技术鉴定和诉讼中的司法鉴定。这种三元化的鉴定方案在实践中可能会进一步加剧医疗纠纷鉴定复杂交错的局面。这也再次说明,对于医疗损害责任中的重要民事规则,不能交由行政法

---

① Michael A. Jones, *Medical Negligence* ,London,Sweet & Maxwell Limited,1991,p.403.

② 参见国家卫生健康委员会和司法部《关于〈医疗损害鉴定管理办法(征求意见稿)〉公开征求意见的通知》,载 http://www. moh. gov. cn/zhuz/zqyj/201810/9fbd70bf42d74c96afb8bb77b3d7e25f. shtml,最后访问日期:2018 年 10 月 24 日。

规乃至部门规章去进行规定，而应当由基本民事法律尤其是民法典来做出规定。

**四、医疗侵权损害的赔偿标准**

总体而言，在各项赔偿标准上，《人身损害解释》普遍要高一些，而且规定得更为详细、合理，《条例》的赔偿标准要低一些，而且许多内容规定得较为简单，尤其是对于患者的营养费和死亡赔偿金两项，《条例》完全未作规定，这对于患者的康复和患者继承人的权利保护都是不利的。然而，对于《条例》对医疗事故的较低赔偿标准，学界也是见仁见智。例如，有学者认为医疗事故赔偿的赔偿标准低于国家赔偿和一般的民事赔偿是可以理解的，因为“医疗机构对医疗事故受害人予以赔偿，实际上还是‘羊毛出在羊身上’，对受害人的赔偿最终还是要分摊在所有的患者身上，而不是由国家出资赔偿。对此，在审判实践中应当适用新《条例》规定的赔偿标准判决案件，是有根据、有道理的”。① 也有学者认为《条例》的赔偿标准是不合理的，“关于赔偿费用的计算，《条例》实行的有限赔偿原则，并再一次表现出作为行政法规比较偏重于保护行业利益的缺点”。② 现实生活中，患者及其家属在医疗侵权索赔中一般都希望能够通过《人身损害解释》而不是《条例》的赔偿标准来获得赔偿，因为前者的赔偿标准明显高于后者，而且赔偿项目也较后者为多。在实践中，“条例规定的事故赔偿标准和民事赔偿标准存在明显的差距，仅死亡赔偿金一项，在中等经济水平的城市，可相差 20 万元左右”。③

如此则形成一个悖论：同一个医疗侵权行为，如果作为医疗事故来处理，那么按照《条例》的标准，患者只能获得较低的赔偿；而如果作为非医疗事故的其他医疗侵权行为来处理，按照《人身损害解释》的标准，患者则可以获得更多的赔偿。实践中的一个案例是，某医院手术医生用导尿管时刺破两患者的输尿管，一名患者进行医疗事故鉴定，按照医疗事故处理；另一患者则直接提请司法鉴定，按照非医疗事故处理。结

① 杨立新：《〈医疗事故处理条例〉的新进展及其审判对策》，载杨立新主编：《侵权司法对策》（第 1 辑），吉林人民出版社 2002 年版，第 33 页。

② 张建军：《医疗过错：现实立法与学者意向》，载《法律与医学杂志》2003 年第 2 期。

③ 徐晓宁：《我国医疗鉴定双轨制亟待“并轨”》，载《健康报》2007 年 11 月 15 日，第 6 版。

果是前者按《条例》的规定仅获赔3万多元，而后者根据《人身损害解释》的赔偿标准，获赔14余万元。[①] 相同的损害适用不同的法律之后竟出现如此巨大的差距，这不仅难以使患者的权利获得周密的保护，而且有损我国法制的权威和公信力。如此导致的后果，就是“患方对此很不理解，认为《条例》不公正，所以尽量不以医疗事故为由起诉，或到有关部门静坐抗议，或尽量以人身损害为由起诉”。[②] 这种局面亟待改变。

随着经济的发展、社会的进步，在医疗侵权行为中受损的患者应该获得更多的赔偿，因为他们在此类侵权行为中往往是人身权受到侵害，而对于人身权的重点保护则是民法的应有之义。此外，对于患者精神损害和可得利益损失的赔偿标准也应随着社会的发展而逐步提高。

当然，从实际社会效果上也并不能将医疗机构对患者更高标准的赔偿责任简单地转嫁到医务人员身上，否则将会导致医务人员为了回避赔偿的风险而大量采取保守治疗的做法，因为保守治疗意味着“可能承担责任的风险迫使医生们采取一些并非医学上必须或合理的措施”。[③]

**五、建议**

美国法学家傅利曼曾言：“侵权行为法的核心及灵魂，是有关人身伤害(personal injury)的法律”。[④] 尤其是到了现代，因医疗侵权而遭受人身伤害的案件数量不断上涨，在发达国家，“根据美、英以及加拿大等国的调查，医疗事故的受害人数超过了交通事故的受害人数，或者至少与交通事故受害人数相同”。[⑤] 虽然目前我国各类侵权案件中，以道路交通事故所致的人身损害最多，但可以预料在将来医疗侵权所致人身损害数量定会不断增加。目前我国在医疗侵权损害赔偿方面存在的双轨制，严重影响了法律适用的统一性，有损法律的权威性和公信力。

---

① 参见杨元禄：《医疗纠纷陷入“双轨”尴尬》，载《医院领导决策参考》2005年第1期。

② 刘虹：《〈医疗事故处理条例〉实施3年　缘何遭冷落》，载《健康报》2006年4月21日，第1版。

③ Michael A. Jones, *Medical Negligence*, London, Sweet & Maxwell Limited, 1991, p. 4.

④ [美]劳伦斯·傅利曼：《二十世纪美国法律史》(下)，吴懿婷译，商周出版社2005年版，第376页。

⑤ [日]新美育文：《日本医疗诉讼的现况》，夏芸译，载张新宝主编：《侵权法评论》(第1辑)，人民法院出版社2003年版，第197页。

对此,一方面应当修改《条例》,改变其与《民法通则》及《人身损害解释》相悖的规定,取消其对医疗侵权损害赔偿的具体规定。涉及人身损害赔偿的事项应当属于基本民事法律的内容,由行政法规对此做出规定是不妥的,尤其是“在某些行业、部门利益与公众利益相冲突时,一些部门和监管机构不能摆正自己的位置,而是充当这些行业、部门利益的代言人和卫道士,通过制定各种法规、规章和规定,将不正当的行业利益、部门利益‘合法化’”。[①] 这也是《条例》颁行以来一直饱受争议并且被当事人尽力回避适用的原因。最高人民法院在进行司法解释等文件清理工作时,曾于2013年2月26日发布了《最高人民法院关于废止1997年7月1日至2011年12月31日期间发布的部分司法解释和司法解释性质文件(第十批)的决定》(以下简称《决定》),按照这一《决定》,最高人民法院《关于参照〈医疗事故处理条例〉审理医疗纠纷民事案件的通知》就因为与侵权责任法等法律规定相冲突而被废止,不再适用。也就是说,《医疗事故处理条例》不再是法院在裁判案件时必须参照的法律法规。然而,由于《条例》属于行政法规,在法律体系上具有仅次于法律的较高位阶,且我国《民法总则》《侵权责任法》等多部相关民事法律均在不同情形下规定法规与法律同样可以作为民事法律行为的依据,所以不少法官在裁判医疗纠纷的案件时依然会参照甚至引用《条例》的规定进行裁判。加上《决定》同时列举了81部被废止的司法解释和司法解释性质的文件,数量庞大,难以引起全部法官的注意。所以,经笔者检索中国裁判文书网,自该《决定》于2013年4月8日起施行之后到2018年10月24日,在裁判文书中引用《条例》作为说理乃至裁判依据的文书数量,依然多达6257份。这再次说明仅凭最高人民法院发文要求不再参照《条例》裁判案件还远远不够,无法从根本上解决问题,也无益于法官寻找裁判案件的大前提。因此,还需要国务院及时修改《条例》,使其回归卫生行政管理法规的属性,不再对医疗侵权损害赔偿的具体事项做出规定。

另一方面,立法机关应当借助于起草和审议《民法典》各分编的契机,在《侵权责任编》中增加对医疗侵权损害赔偿事宜的具体规定,以结

① 张新宝:《行政法规不宜规定具体侵权责任》,载《法学家》2007年第5期。

束目前这种混乱的双轨制局面。“医疗责任是民事责任的普通法在医疗实践中的应用。它只表现出有限的特殊性”。① 作为民法典重要组成部分的《侵权责任编》,应当对医疗侵权损害赔偿问题作出统一而明确的规定,使医疗侵权这一侵权行为类型在纠纷的解决中有着明确的法律依据进行适用。目前正是《民法通则》和《侵权责任法》对医疗侵权损害赔偿缺乏具体的规定,才致使行政法规、司法解释染指作为民事基本制度的侵权责任法律制度,因此通过起草和审议《民法典侵权责任编》的良好契机,通过对具体制度进行细化规定,便可以从根本上解决这一问题。②

然而,目前经全国人民代表大会常务委员会于 2018 年 8 月 27 日第一次审议的《民法典》各分编草案(以下简称“一审稿”)中,《侵权责任编》对于医疗损害责任的规定,依然是 11 个条文,仅仅只轻微改动了 3 个条文,增加了 21 个字而已。③ 可以说,一审稿在医疗损害责任一章中基本上没有回应《侵权责任法》颁布后学者指出的问题,也没有回应司法实践的需求,对于鉴定的机构和赔偿的标准均未做出规定,也没有授权其他部门另行立法的规定。在民法典编纂中依然沿袭既往民事立法经验的粗线条的立法模式并不可取,其忽略了医疗损害责任侵权类型中的重要问题,而且也没有与其他部门立法的衔接规定,因此并不能改变目前的双轨制局面。正如学者所言,在民法典的制定中,立法者必须“把常态民事关系和特别调整的关系,建立相通的管道。没有这样的‘接口规范’,民法典就不像民法典了”。④ 即便民法典为了避免频繁修改而不对医疗侵权做出更多的详细规定,至少必须指明未竟事项的解决方案,如究竟是授权另行立法,还是交由司法机关进行解释,否则仍

---

① [法]帕特里斯·儒丹:《医疗事故责任》,载全国人大法工委等于 2008 年 6 月主办:《“侵权法改革”国际论坛论文集》,第 45 页。

② 张新宝:《侵权责任法的法典化程度研究》,载《中国法学》2006 年第 2 期。

③ 这 3 处改动具体是:将《侵权责任法》第 58 条第 3 项“伪造、篡改或者销毁病历资料”改为“遗失、伪造、篡改或者销毁病历资料”;将该法第 62 条中的“患者的隐私”改为“对患者的隐私和个人信息”;将该法第 64 条中的“干扰医疗秩序,妨害医务人员工作、生活的”改为“干扰医疗秩序,妨碍医务人员工作、生活,侵害医务人员权益的”。

④ 苏永钦:《超越注释进入立论》,载王文杰主编:《月旦民商法研究·侵权行为法之立法趋势》,清华大学出版社 2006 年版,第 186 页。

会给行政机关进行部门立法留下空间,从而有碍实现我国民法典的科学性和体系性,进而在民法典颁行之后因其条文的简陋而难以有效调整社会生活,无法达到民事立法法典化的预期效果。

**图书在版编目(CIP)数据**

民法疑难问题研究 / 孟强著. -- 北京 : 法律出版社, 2018
ISBN 978 - 7 - 5197 - 2872 - 4

Ⅰ. ①民… Ⅱ. ①孟… Ⅲ. ①民法 – 研究 – 中国
Ⅳ. ①D923.04

中国版本图书馆 CIP 数据核字(2018)第 258492 号

**民法疑难问题研究**
**MINFA YINAN WENTI YANJIU**

孟　强　著

策划编辑　周丽君
责任编辑　周丽君
装帧设计　汪奇峰

**出版** 法律出版社
**总发行** 中国法律图书有限公司
**经销** 新华书店
**印刷** 北京虎彩文化传播有限公司
**责任校对** 王晓萍
**责任印制** 张建伟
**编辑统筹** 独立项目策划部
**开本** A5
**印张** 8.375
**字数** 239 千
**版本** 2018 年 12 月第 1 版
**印次** 2018 年 12 月第 1 次印刷

法律出版社/北京市丰台区莲花池西里 7 号(100073)
网址/www.lawpress.com.cn
投稿邮箱/info@lawpress.com.cn
举报维权邮箱/jbwq@lawpress.com.cn
销售热线/010 - 83938336
咨询电话/010 - 63939796

中国法律图书有限公司/北京市丰台区莲花池西里 7 号(100073)
全国各地中法图分、子公司销售电话:
统一销售客服/400 - 660 - 6393
第一法律书店/010 - 83938334/8335
西安分公司/029 - 85330678
重庆分公司/023 - 67453036
上海分公司/021 - 62071639/1636
深圳分公司/0755 - 83072995

**书号**:ISBN 978 - 7 - 5197 - 2872 - 4
**定价**:49.00 元
(如有缺页或倒装,中国法律图书有限公司负责退换)